Simple

y

libre

JEN HATMAKER

Simple y libre

7 experimentos contra el exceso

Penguin
Random House
Grupo Editorial

Título original: *Simple & Free*
Primera edición: marzo de 2022

Esta edición es publicada bajo acuerdo con
Convergent Books, sello editorial de Random House, una división
de Penguin Random House LLC.
Publicado en asociación con Yates & Yates, www.yates2.com

© 2022, Jen Hatmaker
© 2022, Penguin Random House Grupo Editorial USA, LLC
8950 SW 74th Court, Suite 2010
Miami, FL 33156

Traducción: María José Agostinelli

Impreso en México-*Printed in Mexico*

ISBN: 978-1-64473-405-6

ORIGEN es una marca registrada de Penguin Random House Grupo Editorial

22 23 24 25   10 9 8 7 6 5 4 3 2 1

A Jesús, que vivió tan liviano en este mundo,
que ni siquiera tenía dónde recostar su cabeza.
Con todo mi corazón deseo ser como Tú.

CONTENIDO

SIMPLE Y LIBRE, SIETE AÑOS DESPUÉS

¡Bienvenido! Qué gusto que te acerques a esta historia. Te doy la bienvenida, tomador de riesgo, creador de líos, transgresor de reglas, rompedor del *statu quo*, cambiador de mundos, preguntón, agitador social. Supongo que entrarás, al menos, en una de estas categorías, de lo contrario no estarías interesado en una narración como esta. Hay algo debajo de tu piel. Algo que sientes que no está bien acerca de todo lo que tienes, lo que gastas, lo que desechas. Quizá no sabes cómo definirlo, como yo tampoco lo sabía al iniciar esta aventura hace siete años. O tal vez estás aquí comiendo palomitas de maíz y esperando que el espectáculo comience.

Como sea, no podría estar más feliz de darte la bienvenida a este experimento social que cambió nuestra vida para bien. Eso puedo asegurártelo. Aunque por el espejo retrovisor puedo ver esa época de mi vida, al leer cada una de las palabras que escribí en *Simple y Libre* (antes simplemente *7*), me sorprendí de cuántas de esas ideas eran nuevas para mí en ese entonces, pero ahora son parte del aire que respiro. Quiero animarte: no importa si algo de lo que lees aquí parece muy difícil, muy loco o demasiado abrumador. Quizá sea solo el primer paso hacia una nueva idea, y dentro de siete años descubras que lo has asimilado y se ha arraigado tan profundamente en tu vida que ni siquiera recuerdes haber pensado de otro modo.

Además, puede ser que en siete años digas: "Me alegro de que esa parte haya pasado". Seamos sinceros. Comer las mismas siete comidas durante cuatro semanas es de chiflados. Lo que aprendimos durante y a partir de *Simple y Libre* es que sus mecanismos eran temporales, pero las lecciones eran permanentes. Exactamente por eso me siento feliz de que estés aquí.

Déjame decirte qué hay de nuevo desde que escribí por primera vez *Simple y Libre*. Resultará obvio si me has seguido desde entonces, pero en ese tiempo, mi esposo y yo teníamos solo tres niños cuando comenzamos el experimento, y durante el último mes de *Simple y Libre*, el mes para reducir el estrés, tuvimos el primer encuentro con Ben y Remy, nuestros dos pequeños hijos adoptados de Etiopía. Ellos vinieron a casa al año siguiente de terminar *Simple y Libre*. De modo que ahora tenemos cinco hijos que son parte valiosa de nuestra rutina familiar, entonces ya casi no recordamos cómo era la vida sin ellos. De hecho, me sentí un poco triste de que Ben y Remy no estuvieran cuando terminé el libro. Los recuerdos que tenemos de ellos antes de que llegaran a formar parte de nuestra familia son agridulces, pero preciosos, porque esos años fueron un tesoro, aunque ahora sabemos que nuestra pequeña tribu estaba incompleta. (Te cuento que Ben perfectamente hubiera podido saltarse el experimento del Mes de la Comida. Tendríamos que habernos mudado a casa de mis padres; ese chico sí que ama comer).

La vida también se ha vuelto más amplia y pública, por lo que se ha convertido en algo más solitaria de lo que quisiera. Ciertamente hay más *ustedes* ahora, pero ha sido una alegría y no una carga. También conocí más el mundo desde entonces; obtuve mi primer pasaporte durante el tiempo que escribí *Simple y Libre*; ya hemos viajado a África una docena de veces y, aunque mencione en la introducción que nunca había estado en Italia, acabo de regresar de ahí literalmente hace dos días, después de hacer el viaje de mi vida con los miembros del Consejo, Jenny y Shonna y sus esposos. Me enamoré del mundo. Es hermoso y maravilloso, y tiene mucho para enseñarnos sobre cómo vivir con simpleza, cómo vivir bien, vivir más reducidos y a un ritmo menos acelerado. No hay nada como tratar de visitar una tienda en España a la una de la tarde y encontrarla cerrada porque el dueño hace la siesta hasta las tres de la tarde o porque se fue a tomar un café con amigos (no importa que gane menos dinero). El mundo ha sido mi mejor maestro desde que terminé *Simple y Libre*, un programa continuo de educación que me tiene maravillada.

Además, seguimos con nuestra amada iglesia Austin New Church (en adelante ANC). Todavía conservo las mismas amigas sobre las que ya leíste. Todavía vamos al rancho de mi mamá y mi papá para hacer un retiro cada día de Acción de Gracias. (¡Ah, hay algo más! Papá puso un remolque bastante espacioso junto al rancho, y ya no tenemos que dormir en un sofá antiguo de cuarenta años en el granero. Mira el *día 26* en la última sección. Ahora estamos más cómodos). Aún comemos bastante sano, excepto por algunos casos. Seguimos guardando el Shabat a como sea posible, aunque lo hacemos los domingos, el único día que podemos descansar verdaderamente en nuestra agitada vida. Continuamos viviendo en Buda, Texas, al sur de Austin, aunque nos mudamos a una granja de 1908 que queda a cuatro minutos de los estudios de HGTV, lo cual no tengo tiempo de explicar aquí y de todos modos no interesa.

Todavía amo a Jesús inmensamente y creo en esta vida que Él nos pide que vivamos. Creo que Él sabía de lo que hablaba cuando dijo que no acumuláramos tesoros aquí en la tierra, sino que viviéramos bien y amáramos a los demás, porque resulta que es lo más importante. Y, escucha, Jesús nos ha visto enfrentar el sufrimiento los últimos siete años —un dolor genuino, desesperado, inesperado—, así que creo en Él más que nunca. Él es exactamente quien dijo ser, y cuando literalmente todo aquello en lo que confías se derrumba, Jesús sigue en pie. De modo que sí, todavía estoy rendida a sus pies.

En el *día 15 del cuarto mes*, escribí: "Me provoca risa imaginar lo que la Jen del 2017 me enseñará a mí; ni siquiera sé qué es lo que no sé". Me encanta haber escrito eso. Me encanta haber decidido ser una eterna aprendiz, menos aferrada a las certezas y más interesada en prestar atención y en crecer. Una de las cosas que la Jen del 2017 le diría a la Jen del 2010 que experimentó por primera vez *Simple y Libre* es esta: "Número uno, usa protector solar. Eso va en serio. Estás en tus últimos días de tomar sol de manera irresponsable sin sufrir consecuencias. Pero, número dos, esta vida extraña que intentas construir, en la que sigues a Jesús hasta lugares inusuales haciendo cosas bizarras y asumiendo riesgos, ¡vale la pena! Cada día se pone cada vez más emocionante y significativo. Cuando Dios te diga que hagas algo, hazlo. Él es un líder confiable. No tengas miedo. Pusiste todas las fichas al número ganador.

Me encanta que estés aquí. Como dije miles de veces desde entonces, *Simple y Libre* no es una plantilla para copiar. Tampoco es una lista de reglas. No es un programa. Simplemente es un experimento social imperfecto para ayudarnos a encontrar a Dios en esta vida tumultuosa, excesiva y ultraorganizada. Si alguna palabra, alguna oración, alguna sección de lo que lees te ayuda a romper con el caos y simplificar tu existencia hasta encontrar algo que valga la pena, consideraré un privilegio haber podido transitar contigo de alguna forma. Esto no tiene nada que ver con reglas o culpas, pero tiene todo que ver con la libertad.

Con mucho, mucho amor para ti, querido lector.

Bienvenido al experimento *Simple y Libre*.

JEN

SIMPLE Y LIBRE, DIEZ AÑOS DESPUÉS

Estaba con Tray y Jenny anoche junto con Shonna y Trace, y a las 10:30 de la noche, decidimos que necesitábamos un sustento en forma de costra delgada de trigo con pepperoni y jalapeño de la cadena *Domino's Pizza*. Si pudiera pintar mis sentimientos respecto a esta pizza, bueno... se vería como una señora de mediana edad llenándose la boca con cuarenta de esos exquisitos cuadraditos. La masa crujiente, los jalapeños y el pepperoni bien picantes, las tiras de chile morrón chorreando sobre el parmesano... Esta es probablemente mi comida favorita. Llené mi plato de pizza cerca de la medianoche. Era un baluarte del buen gusto, y casi sin quererlo, mi voz interior miró la pizza y exclamó por accidente: "No puedo permitírtelo por nada del mundo" (por supuesto, eso desató las burlas de todas mis amigas, una reacción merecida, tuve que reconocerlo).

De todos mis proyectos de escritura, *Simple y Libre* es mi crujiente pizza *Domino's*. No puedo dejarlo. Sigo volviendo a este proyecto, aprendiendo, revisitándolo y reescribiéndolo. Todavía tiene más que decir; sigue teniendo significado. De manera sorprendente, continúa sirviendo a mi comunidad. Es evidente que hay más para evaluar cuando se trata del exceso y el consumismo, de la indiferencia y del saqueo desenfrenado a la Tierra. Sigo aprendiendo, diez años más tarde, que hay tiempos de restricción, capas y niveles de crecimiento que se despliegan con el tiempo. Lo que yo entendía en 2010 es una fracción de lo que ahora sé, una fracción de lo que experimenté desde entonces. No hay nada malo en eso. Siento ternura por mi yo de 2010, porque estaba aprendiendo.

Como la frase famosa que pronunció Teddy Roosevelt: "No es el crítico quien cuenta, ni aquel que señala cómo el hombre fuerte se tambalea o dónde el autor de los hechos podría haberlo hecho mejor. El reconocimiento le pertenece al hombre que está en el ruedo, con el rostro desfigurado por el polvo y el sudor y la sangre; a quien se esfuerza valientemente; a quien erra, quien tropieza una y otra vez, pues no hay esfuerzo sin error ni fallo; pero quien realmente se empeña en lograr su cometido".[1]

Entonces, aquí va una palabra para los lectores del nuevo *Simple y Libre*, quienes tienen que esforzarse para entender estas ideas o le resultan muy novedosas: ¡estás en el ruedo! Como ya mencioné, *Simple y Libre* (o lo que antes era 7) me cambió la vida, aunque fue un caos y un completo desorden que estás a punto de descubrir. Ya no me interesan los comentarios de los opinólogos. Así es como aprendemos. Así es como crecemos.

Comenzamos por algún lugar. ¿Hay gente que ha avanzado más que nosotros? Hum... sí. ¿Nos avergonzaremos o nos sentiremos tontos o incapaces? Sí, también. ¿Miraremos atrás dentro de diez años y nos escandalizará lo que nos escandalizaba entonces? Probablemente. Puede ser que nos demos cuenta de que no hemos avanzado en absoluto, que todavía estamos parados exactamente en el mismo lugar. El ruedo era demasiado intimidante Perdimos una década.

¿Podría haberlo hecho mejor? Por supuesto, podría haberlo hecho mejor. Literalmente, yo estaba aprendiendo mientras escribía. Además, mi vida cambió de manera irreversible desde el 2010, por lo tanto, cuando miro a *Simple y Libre* ahora, veo miles de lugares que, de hecho, me causan vergüenza y me hacen sentir torpe e incapaz. En vez de editarlo todo, decidí dejarlo y, en cambio, [insertar las actualizaciones entre corchetes] cada vez que quiero regresar al pasado y enseñarle a la Jen del 2010 algo sobre lo que escribió; algo que no entendía en ese momento, que no había aprendido aún o que no se daba cuenta de que era ofensivo. Considero que un mejor acercamiento como líder es replantear, en lugar de simplemente borrar las palabras que ya no aplican como si nunca las hubiera escrito. Te mostraré lo que aprendí en el camino, por favor, otórgame gracia y favor. *Simple y Libre* fue el comienzo de mi educación, no el final.

Por último, desearía poder empacar todas las historias de *Simple y Libre* que recopilé durante la última década. Este pequeño libro generó algunos cambios monumentales en sus lectores. Mega movimientos. Dios hizo cosas con este mensaje que trascendió por completo la capacidad de su contenido. Ustedes se mudaron a otros países, adoptaron niños, iniciaron iglesias, comenzaron organizaciones sin fines de lucro, ajustaron sus finanzas y pudieron donar, redujeron gastos, sirvieron a sus comunidades de maneras maravillosas. Es decir, siendo sinceros, escribí acerca de extrañar el café de Starbucks, pero no imaginé que sería de inspiración. La comunidad de *Simple y Libre* resultó ser espectacular. Atesoraré sus historias por el resto de mi vida.

A los nuevos lectores les doy la bienvenida. ¿Quién sabe cómo se verá *Simple y Libre* en tu pequeño rincón en el mundo? Espero averiguarlo contigo. ¡Me encanta que estés aquí! Bienvenido al ruedo.

Con mucho amor,

JEN

INTRODUCCIÓN

Todo esto es culpa de Susana. Ella tenía que sacar a relucir su pequeño experimento social, *Pick Five* [Escoge cinco], justo cuando Dios me estaba confrontando con mi avaricia, excesos, materialismo, consumismo, envidia, orgullo, confort, insaciabilidad, irresponsabilidad y, bueno, otras cosas más, pero como quiero caerte bien, dejaré el resto para más tarde. ¿Ya mencioné la "necesidad de aprobación"? Déjame explicarte. Mi familia ha sufrido una profunda transformación en los últimos tres años. Lo resumo para ti: Dios realmente nos puso patas arriba. Éramos "mundo feliz": Brandon era pastor en una iglesia antigua y numerosa, y ganaba bien; gastábamos el dinero como queríamos (o sea, en nosotros mismos). Estábamos haciendo carrera, tú sabes... Afortunadamente, no teníamos que preocuparnos por los pobres, porque éramos profesionales bien pagados sirviendo a los salvos. Pasábamos tanto tiempo bendiciendo a la gente bendecida que no quedaba nada más. Además, eso no era "asunto nuestro" realmente.

Luego, veamos, sucedieron muchas cosas: el Espíritu Santo nos midió y nos halló en falta en cuanto a nuestras motivaciones, nos volvimos locos y bla, bla, bla... Comenzamos una nueva iglesia centrada en la justicia. Perdón por todo lo que me estoy saltando, que es demasiado (en mi libro *Interrupted* [Interrumpida] recorro toda la narrativa de cómo Dios puso nuestro mundo patas para arriba).

En nuestra aventura de reaprender lo básico de la fe, la iglesia Austin New Church (ANC), ha sido nuestra base por dos años [a esta altura, ya son más]. Es una pequeña comunidad de fe que, sencillamente, ha cambiado mi vida. Nuestro mantra es "Ama a tu prójimo, sirve a tu ciudad". Con la referencia a Francis Chan, nos tomamos en serio eso de "ama a tu prójimo como a ti mismo", y comenzamos a dar la mitad de lo que recibíamos. No gastamos más dinero en nosotros que en nuestros vecinos pobres. **[ANC pasó la marca de los doce años y trascendió mucho más de lo que soñábamos. Se convirtió en el hogar y refugio de muchos evangélicos huérfanos, inadaptados y agitadores marginados. Es algo así como la estatua de la libertad en el sur de Austin: "Dadme vuestros seres pobres y cansados. Dadme esas masas ansiosas de ser libres...".]**

Plantar una Iglesia pobre que opera con la mitad de sus ingresos significa que rentamos un espacio de adoración con sapos danzando en la pared y una alfombra que conoció la administración de Nixon. La puerta del frente no abre bien —por eso una vez un muchacho que tuvo que salir en medio de la reunión a buscar algo y no pudo volver a entrar, así que se sentó en el cordón de la vereda a esperar que la reunión finalizara. Nuestro estacionamiento parece que hubiera sufrido un terremoto y luego hubiera sido reparado por chimpancés borrachos. No tenemos personal de apoyo ni secretarias, ni siquiera una impresora. Nuestra banda es casi en su totalidad de nuestra propia cosecha. Un día en que necesitamos un baterista, uno de los chicos dijo haber tocado "unas pocas veces en la universidad". A la semana siguiente estaba en el escenario, pero golpeó un platillo y accidentalmente lanzó una baqueta a la multitud. Esas son las deficiencias que la mayoría de los pastores (o de los miembros de la congregación) nunca tolerarían, pero nosotros no compraremos una alfombra nueva a expensas de los huérfanos. Con los diez mil dólares necesarios para construir un estacionamiento nuevo, se podrían comprar cien mil plantitas de árbol para reforestar la diezmada tierra africana y estimular su economía local. Es obvio, no tiene mucha ciencia. [No te actualizaré a cada rato, te lo prometo, pero estoy feliz de ver que *todavía* seguimos funcionando con un presupuesto ajustado. Diez años más tarde, tenemos dos empleados a tiempo completo. Ni un solo asistente. Tenemos una impresora, pero es la máquina más austera del condado. Amo esta Iglesia. Mi querido amigo de la Iglesia de Cristo nos visitó el domingo pasado, y uno de los anuncios al final era sobre una reunión de un club de fumadores de pipa. Como lo escuché riéndose entre dientes, le dije: "Sabías en lo que te estabas metiendo hoy"].

Pero antes de hacer una fiesta, veamos nuevamente mi descripción del primer párrafo. De acuerdo, descendimos muchos escalones en estos últimos tres años y la transformación no fue gratuita o sin dolor. Sufrimos pérdidas —relaciones, reputación, posición, seguridad, aprobación, reconocimiento— todas esas cosas que solíamos anhelar. Pero esto es lo que abandoné al final:

Comodidad.

Hace dos años no decía lo mismo, un tiempo en que tener una conversación con un hombre de la calle era lo más incómodo que podía imaginar. Al principio, cuando Dios nos envió a servir a los pobres, cada situación era incómoda. Cada confrontación estaba cargada de ansiedad. En *Interrupted* hice esta confesión: "Pensé que nunca más iba a volver a ser feliz".

Sin embargo, Dios me cambió y me concedió un amor genuino por esos pequeños hermanos en mi corazón. [Jen del 2010: lo explicas muy bien aquí y honro tu intención, pero es una frase evangélica muy trillada. ¿Acaso ellos son "el más pequeño de mis hermanos"? ¿Te gustaría que una mujer rica blanca te llamara "la más pequeña de mis hermanas"? Sé que proviene de Mateo 25, tu pasaje bíblico preferido, pero Jesús podría decir que... a ti no te gustaría. Aprenderás a ser menos condescendiente. Algo que podría ayudar es imaginarte diciéndoselo cara a cara a la persona en vez de decirlo acerca de ella]. Yo esperaba cada encuentro, rechazaba el servicio centrado en la tarea y prefería centrarme en las relaciones. Me convertí en una mujer que amaba a los marginados y quería estar todo el tiempo con ellos en mi espacio personal.

De modo que lo que solía ser cómodo (una cristiana consumidora rechoncha) se tornó incómodo; y luego lo que era incómodo (relacionarme con los pobres) pasó a ser cómodo. ¿Me sigues en lo que intento explicarte? Quizás abandoné el confort emocional por un tiempo, pero luego Dios se afirmó como nuestro proveedor, estableció la visión que nos entregó y me enseñó a amar. Lo incómodo se convirtió en nuestra misión de vida, y nunca más volvimos atrás.

Dicho esto, una nueva tensión comenzó. Se disparó la semana en que alojamos en nuestra casa a doce evacuados del huracán Ike. Nuestra pequeña iglesia, que en ese entonces tenía cuatro meses, se hizo cargo de ochenta desconocidos de la costa que no tenían a dónde ir. Pasamos a nuestros tres hijos a nuestra habitación, lavamos sábanas, inflamos colchones, desenrollamos bolsas de dormir, y preparamos la casa para una embestida. Mientras los automóviles llegaban repletos y les dábamos la bienvenida a nuestra casa, un niño de diez años ingresó, abrió los ojos de par en par y exclamó:

"Papi, ¡este tipo blanco es *rico*!"

Y lo somos.

Durante años no me di cuenta de esto porque hay muchos que tenían más que yo. Estábamos rodeados de abundancia, lo cual te engaña y te hace pensar que eres parte del paquete. Quiero decir, claro, tenemos dos mil cuatrocientos pies cuadrados (223 m^2) para que vivan solo cinco humanos, pero nuestros hijos nunca volaron en avión, entonces ¿qué tan ricos podemos ser? No hemos viajado a Italia, mis hijos van a escuelas públicas, y ni siquiera somos dueños de uno de esos programas vacacionales de "tiempo compartido". (Esta es la parte en donde ponemos los ojos en blanco).

Pero se torna confuso una vez que pasas tiempo con personas que están debajo de tu escalón. Comencé a ver mis posesiones con ojos nuevos, y me di cuenta de que lo teníamos todo. Y quiero decir *todo*. Nunca hemos dejado de comer, ni siquiera hemos escatimado en qué comeremos. Tenemos una hermosa casa en un vecindario muy lindo. Nuestros hijos van a la escuela modelo de Texas. Tenemos dos autos en garantía. Nunca pasamos un día sin tener cobertura de salud. Nuestra alacena está repleta. Botamos la comida que no alcanzamos a comer, la ropa que casi no usamos, la basura que nunca se desintegrará, cosas que quedaron pasadas de moda.

Y yo estaba tan ciega que ni siquiera me daba cuenta de que era rica.

¿Cómo puedo ser socialmente responsable si no soy consciente de que formo parte del grupo con más riqueza en el mundo? Y probablemente tú también. ¿Ganas treinta y cinco mil dólares al año? Estás entre el 4% más rico. ¿Ganas cincuenta mil? Entre el 1%. El exceso ha perjudicado nuestra perspectiva en Estados Unidos; somos las personas más ricas de la tierra, y oramos para ser más ricos aún. Estamos enredados en deudas millonarias mientras alimentamos la maquinaria, porque sentimos que tenemos derecho a más. ¿Qué nos dice el hecho de que *la mitad de la población mundial* viva con menos de dos dólares por día, y que nosotros no podamos arreglarnos para tener una vida complaciente con veinticinco veces esa cifra? ¿Con cincuenta veces esa cifra?

Ese hecho nos dice que tenemos demasiado, y que el exceso nos está echando a perder.

Ciertamente me está echando a perder a mí. El día en que me descubro inconsciente de mis privilegios e indiferente ante mi codicia, es cuando algo tiene que cambiar. Entonces no podía escapar del exceso o ver más allá de mi comodidad. Me froté las manos y me compadecí junto a Brandon, pero no podía imaginar una salida. Hicimos algunos recortes, dejamos algunos excesos para poder dar, aun así... el tipo blanco *era* realmente rico.

Eso me lleva de nuevo a Susana. Por ese tiempo ella anunció su proyecto *Pick Five*, que consistía en elegir solo cinco comidas para cuarenta días. Se subtitulaba: "Vida simplificada, Dios amplificado". Mi primera reacción fue algo así como: "¡Está totalmente loca!". (De veras amo la comida, y eso se hará evidente en la próxima sección). Pero a medida que el experimento avanzaba, me enteraba de las cosas que ella estaba aprendiendo, y me enamoré como una adolescente.

Mira, soy extremista. No aprendo las lecciones de manera fácil, sutil o delicada. No se me pueden dar límites imprecisos. Si Dios me da una pulgada, yo tomaré un un kilómetro. Eso de meter un dedo en el agua no funciona conmigo; simplemente precipita mi regreso al sillón, donde puedo continuar con mi programación normal. Soy una estudiante complicada y extremadamente cabeza dura. Sumergirme completamente en algo es el único medio para adiestrarme.

Estaba donde todas mis ideas brotan (la ducha) y en cuarenta minutos —le pedí disculpas a Dios por el atroz derroche de agua— *Pick Five* se convirtió en *Simple y Libre*. Una forma de describirlo es que yo tenía áreas fluctuantes y "sin desarrollar", pero comprendí que este experimento social extremo era mi oportunidad para hartarme del consumismo. O al menos pondría el motor en marcha.

Lo rumié durante seis meses; lo dejé marinar; obligué a mis amigas a debatirlo conmigo y comencé a orar qué era lo que Dios quería, qué cosa me acercaría a su agenda y me alejaría de la mía. ¿Cómo podría ser ese proyecto algo significativo y no narcisista o vanidoso? ¿Qué áreas precisaban ser renovadas? ¿De qué maneras estaba ciega y por qué? ¿En qué punto cambié el Reino de Dios por el sueño americano? ¿Qué cosas en mi vida, y en las de la mayoría de los occidentales, *apestan*?

- Comida
- Ropa
- Posesiones
- Pantallas
- Desperdicios
- Gastos
- Estrés

Siete meses, siete áreas, reducir a siete elecciones simples. Me estoy embarcando en el viaje de tener menos. Es tiempo de eliminar los cachivaches y quedarse con lo necesario, lo noble. *Simple y Libre* será un ejercicio de simplicidad con un solo objetivo: hacer espacio para el Reino de Dios.

Comienzo este proyecto con espíritu de ayuno: una reducción intencional, una abstinencia deliberada para atraer el movimiento de Dios a mi vida. Un ayuno crea espacio para que Dios se mueva. Cambiar temporalmente nuestra rutina de confort nos corre de nuestro centro. Un ayuno no es algo que necesariamente le ofrecemos a Dios, pero nos ayuda a ofrecernos nosotros mismos. Como dijo Bill Bright, el fundador de Cruzada para Cristo: "Es cambiar las necesidades del cuerpo físico por las del espíritu".2

"Ahora bien —afirma el Señor—, vuélvanse a mí de todo corazón, con ayuno, llantos y lamentos. Rásguense el corazón y no las vestiduras. Vuélvanse al Señor su Dios, porque él es bondadoso y compasivo, lento para la ira y lleno de amor, cambia de parecer y no castiga" (Joel 2:12-13). Según las Escrituras, ayunar era algo que se ordenaba o se iniciaba bajo alguna de estas seis circunstancias extremas:

- Duelo
- Indagación
- Arrepentimiento
- Preparación
- Crisis
- Adoración

Al escribir esto, estoy a punto de entrar, durante los próximos siete meses, en al menosdos de estas circunstancias o razones extremas. Primero y principal, arrepentimiento. *Simple y Libre* será una manera tangible de humillarme y arrepentirme por la ambición, la ingratitud, las oportunidades que desperdicié y la irresponsabilidad. Es momento de admitir que estoy atrapada en la máquina consumista, cautiva de mi propio egoísmo. Es tiempo de enfrentar nuestro derroche y llamarlo por lo que verdaderamente es: una farsa. Estoy cansada de justificarlo. Hay muchas áreas que están fuera de control, mucha necesidad de transformación. ¿Qué estamos comiendo? ¿Qué estamos haciendo? ¿Qué hemos estado comprando? ¿Qué estamos desechando? *¿Qué nos está faltando?* Estas preguntas me afligen, como debe ser. Estoy lista para la deconstrucción.

Mi segundo motivo es la preparación. Tengo toda una vida por delante. Tengo treinta y cinco años, y solo seis años como escritora y maestra de la Biblia. La mayor parte de mi obra me espera. Tengo hijos pequeños, y todavía puedo dejar huella en ellos. No es demasiado tarde para desatarlos de la mentira del "más". La visión de nuestra Iglesia es fresca, y nuestra misión apenas está comenzando. Estoy hambrienta de una reconstrucción.

Estoy lista para adoptar la versión de Jesús de lo que es ser *rico, bendecido* y *generoso*. Él tenía mucho para decir sobre este tema. Espero ver lo que Dios hará en los próximos siete meses. Él me saldrá al encuentro, de eso estoy segura. Estoy ansiosa por remover el suelo bajo mis pies, deseo tanto ser liberada que estoy dispuesta a volverme extraña y excéntrica durante los siguientes siete meses. Es el medio para la cosecha.

Jesús: que haya menos de mí y de mi inmundicia, y más de ti y tu Reino.

¡Allá vamos!

EL CONSEJO

Tengo una personalidad que me haría terminar en prisión si no fuera por las sabias intervenciones de gente que me ama. Soy un poco impredecible. Librada a mi suerte, yo sería un personaje recurrente de *Dog, el cazarrecompensas*. Por fortuna, estoy casada con el señor responsable, que me ha rescatado del desastre en más ocasiones de las que me gusta admitir. Brandon percibe cuando estoy a punto de autodestruirme:

"Quita tus dedos del teclado y aléjate de ese correo electrónico".

"Tienes la mirada perdida... Vayamos de paseo al campo".

"Ahora es un buen momento para callar".

"Una vez que una imagen está en internet se queda allí para siempre".

Por eso, un proyecto como *Simple y Libre* te suena franco y directo, pero para mí suena como límite a un montón de oportunidades. De hecho, le saqué brillo a la frase "circunstancia extenuante" para usarla durante los próximos siete meses. ¿Y qué si hay una boda? ¿Qué hay acerca del aeropuerto? ¿Qué sucede con el último episodio de la temporada? ¿Y el final *de una serie*?

Claramente necesitaré ayuda para mantenerme por el buen camino.

Entra al Consejo. Seis amigas, seis personalidades, seis instancias que velan porque esto no sea un desastre. Nosotras siete deliberaremos sobre todo lo de *Simple y Libre* mientras dure el proyecto. Ellas son asesoras, animadoras, toman decisiones, son consejeras, colaboradoras y están llenas de ideas. Son mi grupo de reflexión personal.

Cuando me encuentro en una situación incómoda o con algún obstáculo, esas chicas son la Corte Suprema. Ellas me ayudaron a elaborar el marco de *Simple y Libre* y me dieron indicios sobre su probable participación. Sus ideas creativas dan en el blanco de *Simple y Libre,* aunque Trina insiste en que su perspectiva del primer mes podría convertirse en *bestseller* y ganar millones que, por supuesto, no compartirá con nosotras. (Jenny alega que ella fue la coautora de ese punto de vista y que tiene derecho a la mitad. Voy a dejarlas que lleven este asunto a la corte, porque sé que no acabarán en las redes de Oprah, en cambio, terminarán asesorando gratuitamente a uno que otro autor).

TE PRESENTO AL CONSEJO

Becky claramente se ganó un lugar en mi lista de amigas con su humor sarcástico y su ingenio autocrítico, dos cualidades que clasifico por encima del honor y la integridad. Por pura voluntad, acaba de bajar veinticinco kilos y está tan sexy que nos preocupa que pueda optar por buscar mejores amigas. Es masajista profesional, lo cual suena muy exótico, algo así como una bailarina del vientre o una geisha. Becky hizo la brillante lluvia de ideas de tres temas para mi último libro, cuando mi cerebro estaba hecho papilla y yo no podía recordar ni cómo deletrear J-E-S-Ú-S.

Jenny se convirtió en mi mejor amiga en Texas hace doce años, cuando me invitó a comer fajitas si me hacía una rinoplastia. Jenny y Tray empacaron sus cosas en Corpus Christi, su hogar durante dieciocho años, y se mudaron a Austin para empezar la iglesia con nosotros. Compramos nuestras casas en la misma cuadra y comenzamos nuestra campaña por el dominio del vecindario. La única integrante del Consejo que probablemente termine en la cárcel conmigo es Jenny. Ella usa silicona caliente para pegar todo, incluyendo las cortinas a medida y las insignias de las *Girl Scouts*.

Molly lanzó una sarta de sarcasmo durante nuestra primera conversación en la hermandad, y yo juré que sería de las nuestras. Apelando a la *nerd* que hay en mí, ella tomó notas en nuestra primera sesión de tormenta de ideas para *Simple y Libre*; las palabras me jugaron una mala pasada.

Ella conserva tres grabaciones porque no hay suficiente espacio en uno o dos para todos sus espectáculos. Esa vez, Molly ejecutaba unos compulsivos y perfectos saltitos, dignos de una fiesta de fútbol americano. Por supuesto que los filmamos y todavía nos maravillan cuando se nos antoja verlos.

Shonna me adoptó como amiga a través de Jenny, y ahora, casi a diario pasamos un ratito juntas. Hace poco, cuando estaba hablando acerca de mis amigas, una mujer me preguntó: "Tú y tus amigas la pasan muy bien. ¿Les queda tiempo para la maternidad?". Shonna y yo estamos en procesos de adopción, y nos encontramos muy sensibles; somos de las que sacan su pañuelo de papel en medio de un sermón o cuando alguien habla sobre huérfanos. En la fiesta del fútbol que comenté antes, Shonna realizó un asombroso salto tocándose los pies en el aire por los laterales. Su hazaña obtuvo cuarenta y tres reacciones en Facebook. ¡No ha perdido la habilidad, amigos!

Susana tiene una cabellera pelirroja que desafía toda comprensión; es como Sansón. Es una excelente compañera de conversación y una fiel discípula de los Texas Longhorns, así que, si aún no entiendes por qué nos hicimos amigas es porque, claramente, no me conoces. Su proyecto *Pick Five* fue la inspiración para *Simple y Libre*, de manera que en el futuro copiaré todo lo que ella haga o no copiaré nada. Veamos cómo evoluciona todo. Ella hornea pasteles *gourmet*, cose y elabora tarjetas artesanales, *aun así me agrada*. Es tan genial.

Trina fue mi primera amiga en Austin hace diez años, aunque me forzó a ministrar a mujeres, lo cual me aterra (pero estuvo bien). Se hace la dura, la insensible, pero llora por los refugiados, y hace un voluntariado en terapia equina para adultos con necesidades especiales. ¡Tú mandas,

Tri! Estamos de tu lado. Si estás con ella conversando sobre algún tema, pregúntale acerca de perros, playas o de cómo hacer la transición al vino de caja. Es una experta, te lo aseguro.

Este es el Consejo que mantiene las ruedas de *Simple y Libre* girando. Notarás sus aportes a lo largo del proceso. Un experimento social de este alcance requiere de buenos amigos, y yo tengo a las mejores. Suponiendo que tengas alguna pregunta sobre las limitaciones en la comida o la vida sana, siéntete en libertad de llamarlas porque estoy segura de que estarán felices de dirigirte o más bien mangonearte.

ALGUNAS COSAS QUE PENSÉ EN DECIRTE DESPUÉS DE HABER FINALIZADO *SIMPLE Y LIBRE*

¡Adivina qué estoy haciendo! Revisando Twitter mientras miro un partido de básquetbol de Texas con un bol de pico de gallo en mi falda. Estoy en fachas de casa y hace diez minutos encargué el nuevo libro de Melissa Fay Greene, *No Biking in the House without a Helmet* [No se anda en bicicleta en la casa sin casco] en mi Kindle. Claramente me liberé de las restricciones de *Simple y Libre*, el cual terminé hace dos meses. (¿Quieres saber qué ocurrió? Disculpa. Tienes que leer este libro para averiguarlo. No hay *spoilers* aquí).

Comencé este proyecto con algunos límites borrosos y una vaga noción de cómo resultaría todo. Ahora, ya del otro lado, recogí las preguntas que me llegaron en el último año y voy a responder a las tuyas anticipadamente, porque existe un 100% de posibilidad de que sean exactamente las mismas que todas las personas del universo me hicieron durante este invento alocado.

1. **¿Cómo estás organizando el libro?** Escribí *Simple y Libre* como una clase de blog, o una especie de diario. Decidí escribirlo en tiempo real en vez de hacer un reporte retrospectivo de cada mes. No me di el tiempo de suavizar alguna experiencia o recuerdo, o de realzarlo con palabras bellas. Hice así: lo experimenté > lo sentí > lo escribí. Así que, al final del día, me sentaba con mi *laptop* y tipeaba, "Día 13: Si como un puñado más de espinaca, voy a salir a matar a alguien", o algo por el estilo. No seguí al pie de la letra los meses calendario, pero cada "mes" de *Simple y Libre* duró cuatro semanas. El libro está organizado por meses, luego por días, con una conclusión al final de cada mes. Me tomé alrededor de dos semanas de descanso antes de un nuevo mes, con el objetivo de afinar la escritura, elaborar alguna sección que hubiera interrumpido por un tiempo, y tomar un condenado descanso antes de envolver mi cabeza con el próximo desafío. *Simple y Libre* comenzó a mediados de enero y finalizó en la semana de Acción de Gracias. Así como mi esposo alargó los cuatro años de universidad a cinco, yo estiré los siete meses de *Simple y Libre* a diez.

2. **¿Los niños también lo hacen?** Sí y no. Si mis hijos se limitaran a comer aguacate, espinaca y huevos, morirían de hambre antes de llegar al segundo mes. Algunos de los meses de este proyecto simplemente no son compatibles con los niños. No quería responderles a sus terapistas un día sobre el porqué les había hecho vestir las mismas siete prendas en un mes en cuarto grado. Los niños se abstuvieron los dos primeros meses, que consiste en siete comidas y siete conjuntos de ropa. El resto de los meses fueron un esfuerzo conjunto de toda la familia. Ellos dejaron

de lado el Wii y los *Gameboys,* renunciaron a muchas de sus prendas y juguetes favoritos, hicieron ochenta viajes hasta la compostadora, guardaron el Shabat, entre una pila de otras actividades de *Simple y Libre.* A veces les encantaban y otras veces no tenían ganas. Así que, todo estuvo dentro de lo normal.

3. **¿Serás la "sargento" que nos hará sentir culpables?** No lo creo, pero no puedo asegurártelo. A veces la convicción se confunde con culpa, y no puedo prometerte que no atravesarás esa zona gris ni un poquito. Yo expreso mis sentimientos con mucha intensidad, de manera que mi fanatismo puede sonar como exigencia. No lo sé. Pero te diré esto: *Simple y Libre* ciertamente fue escrito desde el arrepentimiento y no desde la arrogancia. Verás que incluí una variada selección de mis propios fracasos y malas actitudes, así que no te imagines que estoy escribiendo desde la casa de cartón que elegí para vivir cerca de los refugiados a los que alimento con dinero que proviene de nuestro seguro médico. No estoy aquí para mangonearte ni para hacerte sentir culpable. No tengo otras intenciones para ti más que compartir nuestra humilde experiencia de reducción a lo esencial, y si encuentras un punto de conexión que tenga sentido para *tu historia,* maravilloso. Si no, está bien, este libro te habrá costado solo catorce dólares más o menos, y tú seguramente gastaste el doble en una cena en P.F. Chang, China Bistro, la semana pasada. Así que no será una gran pérdida. Sigamos.

4. **¿Eres un poco rara?** Como *Simple y Libre* es un poco extraño, no estoy segura de que aplique para gente normal. Es obvio. Pero esta es la verdad sobre mi existencia convencional: me casé con mi novio de

la universidad y tuvimos tres hijos que se parecen a nosotros. Vivimos en los suburbios y somos parte de la Iglesia. Mi casa está pintada de colores bonitos, y a veces uso zapatos muy lindos. Me paso treinta minutos alisándome el cabello con una tenaza que compré por ciento quince dólares, luego de verla en un infomercial, por cierto, la oculté durante un mes después de que FedEx me la trajo. Me gusta pintarme las uñas. Mis hijos van a la escuela pública. Me encanta viajar. Tengo una vergonzosamente enorme colección de libros. Salimos con mi esposo a cenar algunas noches. Me encanta cocinar, comer, reír y ver películas. Me anoto en todas las excursiones escolares y llevo *cupcakes* a la escuela el Día del Maestro. Realmente disfruto divertirme con mis amigas. Creo que soy bastante normal. Y también mi familia lo es. Y ese es el problema. Es muy probable que *Simple y Libre* le sonaría como en a una persona viviendo una vida realmente radical en el Congo o que que comparte todas sus posesiones terrenales. Esa persona leería todo esto y diría de manera socarrona: "Hey, ¡esperen todos! Paren las rotativas. Jen desconectó internet por un mes. ¡Hagamos una fiesta y démosle un contrato para que escriba un libro!". Yo escribí todo esto sumergida en el rollo americano, hastiada de la normalidad. ¿Eso responde a tu pregunta? Creo que la eludí... pero, de nuevo, las personas raras nunca sabrán que lo son.

5. **Necesito saber algo más, y no has encontrado respuestas en esta mini sección.** Ven y pregúntamelo. Me puedes encontrar en Twitter como @jenhatmaker o en Facebook (¿cuántas Jen Hatmaker puede haber, después de todo?) o en mi sitio web, www.jenhatmaker.com.

Simple y libre

COMIDA

Elegir siete comidas es como tratar de elegir a mi hijo preferido. Algunas personas comen para vivir, pero yo vivo para comer. Vengo de una larga línea familiar de gente de "buen comer". Mi hermana está ahora mismo en la escuela culinaria de Nueva York. Una vez a la semana nos llamamos para hablar de comida, hasta que la familia me lanza la mirada "ya no lo aguantamos más". Mañana mismo me desharía del cable si no fuera por los programas del *Food Channel Network*. Leo libros de cocina como si fueran novelas de Jodi Picoult.

La comida es la fuerza centrífuga que atrae a las personas. Creo que una fiesta no precisa ninguna otra actividad que no sea comer. Suelo ahuyentar a los niños que juegan a mi alrededor a eso de las cinco de la tarde, pongo algo de música, me sirvo una copa de cabernet y entro a la cocina del cielo. Amo rebanar; me encanta saltear; adoro desglasar. No puedo vivir sin cebollas. Las salsas, especias, hierbas, marinadas; cortar en lascas, en juliana, picar, cortar estilo mariposa, sellar, cocinar a fuego lento, brasear... todo eso provoca que lagrimee un poquito de felicidad.

Así que pensé mucho en mis siete comidas, quizá más que ningún otro mes del proyecto. Consulté con expertos y sitios web, y con consejeros menos especializados, como mis amigas. Entré a sitios de nutrición confiables[1] para determinar las proporciones saludables de vitaminas y minerales. Investigué sobre superalimentos y productos orgánicos. Oré por mis elecciones, y resultaron estas:

- hamburguesas con queso
- tortilla de papas
- pico de gallo
- bastoncitos de mozzarella
- pizza vegana
- chocolate amargo
- café

¡Estoy bromeando, claro! Esas son algunas de mis comidas favoritas, y las extrañaré profundamente. Hasta la vista, *babies*. Los amo, y gracias a nuestra estrecha relación, ya no me cierran los pantalones. Volveré para disfrutarlos con moderación, pero por ahora este adiós me duele más que a ustedes. Vayan y encuentren a alguien más para hacerlo engordar y llenarlo de felicidad por un mes. Esta es mi lista real de protagonistas:

- pollo
- huevos
- pan integral
- batata (camote)
- espinaca
- aguacate (palta)
- manzana

Esta lista saludable bien podría irse por la cañería, y aquí terminamos. No puedo empezar con "no café"; comenzaré a rechinar los dientes. El Consejo aprobó la sal, la pimienta y el aceite de oliva en modestas cantidades. Eso es todo. No romero; no cebollas; no orégano; no salsa de barbacoa *Salt Lick*. Estas comidas forman un buen equilibrio de proteínas, calcio, fibras, vitaminas, minerales y grasas saludables. Hay algunas opciones decentes si las combinas, y como el Consejo me concedió usar sal, podré seguir juiciosa.

Como Michael Pollan, Barbara Kingsolver, Eric Schlosser y toda su banda de amigos de "come alimentos reales" están en mi cabeza (hablaré de esto luego), optaré por los productos orgánicos, los pollos de granja, libres, y los huevos de gallinas felices. Me di cuenta de que llamar a los huevos y a los pollos "de granja" puede ser tan engañoso como decir que los cereales *Lucky Charms* son "saludables para el corazón", pero es un pequeño paso hacia una alimentación más sana y con prácticas de agricultura más humanas. Sigo de largo cuando paso por mi almacén favorito por primera vez en mi vida, así que déjenme imaginarme a mis pollos vagando por el campo, comiendo felices en el pasto y jugueteando con otras aves mientras el granjero acaricia sus cabecitas y les pone nombre.

Cuatro integrantes del Consejo adoptaron otra versión de las siete comidas: eligieron siete de los países más pobres y, durante tres días comen lo que se come allá. Durante esos tres días, oramos por ese país y su gente, nos informamos sobre sus luchas y de alguna pequeña forma nos identificamos con los que sufren. Ellas comerán la comida más modesta de Haití, Etiopía, Uganda, Afganistán, Bolivia, Camboya y Sudán.

Con este plan comencé mi primer mes con entusiasmo, ansiedad y un poquito de inquietud. Al leer las primeras páginas, ten la amabilidad de tomar nota de los descubrimientos de las Facultades de Medicina de la Universidad de Vermont y de la Universidad Johns Hopkins: "El equipo demostró que detener el consumo de cafeína produce cambios en la velocidad de circulación del torrente sanguíneo del cerebro y el electroencefalograma (EEG) cuantitativo, que probablemente estén relacionado con los síntomas clásicos de la abstinencia de cafeína como ser dolor de cabeza, somnolencia y disminución de las funciones de alerta".[2] ¿Todo bien? Así que, nada será culpa mía por los próximos cinco días, incluyendo la mala escritura o andar despotricando sin sentido. Si ves alguno de esos síntomas en mí, solo atribúyeselos a mi *condición*.

DÍA 1

Cheesecake de limón, salsa de espinaca y alcachofas, pico de gallo, salsa de camarones, mantecados de crema chantillí, sándwiches de queso y chile morrón (de Central Market, no me insulten), una variedad de nachos/galletas de trigo/panes para llevar todas esas maravillas a mi boca: ese fue el bufé de anoche en el *baby shower* de mi amiga. Yo les decía una y otra vez que esa era como mi última cena, y después de la novena vez en que se los mencioné, ellas simplemente hacían de cuenta que les importaba el asunto. Tomé mi último bocado a las 11:28 p.m.

¡Que comience *Simple y Libre*!

El experimento empezó hoy de la forma más anormal. Mis hijos están sin clases, así que los tuve que ahuyentar para poder dormir un poco más. Por eso Brandon me despertó hoy a las 10:15 (no me odies, ya tuve mi tiempo en la prisión infantil así que ahora puedo disfrutar una mañana de relax de cuando en cuando) y me dijo: "Hoy tenemos el almuerzo con esa pareja a las once, ¿lo recuerdas?"

Si por "recordar" quería decir anotarlo o ponerlo en el calendario, entonces no. Así que me encontré de pronto en ese condenado restaurante, en mi primer almuerzo de *Simple y Libre*. El menú me provocó un ataque de pánico instantáneo, porque todavía estoy siguiendo las instrucciones al pie de la letra. No sé si seré flexible en los ambientes sociales y comeré algo con perejil. No estoy segura, porque en este punto soy realmente estricta. Ni siquiera he tenido aún la oportunidad de seguir las reglas, mucho menos de romperlas.

Veo una ensalada de espinacas con pollo en el menú, pero también tiene almendras a la miel, queso de cabra, tomates cherry y cebollas moradas embebidas en una vinagreta casera. Esta descripción por sí sola me podría poner en posición fetal. ¿Cómo podré soportar esta clase de tentación?

Tú no entiendes lo mucho que amo la comida. *La buena comida*. Adoro los ingredientes innovadores con productos frescos y la carne perfectamente cocida, especialmente esa que está inundada de condimentos. Creo que la comida es solamente un vehículo para devorar las salsas. Soy una fanática de los sabores, y mis momentos más felices tienen lugar con un tenedor en la boca.

Tal vez estoy siendo un poco dramática, porque me estalla la cabeza. Susana, una de las integrantes del Consejo, me aconsejó reducir la ingesta de cafeína algunos días antes de empezar. Y luego salieron otras palabras de su boca que sonaron como bla, bla, bla. Entonces me desteté del café, y tomé solo dos tazas ayer en vez de cuatro. ¿Por qué me privaría del café antes de tener que hacerlo? Dije que prefería sufrir la abstinencia, que es lo que estoy precisamente disfrutando ahora. ¡Increíble!

Pero volvamos al almuerzo. Si quería seguir la regla de las comidas, tendría que pedirle al cocinero que me preparara algo inexistente en el menú, o las instrucciones serían tan fastidiosas que seguramente el chef mandaría a pasear a la *hippie* insoportable de la mesa doce: "¿Por favor podría quitarle toda la salsa a la ensalada de espinaca? ¿Puede no condimentar el pollo? ¿Y puede no ponerle las cebollas y los aderezos y quitar los huevos de mi tarta de batata? ¿El pan viene con mantequilla? ¿Las manzanas con canela?"

Entonces lo vi: "a la carta". Esa fue mi respuesta, y por intervención divina, el desayuno se servía en Café Galaxy hasta la una de la tarde. Huevos revueltos sin nada (sí, los pedí así), una tostada de pan de trigo —sola y reseca—, y un complemento de rodajas de aguacate. Y agua. Estaba en una reunión de trabajo. El Consejo aprobó la sal y pimienta, así que mi primera comida se mantuvo dentro de los límites de lo permitido en *Simple y Libre*.

Traté de no mirar la pila de tostadas francesas de mi amigo, cubiertas con frambuesas frescas, jarabe de arce y azúcar *glass*. Ciertamente no me concentré en su panceta. (Si crees que hay una mejor combinación que la panceta y la miel, ven a Austin y desafíame). Agradezco que ninguno de estos dos rostros jóvenes pidió café, de modo que no tuve que recurrir a la violencia o la ira. **[Algo divertido: Esta joven pareja desconocida eran Lamar y Jill Stockton, y esa era su primera "entrevista" para ser pastores de alabanza en ANC, donde todavía lideran al día de hoy. Él y yo hemos viajado por el mundo junto con Help One Now, donde él forma parte del personal. Les digo todo el tiempo: "¡Ustedes estuvieron en el Día 1 de *Simple y Libre*!" y ellos ponen cara de "¿Qué tan entusiastas tenemos que actuar cada vez que lo mencionas?"].**

También estoy agradecida con Brandon, que está haciendo este mes conmigo, aunque me pidió si podía remplazar la espinaca por hamburguesa con queso. Me tuve que morder la lengua cuando ordenó una tortilla mexicana con huevos, espinaca y aguacate, porque todo el mundo sabe que *una tortilla no cuenta como pan*. Traté de no ser moralista. Él no comió la salsa, lo que demostró su lado heroico, y no puedo hacerle un escándalo por una simple tortilla. Es algo así como pan. Y a él no le están pagando por esto.

Nota rápida: mi estómago comenzó a rugir alrededor de las tres de la tarde, y agarré una manzana. En vez de una manzana barata tomada al descuido, derroché mi capital con unas orgánicas Fuji. Déjame decirte algo: ¡mmm! Estaba muy buena. Era la antítesis de mis huevos desabridos, mi tostada reseca y mi aguacate de desayuno. Me estoy enamorando de las manzanas; veamos cuánto me dura...

No te preocupes pensando que voy a aburrirte en las próximas cuarenta páginas con las minucias de cada comida y cada refrigerio que tome. Tengo otras cosas que decir. Pero este es el día 1, y el menú reducido me distrajo de —lo que ciertamente serán— unas observaciones espirituales impresionantes. Hoy me duele la cabeza y tener que comer en un restaurante me traumatizó. Me preocupa que mañana —el apestoso día 2— tengo que hablar en un evento que dura dos días. Las limitaciones de esta comida rara están por convertirse en un problema menor para otra persona. ¿Puedo llevar una batata en mi cartera? Ni siquiera lo sé.

Está bien, regresemos al día de hoy. La cena fue una grata sorpresa; no tan buena como un "filete a la pimienta" pero tan buena como "esto no apesta tanto como creía". Comí una batata con espinaca salteada. Estos ingredientes no me son desconocidos, pero el proceso de cocción tan básico sí lo fue. Normalmente yo cocino las batatas en aceite de oliva y cebollas dulces o las unto con mantequilla y canela. Me encantan con crema batida con leche y queso crema. ¿Y la espinaca?

Prefiero champiñones, chalotes, ají molido y aceite de oliva. Dame suflé de espinacas con nuez moscada y mantequilla.

¿Una batata cocinada en el microondas nada más que con sal y pimienta? ¿Espinaca salteada en agua? Sorprendentemente, no está del todo mal. Hay un sabor natural agradable en ambos que no hubiera llegado a conocer, dado que siempre condimento la comida antes de retirar el cubierto de la servilleta. Puede deberse a que compré productos orgánicos locales, notablemente más sabrosos que los industrializados e importados. En cualquier caso, ambas estaban sabrosas, aunque eran la versión "copiloto nada guapo" de mis platos "chica sexy".

Debo admitir que me sentí a la deriva en mi propia cocina hoy. Tenía un bizcocho sobre la mesa, mirándome. Era de frambuesa con relleno de crema y fresas frescas que elaboré *desde cero* ayer. Era extraño no "pellizcarlo" o darle un mordisco. Lo miré de arriba abajo, intentando poseerlo con mi mente. Abrí mi refrigerador, lo lancé y le grité: "¡Estás muerto para mí!". El cuadro fue lo más extraño del mundo.

Eso me recuerda que estoy haciendo esto por una razón. Esta es una reducción acelerada de las infinitas posibilidades que acompañan cada comida. Se supone que sea incómodo e inconveniente, no porque yo sea masoquista, sino porque el malestar crea un espacio para que se mueva el Espíritu Santo. Este cambio radical en mi rutina dirige mi atención. Ya no albergo los pensamientos normales, usuales, mecánicos de siempre. Es como tener una pestaña debajo del lente de contacto todo el día que llama mi atención.

¿Qué hará el Espíritu con este nuevo espacio? No lo sé, ya lo veremos. Le toca a Él dirigir. No quiero encasillarlo ni asumir que sé lo que dirá. No voy a proyectar mis metas sobre su mover. Yo simplemente dije: "Jesús, que haya menos de mí y mi basura, y más de ti y tu Reino". Yo menguaré para que Él pueda crecer.

Lo cierto es que las aguas espirituales estuvieron estancadas hoy. Estuve distraída con la parte técnica del lanzamiento. Luché para encontrar un ritmo espiritual. Los ingredientes y el dolor de cabeza me desviaron del camino. Tal vez esta sea la filosofía subyacente en los ayunos bíblicos de tres días, siete días y cuarenta días que vemos en la Palabra. Quizá se necesite más que un día para adentrarse en todo este asunto de la comunión. Después de que el brillo de la distracción se apaga, comienza la verdadera obra espiritual.

Y puede ser que estos dolores de cabeza disminuyan.

Querido café: todavía te extraño. Estamos en una tregua, nada más. No te preocupes. Dicen que si amas algo lo dejas libre, y si vuelve, es porque era realmente adicto a ti en primer lugar. Aférrate a eso. Anótalo: reunión de Jen/Java en treinta días. Sé fuerte.

LLEGA UN CORREO ELECTRÓNICO DE
BRANDON HATMAKER TARDE EN LA NOCHE
Querida Jen Hatmaker:
Tor-ti-lla
—sust., plural -ti-llas. [torˈtiʎa] Cocina Mexicana.
MASA chata, redonda, sin levadura, hecha con harina de maíz o a veces de trigo, cocida sobre una placa metálica, en una cazuela de barro o algo por el estilo.

DÍA 2

Estoy sentada en el aeropuerto de Dallas, contenta de descubrir que llegué hasta la mitad del día sin ningún incidente significativo. Preparé mi propio desayuno, lo que resultó ser, bueno, exactamente lo que comí en el restaurante ayer, pero más barato. Almorcé durante una escala, y me di cuenta de esto:

Yo como muchísimo en los aeropuertos. Muchísimo. Las escalas son la pesadilla de mi existencia, de modo que como en los aeropuertos o algunas veces no como nada. Paso por diez lugares antes de encontrar el que me gusta. Es correcto... *Subway*, el camino de ladrillos amarillos de Jared Fogle hacia la delgadez. **[Oye, Jen del 2010, Jared resultó ser un asqueroso. Está en la cárcel ahora. No estoy lista aún para contarte sobre Bill Cosby, así que vive tu inocente vida].**

Pan de trigo, pechuga de pollo, espinaca cruda y aguacate, a secas. No solo son ingredientes muy importantes de la comida rápida, sino que por excelencia son los ingredientes que encuentras en el aeropuerto. ¡Puaj! La muchacha que está antes que yo en la fila, posiblemente una hermana perdida, tiene no una, ni dos, sino tres salsas chorreando de su sándwich: salsa dulce teriyaki, mostaza y miel, y vinagreta. Incluso le pidió al que le preparaba el sándwich que untara las salsas con una espátula para dejar una cobertura uniforme sobre el pan, que es exactamente lo que yo hago (hola, TOC). Necesito que los condimentos y otras capas estén en raciones exactamente iguales.

Este es un buen momento para informarte que me tomo los sándwiches muy en serio. Si no, pregúntaselo a mis amigas. No me ando con los de mantequilla de maní y jalea o solo jamón y queso; esos son para los novatos. Yo voy sumando ingredientes: tomate, queso cheddar o gruyere, jamón rostizado, lechuga romana, chile pimiento, rodajas de aguacate, pepinillos, mostaza y miel. Esta última es tan esencial que no prepararía el sándwich si no la tengo, lo cual nunca permitiría que suceda. Nunca.

Me gusta el pan ligeramente tostado, luego agrego la carne y el queso en una loncha y lo pongo la parrilla la parrilla para que se derrita. Los ingredientes fríos van en el otro pan, y luego se casan y viven felices para siempre en mi estómago. Soy la diva de los sándwiches. Me como uno por día.

Pero me estoy desviando del tema.

Cuando llegué a la iglesia en donde debía predicar, mi adorable anfitriona tenía preparado un sándwich de pollo a la parrilla para mí de —espera un momento— ide Chick-fil-A! [una cadena de restaurantes especializados en pollo] (tranquilo, corazón). [Oh yeah]. Yo les había enviado un correo electrónico explicando vagamente las limitaciones de mi dieta y pidiéndoles si por favor podían mantenerme dentro de los límites de *Simple y Libre*.

Acá viene el escenario que tanto temía:

Al llegar a la iglesia, la organizadora del evento dijo: "¡Quiero que conozcas a nuestró pastor!" Entramos a su hermosa oficina y me recibió diciendo:

"Me contaron de algunos requisitos extraños acerca de su comida".

¡Lo sabía!

No sería recordada como la autora divertida o la fascinante maestra de la Biblia sino como la excéntrica y difícil de complacer que envió una larga lista de demandas culinarias al estilo Beyoncé. A continuación, balbuceé sin control, tratando de explicar *Simple y Libre* (cosa que todavía no había hecho en menos de ocho minutos), esperando resucitar mi reputación de persona sencilla y adaptable. Parecía una *hippie* estrafalaria con pésimas habilidades comunicativas.

De todos modos, tuve un encuentro con el Espíritu más tarde que redimió el día. Le hablé a un grupo de jovencitas y al final las invité a dejar algo en el altar: sacrificios tangibles para una misión con las personas en situación de calle

—como zapatos, abrigos, guantes, bufandas—, o bien ofrendas intangibles —como una relación, un hábito, una angustia, un sueño.

Al mirar a esas jovencitas dejar sus tesoros al cuidado de Dios, cantamos:

> Creo que Tú eres mi sanador.
> Creo que eres todo lo que necesito.
> Creo que eres mi porción.
> Creo que eres más que suficiente para mí.
> Jesús, Tú eres todo lo que necesito.

Allí estaba yo, inundada en lágrimas, con las manos levantadas, confiando en que Jesús era suficiente. Al reducirme, Él es suficiente. Al simplificarme, Él es suficiente. Él es mi porción cuando la comida, la ropa y el confort no alcanzan, cuando se quedan cortos. Él puede sanarme de la codicia y el exceso, del materialismo y el orgullo, el egoísmo y la envidia. Aunque los tesoros terrenales y las comodidades nunca me alcanzarán, Jesús es más que suficiente. En mi mundo privilegiado, donde "necesito" y "quiero" se han vuelto indistinguibles, mi único verdadero requisito es la dulce presencia de Jesús.

Así que escribí mi ofrenda en una tarjeta y la dejé en el altar:

"Todo mi ser".

DÍA 5

Comí un plato entero de comida no autorizada hoy. Cinco horas más tarde, todavía estaba llena. El único artículo permitido era el pollo, pero estaba cubierto con una salsa tan exquisita y unas especias exóticas que ni siquiera guardaban relación con mi pollo-con-sal-solamente.

(Advertencia: justificación inminente). El Consejo acababa de pasar a la comida etíope, y decidieron experimentar con comida genuina preparada por un verdadero lugareño: entramos al restaurante etíope Aster. Y acá va la justificación:

MOLLY: Definitivamente deseas venir. Entonces, come en tu casa primero.

YO: Claro que voy a ir. ¿Dónde es?

MOLLY: Bueno, la I-35 y algo más... Quiero decir, ¡te esperamos! Es el pequeño restaurante que da a la autopista *con la foto gigante de África y la bandera etíope.*

YO: ¡Ah, sí!

Tengo un amor inexplicable por Etiopía, un país en el que nunca puse un pie. Memoricé imágenes, miré cuidadosamente algunos sitios web, leí una pila de libros africanos. Añadí a favoritos unos treinta blogs sobre Etiopía, los que devoro con envidia y placer. La hermosa gente etíope frecuenta mis sueños y mis pesadillas. Conozco la historia del país, de su nobleza, sus fortalezas y sus tragedias. He lamentado sus pérdidas y celebrado sus triunfos. Todo esto por un país en el que nunca estuve.

Pero estamos adoptando a dos de sus niños.

Irónicamente, hoy mismo envié por correo el formulario de adopción.

De manera que tengo cartas en el asunto. No podría perderme de visitar el restaurante etíope, la oportunidad de oler sus aromas, su carácter. Fui con mis amigas y disfruté un tutorial fascinante de Judy Kassaye, la hija de Aster. Ella nos enseñó sobre la cocina etíope, cómo comerla con el pan injera. Nos explicó cada plato del bufé, un verdadero banquete de la cuna de la civilización.

Cuando nos dejó cenando, mis amigas cerraron filas y me dijeron:

"Tienes que probar esto".

"Es un crimen si no lo haces".

"Pronto vas a estar cocinando esta comida".

"No podemos probar la comida etíope antes que tú".

"Tenemos mayoría del Consejo en este asunto. Nosotras lo aprobamos".

Así que acordamos una tregua de *Simple y Libre* y agarré un plato, ansiosa por compartir el paladar y el espíritu etíope. Judy me aconsejó servirme una cucharada de cada platillo, algo así como veinte variedades de algunos a base de carne y la mayoría, alimentos vegetarianos. Cebolla, ajo, jengibre, cúrcuma, berbere, canela, limón fresco, tomate y pimiento verde; me morí y llegué al cielo del sabor. Bueno, yo soy una comensal aventurera, pero esto fue una frontera completamente nueva.

Debo decir que una parte terminó siendo escupida en mi servilleta. (Mil disculpas Etiopía; seguramente tú escupirías nuestra procesada comida norteamericana y nuestros bocadillos de "pollo" de McDonalds, créeme). Todos tenemos, eh..., temas intestinales a fin del día porque hemos estado ingiriendo alimentos blandos, y el Consejo había comido lo mismo que los indigentes haitianos toda la semana.

Sin embargo, nos maravillamos juntas y charlamos sobre nuestros favoritos y algunas sorpresas. De hecho todas —excepto yo— regresaron al bufé a buscar más comida, porque yo estaba en una zona gris y un *round* más de comida prohibida era todo lo que mi conciencia Tipo A podía soportar. El Consejo regresó con postres como torta de chocolate y pastel de limón. Cuando me presionaron para que las probara, les dije: "Eso parece ser una torta. ¿Creen que es una comida exclusiva de Etiopía?"

Silencio.

Grillos.

"Como sea, Jen. Fue preparada en un restaurante etíope, así que deja de ser aguafiestas". Está bien. Pero desistí de lo que era a todas luces una torta de chocolate y un pastel de limón que puedes conseguir en la franquicia *Applebee.*

Aster había inmigrado a los Estados Unidos desde Adís Abeba cuando Judy tenía dos años, pero ella no se le unió hasta los nueve. En muchas formas ella era como los niños que estamos adoptando: cambió de país estando en la escuela primaria, se fue a vivir con unos padres que básicamente eran extraños, comenzó la vida de nuevo con Etiopía en sus venas, su idioma y su corazón.

—Judy, estoy adoptando niños de Etiopía que tienen más o menos la misma edad que cuando tú te mudaste a Austin. Si tuvieras que darme un consejo, ¿qué me dirías?

—Lo mejor que puedes hacer es permitir que se mantengan en contacto con su país. Enséñales la digna historia de Etiopía e incúlcales amor por su tierra natal. Cocínales su comida. Ora sus oraciones. Llévalos a caminar en el suelo en que nacieron. Quizás ellos quieran volver acá, porque a veces los niños adoptados quieren ser norteamericanos, no ser distintos de los demás niños que los rodean; pero cuando crezcan estarán agradecidos de que mantuviste viva su herencia.

A este punto Shonna y yo estábamos llorando a mares (ambas estamos adoptando, y esto es lo que hacemos) y el resto estaban todas cautivadas. Quería secuestrar a Judy y hacerla mi mejor amiga. Habíamos ido a comer comida etíope y salimos con Etiopía en el corazón. Además, compré una libra de granos de café etíope y una taza pintada a mano por

Aster. Será la primera cosa que disfrute dentro veinticinco días a partir de hoy, *peroquienllevalacuentadetodosmodos*.

Llegué a casa flotando en el aire.

Justo para la cena.

Le preparé a los niños filetes de pescado, horneados y crujientes, que han comido miles de veces. Les puse algunos manjares como complemento (mi hijo de siete años, Caleb, ama la ensalada de brócoli, algo que considero toda una victoria como madre y que podría mencionar en los papeles de adopción). Como ya había acabado mi comida, corrí a la planta alta para hacer algo terriblemente emocionante como poner la ropa en la lavadora o la secadora, doblarla o guardarla en su sitio. (¿Te da envidia?). Bajé cinco minutos después para encontrarme a los tres niños en la sala de estar.

—¿Ya terminaron de comer?

—Sí.

—¿Comieron todo?

Una pausa larga.

—Casi todo.

Fui al cesto de basura y vi cinco de las seis milanesas de pescado intactas, *sin morder* siquiera. Cuando vieron la expresión de mi rostro, refunfuñaron: "Es que no teníamos kétchup".

Tal vez fue el dolor de cabeza que no se me pasó en toda la semana. Tal vez fue la propaganda de la pizza que vi lo que me causó el dolor. Pero probablemente haya sido mi tarde en el restaurante etíope, donde oré por mis hijos africanos y me preocupé de que no tuvieran para comer, y deseé desesperadamente que ellos supieran que yo estaba en camino. Probablemente era el conocimiento inquietante de que África occidental está sufriendo sequía por seis años consecutivos. Desearía no saber que el Ministro de Prevención de Desastres, Mitiku Kassa, negó los reportes de que millones necesitan ayuda alimentaria, alegando que el gobierno estaba asistiendo a las víctimas de la sequía. Él argumentó que "en el contexto etíope no hay hambre ni hambruna".[3]

Mis hijos viven en el noveno país más pobre del mundo, donde el 46% están desnutridos, y en el Índice Mundial del Hambre están catalogados como "extremadamente alarmante". Lo trágico es que el Programa Mundial de Alimentos, que ayuda a once millones de personas en Etiopía, redujo un tercio la ración de comida de emergencia, justo en el momento de necesidad más crítica.[4] Mientras tanto, los funcionarios de gobierno avergonzados insisten en que cielo no se está cayendo y que no requieren ayuda internacional. Las probabilidades de que mis hijos africanos se estén yendo a dormir con hambre son tan altas que casi no necesito desperdiciar una línea en especulaciones.

Y hoy mis hijos que están conmigo en la tierra de la plenitud botan a la basura una libra de comida tan solo porque no tenía kétchup.

¿Cómo podemos arrancar a nuestros hijos de esta máquina inmunda donde la indulgencia, el desconocimiento, la ingratitud y el desperdicio son el protocolo normal? ¿De dónde sacan eso de tirar comida en buen estado a la basura porque siempre habrá más en la despensa?

Lloré por mis hijos esta noche; por mis hijos etíopes huérfanos por enfermedades, hambre y pobreza, que se irán a la cama sin una madre esta noche, y por mis hijos biológicos, que lucharán por el resto de su vida contra la complacencia y los excesos de la cultura norteamericana.

No sé por cuál de ellos me siento peor.

"Cuéntame cómo era el mundo antes. ¿A qué se parecía?"

"Ni siquiera sabíamos lo que era precioso. Descartábamos cosas por las que la gente mataría hoy".

—El libro de los secretos

[Toda esta entrada me pone tremendamente sensible. Me cuesta leerla. Todavía no conocíamos a Ben y Remy, no sabíamos por qué estaban en un orfanato ni cómo llegaron allí. No amábamos a sus padres vivos aún y no comprendíamos su sufrimiento. Entiendo muy poco sobre las crisis de los huérfanos, las debilidades de la cultura de la adopción y las mejores prácticas que mantienen juntas a las familias.

Y leer aquí sobre mi primera experiencia etíope es confuso. Por cierto, seguimos el consejo de Judy, y puedo decir que ahora Etiopía es como un octavo miembro de la familia. Más tarde tomé un curso de cocina etíope con Aster, por amor de Dios. He viajado a Etiopía muchas veces; llevamos a Ben a ver a su madre, pero todo resulta mucho más complicado de lo que yo entendía en ese momento. Me entristece mucho que sus padres vivos ese año sufrieran tanto, pero ¿qué cosa podríamos hacer para ayudarlos? Mi yo del 2010 tenía una visión idealizada, occidental e incompleta del mundo. Yo hubiera retrocedido ante esa sugerencia, pero me veía como la heroína de esta historia, sin importar lo sinceras que eran mis intenciones.

La adopción internacional era bidimensional y plana en la página. Ahora sé que es carne y sangre, huesos y corazón, pérdida y dolor, privilegios y pobreza].

DÍA 7

Puede decirse que yo era la niña cristiana típica. Mi padre es pastor, y yo iba a la iglesia tres veces por semana desde que era un feto. Soy una oradora cristiana que habla con soltura, y puedo navegar las —absurdas— aguas de la subcultura cristiana con los ojos cerrados. Todavía puedo cantar de memoria algunas canciones de Petra y, de niña, jugaba a ser

Sandi Patti cantando a viva voz "Vía Dolorosa". Quemé mis cintas seculares y las volví a comprar. No hay una conferencia *Acquire the Fire, One Day, Passion* o *Women of Faith* a la que yo no haya asistido. Una vez llevé a la escuela secundaria una sudadera que decía: "Este es tu cerebro. Este es tu cerebro en el infierno. ¿Alguna pregunta?". Desearía estar bromeando, pero no. (Si estas referencias no tienen sentido para ti, es evidente que no naciste en el Cinturón Bíblico, o has reprimido los recuerdos. Sigue así).

En consecuencia, he oído más sermones, charlas, mensajes y discursos sobre el cristianismo de los que pueden realmente impactar. Pasé la mitad de mi vida escuchando a alguien más hablar de Dios.

Por eso, desarrollé inmunidad a los sermones. Escribir esto me avergüenza; me hace sentir tan poco enseñable. Enseñar con el ejemplo, obediencia radical, justicia, misericordia, activismo y sacrificio son conceptos que me inspiraron plenamente. Estoy en un lugar en el que "bien hecho" suena "bien dicho". Cuando veo la obra del Reino en medio del quebranto, cuando la misión pasa del suelo académico de la mente a la obra sacrificial de las manos de alguien, eso me conmueve por completo. La obediencia me inspira. Los líderes servidores me inspiran. La humildad me inspira. Las mentes parlantes que diseccionan la apologética dejaron de inspirarme hace años.

Como esta retórica que me encontré:

> Últimamente, estuve pensando en cómo clasificar los tipos de teología. A lo que me refiero solo se conecta de manera secundaria con los tipos de posiciones teológicas que adoptan quienes hacen teología en uno de los modos que explicaré.

Los modos en sí mismo son lo que me interesa. Me parece que uno puede caer en cualquier momento en la línea entre la ortodoxia y la heterodoxia mientras se mueve en uno de esos modos. Por supuesto, algunos pueden hacer que sea más fácil inclinarse hacia uno u otro polo en esa línea, pero eso es irrelevante.[5]

¿Queeeé? Sugeriría que toda esa línea de pensamiento es irrelevante. Ya lo superé. Antes de perder a mis estudiantes de doctorado, créeme, sé que la teología tiene su lugar. Y aprecio la ironía de una estudiante de la Biblia, una oradora reconocida y esposa de un pastor escribiendo estos pensamientos. Pero cuando la exégesis exhaustiva de la Palabra de Dios no genera personas transformadas a la imagen de Jesús, los árboles nos están impidiendo ver el bosque. O tal vez Jesús lo explicó de mejor forma: "Ustedes estudian con diligencia las Escrituras porque piensan que en ellas hallan la vida eterna. ¡Y son ellas las que dan testimonio en mi favor! Sin embargo, ustedes no quieren venir a mí para tener esa vida" (Juan 5:39-40).

El estudio minucioso de la Palabra tiene un objetivo que no es el estudio minucioso de la Palabra. El objetivo es descubrir a Jesús y permitirle *cambiar nuestro curso.* Quiero decir que un estudio genuino de la Palabra debe producir creyentes que alimenten a los pobres y abran sus habitaciones de huéspedes, que adopten y compartan, asesoren e intervengan. Muéstrame un maestro bíblico que ha perdido su misión y te mostraré a alguien que no ha comprendido el concepto del Evangelio que está estudiando.

El enfoque de mundo ideal en la predicación me desgastó luego de oírlo durante veinticinco años. Desarrollé una resistencia a los sermones porque oí muchos, pero escasamente vi alguno. Esta brecha claramente no es buena. Si no puedo ser movida a la acción por la Palabra de Dios soltada desde un púlpito, me he vuelto indomable. Y ese es un lugar muy peligroso.

De modo que hoy en la iglesia, Matthew, nuestro pastor de misiones, está al mando. (Una breve aclaración: mi esposo y nuestros otros dos pastores están tan involucrados en la misión que no tienen tiempo para los asuntos internos de la iglesia. Dos de ellos son bivocacionales, y su segundo trabajo lo realizan en una organización sin fines de lucro. Estos muchachos no solo hablan sobre ello, pero mi resistencia a los sermones estalla incluso en mi amada Iglesia). Matthew es nuestro teólogo-activista permanente. Es el tipo que lee a Tozer y luego sale a trabajar con los refugiados.

Ten en cuenta que *Simple y Libre* es un bebé que hoy cumple una semana. Espiritualmente he notado una distensión. Todavía no puedo identificarla sino solamente describir una moderación general y Dios está atento a un par de zonas endurecidas. Él me muestra que mi barrera emocional está provocando que deje ir al bebé junto con el agua de la tina. El problema es que hemos perdido algunos bebés realmente buenos, porque una vez estuvieron sumergidos en las aguas de la religión organizada. El Espíritu me está susurrando: "Estás luchando con un falso argumento".

El sermón de Matthew del día de hoy lo confirma. O es mi reacción a su sermón lo que confirma. Luego de algunas enseñanzas sobre el libro de los Hechos, hizo tres preguntas:

1. ¿Qué cosa en mi vida, si me fuera quitada, tendría el poder de alterar mi valor o identidad?
2. ¿Qué provoca un cambio de actitud, personalidad o enfoque no saludable cuando "eso" se ve amenazado?
3. ¿Qué es aquello fuera de Dios por lo que pospongo todo lo demás?

Me quedé allí sentada bajo un tsunami de convicciones.

En vez de reaccionar como la arrogante, dura, ya-escuché-este-asunto-antes, le hice a Dios esas tres preguntas. Y Él me dio algunas respuestas. No es sorprendente que yo sienta un vínculo enfermizo hacia algunas de las mismas cosas que estaré dejando durante *Simple y Libre*: aprobación, objetos, apariencias, dinero, reconocimiento, control.

Esa perspectiva crítica también se tiene que ir. El cinismo causó algunos estragos en mi dulzura y humildad. Cuando Dios interrumpió nuestra vida hace un par de años, Él destruyó algunos paradigmas tóxicos y los reconstruyó sobre un fundamento más sólido. Sin embargo, sin estar dispuesta a atenderlos por completo, dejé algunos entre los escombros, y nunca los reconstruí o repensé. Los restos de esos paradigmas mostraron que mi tierra, mi mente, era fértil al cinismo, como siempre lo es para los obstinados.

Entonces, hoy me arrepiento y reconozco mi reflexión en la Escritura que estudiamos: "Tercos, duros de corazón... ¡Siempre resisten al Espíritu Santo!" (Hechos 7:51). Este no es el legado que deseo dejar. Quiero vivir siendo agradecida, humilde, esperanzada. Aferrarme a la crítica no ha hecho de mí una persona más feliz, simplemente me ha hecho más cínica. La crítica jugó un pequeño rol cuando Jesús utilizó el descontento para moverme, pero ahora es solo un lastre del que debo deshacerme si espero continuar el camino con integridad.

DÍA 8

Hey, ¿sabes a quién detesto? Estás en lo cierto. ¡A ti, pechuga de pollo! No puedo creer que alguna vez te haya amado. Eres tan seca, y solo sabes bien cuando alguien recubre tu insipidez. Sal y pimienta son como un pintalabios a un cerdo o, en este caso, a un ave de corral. Me esforcé haciendo un guiso de batata y manzana, y un relleno para poner en tu interior, solo para resultar decepcionada por la sequedad del desierto de Sahara de tu carne sosa. Necesitas ser empanada, salseada, inyectada y marinada para ser decente. Tendremos que separarnos. Estoy conviviendo con tus pequeños amigos muslo, pata y partes extrañas inferiores que saben rico. Has arruinado mi último plato.

Sin embargo, tuve un momento culinario glorioso el día de hoy, casi por accidente. De la misma forma en que una adicta regresa al vicio, vi el canal *Food Network* durante la cena. Escucha, no quiero dejar el FN. Esa gente es mi amiga, son mis musas. Una vez le envié un correo electrónico a Neelys preguntando si podrían adoptarme. Pongo en silencio a Rachael Ray para evitar escuchar su cotorreo, pero anoto sus platillos maravillosos. No hay palabras para expresar mi devoción a Paula Deen. [Oh, sí. Demonios, Paula. *¡Hazlo mejor!*]. Disfruto tanto viendo los treinta minutos de preparación de un plato como mirando a mis hijos lavarlos.

Así que, mientras comía las espinacas (otra vez) y media batata (otra vez, otra vez), ante mis ojos hambrientos apareció Ina Garten, la Señora Condesa, sacando ingredientes para un platillo que parecía ser aprobado por *Simple y Libre*. Era como mirar las bolillas de la lotería bailando en el bolillero mientras yo sostenía el precioso billete con sus siete pequeñas cifras.

—Calabaza…

(¡Puedo sustituir las batatas!)

—Lindas manzanas para una tarta…

(resoplido) Listo.

—Cebollas dulces…

(suspiro) Se puede omitir.

—Aceite de oliva...

¡Cielos!

—Sal y pimienta...

Vamos, sigue...

—Y un poquito de caldo de pollo.

¡Oh Dios mío! ¡Oh, por Dios! ¡No puedo creerlo! ¡Gané! ¡Esos son todos mis ingredientes! Llamé a mis amigas y les envié un correo masivo. Estaba emocionada. Emergí de la pobreza culinaria por una gloriosa providencia.

Siguiendo las directivas como para cocinar una chuleta, asé las batatas cubeteadas y las manzanas en aceite de oliva con sal y pimienta, y haciendo buen uso de sus azúcares naturales, las dejé caramelizarse en el horno. Luego lo trituré todo con un rápido toque en la procesadora eléctrica, para dejar una textura cremosa. De regreso a la sartén, lo reduje con el caldo de pollo (que había preparado el día anterior) y pimienta molida.

GAVIN: ¿Qué es caldo de pollo?

YO: Básicamente agua con gusto a pollo.

GAVIN: ¡Increíble! ¿Puedes poner un poco de eso con mi almuerzo mañana en vez de jugo?

YO: ¿Me estás diciendo que quieres beber agua de pollo?

GAVIN: ¿Y quién no querría?

Como sea, la sopa comenzó a burbujear, los trozos caramelizados subieron a la superficie, y yo di una palmada de aplauso. Corté una rebanada de aguacate como el perfecto aderezo, saqué una foto de mi nuevo platillo precioso, y déjame decirte algo: me desmayé un par de veces. Era la divinidad hecha sopa, y yo me convertí en su discípula. No puedo calcular lo delicioso que sabría si le agregara cebollas asadas y un toque de crema y tomillo fresco. *¡Mamma mia!* Gracias,

Ina Garten. Eso me demuestra que nunca hay que confiar en una cocinera flacucha; siempre confía en una que tenga una buena cintura rolliza porque *esa* mujer entiende algo de su buena comida.

DÍA 10

Brandon me insiste en que te cuente que comí una tortilla mexicana en el aeropuerto junto con los huevos. El local no tenía tostadas, ¿okey? Además, todos ya saben que una tortilla mexicana es una masa delgada, redonda, sin levadura, hecha con harina de maíz o de trigo, cocida sobre una placa metálica, de barro o algún material similar.

DÍA 11

Acabo de cortar al teléfono con Tina. Ya es oficial: *Simple y Libre* está teniendo una fuerte respuesta. La reducción intencional es tan poco frecuente que la gente no sabe qué hacer con eso. Están sumando, no restando.

Estamos viendo dos reacciones. Los que también están hambrientos por la simplicidad nos suplican: "¡Llévame contigo!". Las personas que ya están detectando una tensión en lo que significa realmente *suficiente*, se sienten muy identificadas con *Simple y Libre*. De inmediato se hacen devotas del experimento, y pueden darte una disertación sobre lo cansadas, quebradas, enfermas y desilusionadas que están con la enloquecida rutina estadounidense.

"Estoy haciéndolo contigo. Envíame todo lo que tienes hecho hasta aquí".

"Toda mi familia está en esto".

"Esta es la mejor idea que he oído junto con la Biblia".

"Me sentí invadida, ¡como que habías estado leyendo mis pensamientos!".

"Mi esposa llegó a casa vociferando algo sobre jardines y adopción después de haber almorzado contigo" (disculpa, Luke).

Irónicamente, los estudios muestran que el incremento del consumo viene a un precio prohibitivo. Un alza de la prosperidad no hace a la gente más feliz o más sana. Los descubrimientos de una encuesta sobre satisfacción de vida en más de sesenta y cinco países indican que el ingreso y la felicidad pueden alcanzarse bien con trece mil dólares anuales por persona. Después de eso, todo lo excedente produce apenas pequeños aumentos en la felicidad autoinformada, según se reporta. No es de asombrarse. Estamos endeudándonos y trabajando cada vez más horas para pagar el estilo de vida consumista; en consecuencia, pasamos menos tiempo con la familia, amigos y comunidad.

"El exceso de consumo puede ser contraproducente", dijo Gary Gardner, director de investigaciones de Worldwatch. "La ironía está en que los menores niveles de consumo de hecho pueden curar algunos de esos problemas".[6] Tiene sentido: si compramos solo lo que necesitamos y podemos pagar, la deuda se vuelve algo irrelevante. Cuando acumular ya no es nuestro objetivo, somos liberados para repartir nuestro tiempo y recursos de una manera diferente. Sé que trabajar para pagarle al sistema y mantener el castillo de naipes intacto no me hace una persona satisfecha. Muchos de nosotros estamos preguntándonos si acaso hay una mejor manera de vivir.

Pero no todos. Estoy desarrollando una piel de elefante para las otras reacciones que *Simple y Libre* suscita. El Consejo coincide. Es algo más o menos así:

"¿Por qué te hacen hacer algo así?"

"Raro".

"¿No crees que es un poquito extremo?" (Mmmh, sí).

"¿Y cuál es el sentido?"

"Mmmm".

"Siempre tienes que tener algo, ¿no es así?" (Todavía no sé lo que esto significa).

Te puedo decir quién va a preguntar eso y quién no. Me estoy acostumbrando a la expresión en el rostro de "pensaba que eras normal, pero ahora veo que me equivocaba". Tal vez *yo* me esté convirtiendo en una chica que siempre debe tener algo, no lo sé. Lo que sí sé es que ese "algo" es un deseo de ser más como Jesús. Me atraviesa la astuta observación de Gandhi: "Me gusta su Cristo, pero no me gustan sus cristianos. Sus cristianos son muy distintos a su Cristo".

¿Jesús se daría gusto con comida chatarra mientras intenta salir del agujero de la deuda, producto de haber comprado cosas que no podía pagar para estar a la altura de unos vecinos a los que nunca lograría impresionar? De muchas formas yo soy lo contrario al estilo de vida de Jesús. Eso me mantiene despierta por las noches. No puedo tener una comunión auténtica con Él mientras estoy atrapada en las trampas que Él me suplicó que evitara.

No me atrevería a llamar a esta reacción una persecución contra *Simple y Libre* porque sería ridículo. No estoy segura si la frase "Creo que eres estúpida" entra en la misma categoría que "Te voy a matar", en cuanto a un contragolpe espiritual, pero genera un sentido de solidaridad espiritual con Jesús que siempre era malinterpretado por sus ideas contraculturales.

Los más pequeños serán los más grandes.

Bienaventurados son los mansos.

Humíllate como un niño.

No ganes el mundo solo para perder tu alma.

No creo que estas fueran ideas populares. Estoy segura de que muchas veces Jesús recibió esa expresión de "pensaba que eras normal, pero ahora veo que me equivocaba". Él de veras sabía lo que era dispersar una multitud. Siempre apuntaba a lo menos, a reducir y simplificar. Él fue el hombre más plena y completamente desinteresado, menos codicioso y pretencioso que vivió jamás, y yo solo quiero ser más como Él. Tan simple y tan difícil como eso.

Entonces, si los huevos y las manzanas, el pan y la espinaca, las batatas y el pollo, el aguacate y el agua pueden ayudarle a Jesús a conquistarme, que así sea. Estoy en paz con mi etiqueta de bicho raro.

DÍA 12

Tuve una noche maravillosa y gloriosa de *Simple y Libre*.

Comenzó con una invitación a cenar, aunque esto sería típicamente desastroso. (Cuando consulté al Consejo sobre qué hacer cuando otros cocinan para mí o me llevan a cenar, ellas me advirtieron: "No seas tonta"). Les cuento a las personas las bases de *Simple y Libre* y espero lo mejor de ellas cuando yo no estoy en control de la cocina.

Esta posición terminó en dos extraordinarios oasis en el mes. El primero, un organizador de eventos en Texarkana probaba una cena basada en sándwiches de ensalada de pollo. Luchando por no ser tonta, me comí uno. Okey, solo comí. El pollo y la mayonesa deberían engendrar sándwiches como este por siempre y siempre, amén. El segundo, mi equipo de eventos en Columbia me invitó a una cena que contenía espinaca a la crema. No podría decir nada porque *no hubo palabras*. Tragué cada bocado antes de que mi tenedor reconociera el pollo. No me importa lo que contenía —estaba sumergido en crema y queso parmesano— y, como solemos decir en Texas: "Bueno... tendré que comerlo".

De algún modo, esta invitación era segura porque Dale y Laurel, los padres de la integrante del Consejo, Susana, ya habían transitado por *Pick Five* con ella. Laurel me preguntó de antemano por mis siete ingredientes, de manera que no tuve que gastar espacio emocional preocupándome por una evasión inminente.

Dale y Laurel son judíos mesiánicos que van a nuestra iglesia junto con la mayor parte de su enorme familia/comunidad. Llegamos a las seis de la tarde, justo cuando el sol se estaba escondiendo. La mesa presumía de una hermosa presentación de los siete alimentos. Fue tan considerada y amable que casi lloro ahí mismo.

Tradicionalmente, los viernes por la tarde, los judíos practicantes comienzan las preparaciones para el Shabat. El sentido es el de prepararse para un invitado especial y querido. Limpian la casa, la familia se viste bien, ponen la mejor vajilla y hay un banquete de alimentos; en nuestro caso, una comida inspirada en *Simple y Libre*. Se encienden las velas del Shabat y se recita una bendición justo antes del atardecer. Este ritual, que lo conduce la mujer de la casa, oficialmente marca el inicio del Shabat.

Las dos velas representan los dos mandamientos: *zakhor* ("recuerda" la creación y la liberación divina de la cautividad) y *shamor* ("observa" el día de reposo que Dios inició en la creación). Dale nos dirigió en una *kidush* tradicional —una oración por el vino—, santificando el Shabat mientras pasaban una hogaza de jalá, un pan dulce con forma de trenza.

Leímos juntos algunos pasajes muy bellos de las Escrituras (hasta que llegamos a las partes en hebreo, en las que

Brandon y yo guardamos silencio para no arruinar ese precioso momento con nuestra pronunciación horrorosa).

Dale y Laurel cantaron algunas secciones y todo el acto fue hermoso. Entre la comunión, la comida preparada por manos amorosas, la Palabra y el toque antiguo de todo, yo estaba extasiada.

Hay muchas lecturas de Shabat, pero esta me encanta:

Hay días en los que vemos las cosas por nosotros mismos y medimos el fracaso por lo que no ganamos.
En el Shabat buscamos no adquirir sino compartir.

Hay días en los que explotamos a la naturaleza
como si fuera un cuerno de la abundancia
que nunca se agota.
En el Shabat nos detenemos asombrados ante el misterio
de la creación.

Hay días en los que actuamos como si nada nos importara
sobre los derechos de los demás.
En el Shabat se nos recuerda que la justicia
es nuestro deber y
un mundo mejor, nuestra meta.
Por lo tanto, abrazamos el Shabat.
Día de descanso, día de asombro, día de paz.

DÍA 16

Estado de Facebook de Brandon:

Estoy harto del aguacate con huevo. Odio la espinaca sin salsa ranchera. Ahí está, lo dije.

Jᴇɴ Hᴀᴛᴍᴀᴋᴇʀ: No te olvides de la seca pechuga. Te aborrezco, Pechuga de pollo.

Bʀɪᴀɴ J.: Prueba la espinaca cocida al vapor. Yo comía eso en la primaria y quedé aterrorizado de por vida.

Bᴇᴄᴋʏ F.: Me encanta el aguacate con huevo, pero incluiría salchichas, natilla y queso. ¿Eso te ayuda un poco?

Mᴀᴛᴛ F.: ¿Estás participando de un reality show?

Bʀᴀɴᴅᴏɴ H.: Yo siento que sí, Matt. Siento que sí.

Bᴇᴄᴋʏ M.: Dulce Señor Jesús, por favor haz que mi pollo sea jugoso. Amén.

DÍA 17

Hoy tuve mi primer llanto provocado por *Simple y Libre*. Sentí que venía. Alerté a Brandon que en algún punto en el día de hoy probablemente rompería en llanto, y que no era su culpa, pero de todos modos podría llegar a culparlo a él.

Fue la tormenta perfecta de factores. Estuve fuera de casa por tres días, lo que hizo que el cumplimiento de *Simple y Libre* resultara muy complejo. En tres días hubiera tomado cinco cafés/desayunos/almuerzos, pero mientras otras personas bebieron su café, yo simulaba escucharlos mientras me concentraba en su taza.

O ellos comían su crema de tomate y albahaca a La Madelaine mientras yo picoteaba un pollo desabrido y una espinaca seca. Cajero: "¿Entonces no desea la panceta en su ensalada?". No. "¿Y qué acerca de las nueces confitadas?". Tampoco. "¿Cebolla morada o queso feta?". Menos. Nomás espinaca en un plato, amigo. Grrr. Aun así, salió empapada en vinagreta y tuve que devolverla. **[Esta oración hizo que un** montón de lectores se enfadaran, y todavía no paro de reírme. Lo consideran un derroche. *Solo estaba siguiendo mis propias reglas*].

Además de eso, quemé mi tercera tanda de *chips* de batata. *¡Solo quiero un tentempié, por el amor de Dios!* Necesito un puñado de cositas que pueda meter en mi boca. Escucha, así es como se asan las batatas: muy blandas, muy blandas, muy blandas, ¡quemadas! No puedo lograr el punto justo. Se fríen en aceite o nada.

Entonces, anoche, unos amigos pastores de Chicago estaban en la ciudad para una conferencia y querían cenar con nosotros. "Oímos algo acerca de Hula Hut", chillaron. "¿Podemos vernos allí?"

¡¡%@#!!

Hula Hut es el restaurante mexicano de fusión más grande del mundo, un ícono total de Austin. Hacen tortillas caseras y una salsa por la que mataría. Mi pasión por los productos derivados del tomate es tan intensa, que creo que desarrollé un desorden. Sueño con salsa marinara, espagueti y pico de gallo. Ahh, y kétchup. De solo escribirlo me siento mareada. Sentarse en Hula Hut con su gloriosa salsa seis pulgadas fue una tortura. También lo fue mi entrada libre de condimentos mientras que nuestros amigos estaban experimentando espasmos culinarios.

Además, hace cinco días que llueve.

Además, Texas perdió contra Baylor en el tiempo complementario. *¡Con Baylor!*

Además, el domingo es el Súper Tazón, y *Simple y Libre* lo arruinará todo.

Por eso fue que vi el aguacate junto al pollo ayer y rompí en llanto. Solo quería comer. Otras cosas, claro. Todas mis comidas excepto las manzanas son suaves y blandas. (Si no fuera por las manzanas, yo me sentiría abandonada). Tuve un buen y dramático lamento mientras Brandon comentaba atinadamente: "Todo esto fue tu invento, lo sabes".

Traté de redirigir mis emociones a Jesús, pero luché para mantener la compostura. Sentía que todo era oscuro; no podía encontrar el centro. Me retiré a mi habitación, me senté en el borde de la cama y oré:

"Jesús, por favor ayúdame a encontrar gratitud. Todo esto parece tan estúpido".

Me llevó un minuto nada más, pero esto fue lo que se me vino a la mente:

Recordé que mi amiga Krista hizo una versión de prueba de su suflé de batata usando solo ingredientes permitidos en *Simple y Libre*. Ella declaró que estaba riquísimo y me ofreció traerme una porción y enviarme la receta con unos pensamientos alegres y un poco de ánimo.

Recordé las veinte llamadas y correos electrónicos de esta semana con amigas que me aman y que chequeaban si todo iba bien con *Simple y Libre* y procuraban alentarme.

Pensé en esos siete alimentos saludables abarrotados de nutrientes, alimentando mi cuerpo. Mi energía se había duplicado y me sentía realmente bien. Puedo darme el lujo de comer comida sana, orgánica, una extravagancia en la mayor parte del mundo.

Recordé al Consejo abrazando este proyecto con un entusiasmo absurdo. Recordé que su dieta era la comida de los pobres: arroz, maíz, frijoles y pan simple. Estas mujeres están viviendo plenamente *Simple y Libre* conmigo, y estoy agradecida.

Me di cuenta de que mi vida ligeramente reducida todavía es una vida extraordinaria en todo sentido. No hay fin a todas las ventajas que poseo. Por alguna razón nací en una condición de privilegio; nunca conocí el hambre, la pobreza o la desesperación. He sido bendecida, bendecida,

bendecida; en el plano relacional, emocional, espiritual y físico. Mi vida es tan feliz que casi me da vergüenza.

Entonces me derretí en un charco de gratitud, cambiando mi sufrimiento físico por la comunión espiritual. Era un buen trato. Exhalé e inhalé: "Gracias".

¡Ah! También recordé esas rodajas de manzana deshidratada que encontré en *Sprouts*, mi almacén natural preferido, lo que creo que cuenta como un bocadillo. Un montón de cositas que puedo meterme en la boca que no saben a corteza de árbol y son un sustituto pasable para los nachos y la salsa por los que sacrificaría a un hijo.

Gracias, Señor.

DÍA 19

En el aeropuerto de Dallas-Forth Worth casi me compro un café. Estuve a cuatro pasos de entrar a Starbucks y casi a punto de pedirlo. Estos fueron algunos de los pensamientos siniestros que albergué, es más, que *abracé* durante dos minutos:

Nadie se enterará.

Solo será una taza.

Necesito la cafeína para tener energía.Cumplir una ley no importa.

Me hará feliz y predicaré mejor esta noche.

Quiero un *latte de soja con vainilla* con tanta pasión que salivo.

En un breve momento de lucidez, envié un mensaje de texto, un SOS, al Consejo: "Estoy por comprar café. Así de cerca. Que alguien me ayude". Comenzaron a vibrar las notificaciones.

SUSANA: Probablemente tenga gusto a ropa interior sucia de todos modos.

SHONNA: Pide agua hirviendo en una taza de café.

BECKY: Debería decir algo espiritual acerca de que Jesús es tu cafeína, pero realmente eso es de pésimo gusto.

JENNY: Yo digo que el café es aceptable. Con amor, tu integrante favorita del Consejo. (Esta permisividad es la causa por la que Jenny fue seleccionada por el Consejo).

Me escapé por un pelito, rumiando goma de mascar como alguien que está dejando de fumar. Te diré que cada vez que estuve en *Sprouts*, puse mi nariz directo en el frasco de granos de café e inhalé como una trastornada. Quiero decir, inhalé profundo durante al menos diez segundos con la nariz contra el vidrio. La única acción más inquietante que esa hubiera sido moler unos granos, hacer una línea con una hoja de afeitar e inhalarlos justo allí, en el pasillo 9.

¡Dios mío! Creo que tengo un problema. Una amiga me preguntó si dejaría el café después que acabara este mes. Le dije que había considerado renunciar al café exactamente cero veces, y si volvía a mencionar una estupidez así, a la que iba a dejar sería *a ella*.

Sí, definitivamente tengo un problema.

DÍA 21

Entre la despensa, la nevera y el congelador tengo alrededor de doscientos cuarenta artículos. Esa es la cocina de la que mis hijos reclaman que no tienen nada que comer. Casi todo en la despensa es procesado. Quizá no comamos demasiado brócoli crudo, pero comemos mucha lecitina de soja y pirofosfato de ácido sódico. La mayoría tienen al menos catorce ingredientes, y hay una buena oportunidad de que nuestra sangre se haya vuelto directamente jarabe de maíz de alto contenido de fructosa.

Eso me fastidia.

Ocasionalmente me topo con algún libro tan brillante que es una verdadera lucha no plagiarlo todo. Si pudiera insertar aquí todo el contenido de *In Defense of Food* [En defensa de la comida], lo haría. Ha revolucionado mis ideas sobre la comida y nutrición. Esta es la premisa: Come tu comida. No mucha. Principalmente plantas.

A lo que el autor Michael Pollan se refiere por "comida" es "verdadera comida" que viene de la tierra, un árbol, una planta o un animal sin mayor intervención, comida que no esté atorada de jarabe de maíz o inyectada con hormonas. Escribe no como nutricionista, complicando algo simple, sino con la autoridad de la tradición y el sentido común.

Hacia los años sesenta, más o menos, se había vuelto imposible sostener las formas tradicionales de comer frente a la industrialización de los alimentos. No tenías suerte si querías comer productos agrícolas sin químicos sintéticos o carne de animales criados a base de pasturas sin preparados farmacéuticos. El supermercado se había convertido en el único lugar donde comprar alimentos, y la verdadera comida estaba desapareciendo rápidamente de las góndolas, para ser reemplazada por el cuerno moderno de la abundancia de los productos alimenticios altamente procesados.[7]

Nuestras abuelas comían carne de la región y verduras de su jardín; nosotros comemos *Pop-Tarts* [unas tartas rellenas prehorneadas de forma rectangular] y Velveeta [un queso procesado]. Hoy en Estados Unidos la cultura de la comida está cambiando más de una vez en una generación, lo cual no tiene precedentes históricos. Esta maquinaria funciona con un motor de treinta y dos mil millones de mercadotecnia que progresa con el cambio, sin mencionar la ciencia de la nutrición en constante desplazamiento, que continúa replicándose cada pocos años.

Pollan explica:

> Al igual que una enorme nube gris, una gran Conspiración de Complejidad Científica se ha reunido en torno a las más simples preguntas de la nutrición, para beneficio de todos los que están involucrados en ella. Excepto tal vez los supuestos beneficiados con todo este consejo nutricional: nosotros, y nuestra salud y felicidad como comensales. Lo más importante que debemos saber sobre la campaña de profesionalizar el consejo sobre la dieta, es que no nos ha hecho más sanos. Todo lo contrario: en realidad nos hizo menos saludables y considerablemente más gordos.[8]

Claramente. Cuatro de las diez causas principales de mortalidad en Estados Unidos son enfermedades crónicas que guardan una estrecha relación con la alimentación industrializada: enfermedades coronarias, diabetes, accidentes cerebrovasculares y cáncer. Estas plagas modernas de la salud siguen siendo poco frecuentes en países en donde la gente no come como nosotros, incluso si su dieta local es alta en grasas o carbohidratos, los dos "espantapájaros" a los que Estados Unidos decidió atacar. Los básicos de la dieta occidental incluyen:

- El aumento de comida altamente procesada y granos refinados.
- El uso de químicos para cultivar plantas y criar animales en enormes monocultivos.
- La abundancia de calorías baratas en azúcar y grasas.

- El consumo masivo de la comida rápida.
- La reducida variedad de la dieta humana a un pequeño puñado de granos básicos, particularmente trigo, maíz y soja (gracias a una vigorosa presión política y al subsidio gubernamental).
- La llamativa ausencia de frutas, vegetales y granos integrales.[9]

Esto predice algo terrible para nosotros y desastroso para nuestros hijos. De hecho, la expectativa de vida en los Estados Unidos se proyectaba en aumento de manera indefinida, pero un nuevo análisis de datos de *The New England Journal of Medicine* sugiere que esta tendencia está a punto de revertirse dado al vertiginoso aumento de la obesidad, especialmente entre los niños. Nuestros hijos son la primera generación en la historia de nuestro país que tiene una vida más corta que la de sus padres.[10]

Hay una forma de salir de toda esta locura.

Debemos votar tres veces al día en contra de esta comida tóxica con nuestros tenedores.

¿Sabes lo que ocurrió este mes? Luego de comer solamente alimentos integrales y casi nada de comida rápida, se me caen los pantalones. Me siento enérgica aun durante mi típico bajón de la mañana. Tengo las mejillas rosadas. Me han desaparecido las alergias. No tuve ni un solo problema digestivo. Las llagas de la boca se calmaron. Te juro que mis ojos están más blancos.

Y hay más. Lo que solía tardar dos horas comprando en un gran supermercado ahora se redujo a treinta y cinco minutos en la feria agrícola. Gasté la mitad de mi presupuesto en el almacén y no compré porquerías extra. Además, no puedes imaginar todo lo que ahorramos comiendo casi exclusivamente en casa. Estamos produciendo menos desperdicios. Créeme que estamos ingiriendo las sobras; esto era algo muy raro antes de *Simple y Libre* porque teníamos muchas otras cosas para elegir. (¿Por qué comer comida de ayer cuando puedes tener comida nueva?). Más que nunca la familia se ha reunido en torno a la cocina, cortando, mezclando, salteando.

Tal vez la simplificación de la comida sea una buena idea para todos nosotros, y por más de una razón. La claridad espiritual y la salud vienen a la mente. La reducción de la basura y el manejo del tiempo y la responsabilidad económica merecen una línea también. Hay otras cosas, pero esta es una lista decente para empezar.

Barbara Kingsolver es una mejor gourmet —y escritora— que yo, así que permíteme cerrar con uno de sus pensamientos brillantes:

> Cuando mi generación de mujeres se alejó de la cocina, fuimos acompañadas por ese camino por una industria especulativa que reconoció un objetivo de mercadeo vulnerable y cansado en cuanto lo vio. "Hey chicas", nos dijo, "sigan adelante, libérense. Nosotros nos ocuparemos de la cena". De golpe abrieron la puerta y nosotras fuimos corriendo hacia una crisis nutricional y una alimentación genuinamente tóxica... Pero resultó ser mucho más complicado en términos de la vida cotidiana. Abandonamos el aroma del pan caliente apoderándose de la casa, el paso mesurado de las rutinas de crianza, la tarea creativa de moldear el paladar de nuestra familia y el celo por la vida; recibimos en cambio la furgoneta y los Lunchable [una marca de alimentos y bocadillos].[11]

[Desde el 2010, la discusión ciudadana ha priorizado el cambio climático, lo que ya no es una preocupación aparte.

Sabemos que la Tierra está en serios problemas y, sea que cuidemos del planeta o continuemos descuidándolo, ese será el legado que les dejemos a nuestros hijos. Los científicos de todo el mundo coinciden en lo que se reportó en *Time*:

> Si cada vez más la población mundial se mueve hacia una dieta basada en plantas y reduce el consumo de carne, eso podría estimular significativamente la habilidad del planeta para luchar contra el cambio climático. La carne, ya sea de res o de cordero, es particularmente ineficiente para producirlo, porque el ganado necesita muchísimo espacio para pastar, y la tierra es a menudo ese espacio que solía estar cubierto de árboles. Reducir la cantidad de carne que la gente come también disminuiría las emisiones del ganado y la cantidad de fertilizante que requiere su crianza.[12]

Lo más injusto es que los países con más probabilidades de ser impactados por el cambio climático a menudo pertenecen a regiones de bajos ingresos, que casualmente no fueron los que provocaron el calentamiento global. Solo aproximadamente el 25% del mundo consume grandes cantidades de carne, mayormente los países ricos como Estados Unidos. Timothy Searchinger, un investigador especializado del World Resources Institute, dice lisa y llanamente: "Los mayores consumidores de carne vacuna necesitan comer menos".[13]

En *We Are the Weather* [Nosotros somos el clima], el autor Jonathan Safran Foer escribe: "No podemos seguir teniendo las mismas comidas que conocemos y también tener el planeta que conocemos. O dejamos algunos hábitos alimenticios o dejamos el planeta. Es tan directo y alarmante como eso". Un reporte bien documentado del 2009 del Instituto Worldwatch declaró que las emisiones relacionadas con el ganado son responsables del 51% de todos los gases efecto invernadero "más que todos los autos, aviones, edificios, industria y centrales eléctricas combinadas".[14] La tesis de Safran Foer es clara y convincente: haciendo "un acto colectivo de comer de manera diferente" (él sugiere no consumir productos animales antes de la cena), podemos cambiar el curso de la crisis climática.[15]

La premisa de Michael Pollan es correcta, y por más de una razón: come tu comida, no mucha, y principalmente plantas. Debemos resistir las narrativas como "no es problema mío" o "qué diferencia hará". Debemos hacerlo. Los hábitos alimenticios estadounidenses son una parte monstruosa del problema global. Es increíblemente posible incluir carne en solo una comida al día. Es increíblemente posible elegir también tener días sin ingerir carne. Yo me comprometí en este sentido y haré mi parte. Ojalá te unas a mí].

DÍA 26

Leí *In Defense of Food* [En defensa de la comida], *Animal, vegetal, milagro, The Maker's Diet* [La dieta del creador], *Fast Food Nation* [La nación de la comida rápida] y miré *Food, Inc.* con mis hijos horrorizados, a quienes no me avergüenza lavarles el cerebro en este sentido, y esta es mi conclusión:

Me siento mal.

He bebido el Kool-Aid que la industria del mercadeo, los grupos de presión de los alimentos y los "expertos" en nutrición de la FDA [Administración de Alimentos y Medicamentos] me vendieron. ¿Dicen que el salvado de avena es el nuevo mesías? Averígualo. Inclúyelo en cada receta entre 1988 y 1991. ¿La grasa es tu enemiga? Quítatela de encima. Elige margarina, que solo está a una molécula de distancia del plástico. ¿Ahora los carbohidratos son malvados? Elimínalos del menú. Inserta emociones negativas hacia el jugo de naranja y otras comidas engañosas que conspiran para hacerte engordar. ¿El jarabe de maíz de alta fructosa es saludable porque está hecho a base de maíz? Métalo en, bueno, en los diez millones de productos en los que está inyectado.

Después de todo, según esta campaña,[16] el jarabe de maíz de alta fructosa *puede* ser parte de una dieta balanceada y esa gente nunca nos mentiría. Es evidente que nuestra epidemia de obesidad no tiene nada que ver con la dieta de azúcares altamente procesados, sino con "una disminución de las clases de educación física y otras explicaciones plausibles". (Sé que no he tenido una clase decente de educación física desde 1991). ¿Tú también? ¡Qué buena noticia! El panel de expertos de la FDA llegó a la conclusión de que el consumo frecuente de bebidas sin alcohol no incrementará el riesgo de obesidad en absoluto. ¡Qué grata sorpresa! Una Dr. Pepper para cada uno, y por favor, pásame las Oreo.

Pero cuídate de las zanahorias. Ellas tienen alguna *intención oculta*.

Sinceramente, me he tragado todo este verso. No tomé un vaso de jugo de naranja por cuatro años, pero no tuve problema con la Coca-Cola de dieta, ligada fuertemente al cáncer y a problemas renales. Pero al menos es baja en calorías. Mi perspectiva nutricional está tan contaminada por el mercadeo que llegué a perder el sentido común.

Pensé que estaba segura en la burbuja dentro de *Simple y Libre*, dado que mi menú contiene alimentos sin procesar, excepto pan y eso es tan saludable como un bebé con hoyuelos, ¿cierto? Después leo esta pequeña gema de la regla alimentaria del pulgar, de Pollan:

> Evita los alimentos que contengan ingredientes que son: a) desconocidos, b) impronunciables, c) más de cinco en número, o que incluyan jarabe de maíz de alta fructosa.

Piensa en una hogaza de pan, uno de los "alimentos más tradicionales que todos conocemos". Como podrá decirte tu abuela, el pan se elabora usando un mínimo de ingredientes conocidos: harina, levadura, agua y una pizca de sal. Pero el pan industrializado —incluso el de harina integral— se ha vuelto un producto mucho más complicado en la ciencia alimentaria moderna (ni hablar de comercio y esperanza). Esta es la lista completa de ingredientes del pan blanco de harina integral Suave y Blando, de Sara Lee:

Harina blanqueada enriquecida [harina de trigo, harina de cebada malteada, niacina, hierro, mononitrato de tiamina (vitamina B_1), riboflavina (vitamina B_2), ácido fólico], agua, cereales integrales [harina de trigo integral, harina de arroz integral (harina de arroz, salvado de arroz)], jarabe de maíz de alta fructosa, suero de leche, gluten de trigo, levadura, celulosa. Contiene 2% o menos de cada uno de: miel, sulfato de calcio, aceite vegetal (aceites de soja y/o semillas de algodón), sal, mantequilla (crema, sal), acondicionadores de masa (puede contener uno o más de los siguientes: mono y diglicéridos, mono y diglicéridos etoxilados, ácido ascórbico, enzimas, azodicarbonamida), goma guar, propionato de calcio (conservante), vinagre destilado, nutrientes de levadura (fosfato monocálcico, sulfato de calcio, sulfato de amonio), almidón de maíz, aroma natural, betacaroteno (color), vitamina D_3, lecitina de soja, harina de soja.

Hay muchas cosas que podrías decir sobre este intrincado "pan" de molde, pero primero observa que incluso si pasara inadvertido para tu abuela (porque después de todo es un pan, o al menos se le llama así y se le parece mucho), el producto falla cada prueba bajo la regla número dos...

Disculpa, Sara Lee, pero tu pan blanco de harina integral Suave y Blando no es comida y si no fuera por la vista gorda que hace la FDA ni siquiera sería etiquetado como "pan".[17]

Por el amor de Michael Pollan.

Ciertamente, mi pan de harina integral 100% tenía treinta y nueve ingredientes. Los conté. Me sentí orgullosa de haber hecho esa compra hace unas semanas, pero tiene más ingredientes que la caja de cereales azucarados más cruel que jamás he comprado.

De manera que decidí elaborar mi propio pan. Quizás te suene insignificante a ti que estiras con rodillo tu masa de tarta y envasas tus tomates o algo por el estilo, pero fue un nuevo terreno para mí, de veras, así que permíteme tener un momento Laura Ingalls. Cuando les mencioné esta idea a mis amigas, recibí un tsunami de ofertas de máquinas para hacer pan:

- "Tengo una guardada".
- "Hay una en mi ático".
- "Tengo una que no pude vender en mi venta de garaje".
- "Tengo una que la saco solo cuando nos visita mi suegra".

Entonces dejé que me prestaran una bendita máquina, y en los cuatro días que me quedaban hice seis panes. Quiero informar que el pan casero nos cambió la vida, nos hizo más agradecidos y nos conectó con la tierra. Había planeado hablar con nostalgia acerca del aroma del pan horneado, y las bondades y exquisiteces de comerlo tibio. Me refiero a que, si el pan casero no es el objetivo o la meta de la excelencia doméstica, ¿entonces qué lo es? Leer los relatos de Barbara Kingsolver de ver la masa elevándose y deleitarse junto a la chimenea, me dieron ganas de construir un horno de ladrillos de barro y ordeñar algunas vacas. Este es mi relato:

Mis panes han crecido.

Usé distintas mezclas y formas diferentes; lo corté en delgadas rebanadas y en gruesas lonjas como ladrillos. Lo comí tibio, tostado, horneado y a temperatura ambiente. Probé con trigo, trigo integral, nueve semillas y centeno. Mi pan fue servido con lascas de manzanas asadas, usado para sándwiches, tostado como *croutons*, y utilizado como una esponja para unos huevos estrellados. Lo intenté, gente. *Realmente lo intenté.*

Pero es tan pegajoso. Mi primer pan estaba tan duro como el cemento y de sabor se le parecía también. Los otros cuatro corrieron más o menos la misma suerte. Tal vez el problema sean las mezclas de harina. Hay una razón por la que la gente ama la harina blanqueada y esponjosa, nutricionalmente nula, pero que irradia la delicia del pan blanco. Tal vez estoy tan acostumbrada al pan endulzado con jarabe de maíz de alta fructosa y edulcorado con químicos, que ya no puedo apreciar más el pan simple de cuatro ingredientes. Quizás la ausencia de mantequilla en el pan fresco sea demasiado criminal. Puede ser que solo necesite hacerlo a la manera de antes, mmm..., como sea.

No lo sé.

Mi sexta hogaza salió del horno hace una hora, y pasé veinte minutos cortando manzanas y cocinándolas para que queden untables, solo para morder un bocado y sentir náuseas.

Creo que tengo que volver a llamar a mi mamá para pedirle instrucciones de cocina, como lo hacía los primeros años de casada, cuando yo era tan solo una tragedia doméstica. Todavía te tengo fe, ¡pan casero!, sé que puedes llegar a ser delicioso y suave. No me dejaré desanimar por un paso en falso, porque claramente no tengo idea de qué estoy haciendo en el departamento de horneado. Necesito ser entrenada antes de meter las manos en otro inocente montículo de harina. Un pan no me derrotará, lo prometo. Tengo un título universitario y estoy criando tres humanos decentes (ninguno se murió todavía), y no me quedé sin gasolina en seis años.

Puedo hacer un pan.

DÍA 29

Me retracto. El pan casero es cemento. Estoy comprando mi pan. ¿Y qué?

DÍA 30

Dios bendiga al Consejo. Lo que comenzó como un correo electrónico inofensivo ("¡Hey, chicas! ¿Alguna quiere venir a comer algo ligero y conversar algunas ideas conmigo?") se convirtió en un proyecto grupal que me tuvo comiendo aguacates y batatas, y a ellas, harina de maíz. Después de dejar que este primer mes se asentara un poco, Shonna escribió sus pensamientos sobre la comida rápida, y yo los reproduzco aquí para que te deleites leyendo:

> Ayunar siempre me pareció algo radical. La gente como Gandhi ayuna, no la gente como yo. Nunca siquiera he considerado el ayuno como una forma de obtener claridad y de escuchar mejor la voz de Dios. Mi mayor problema con el ayuno es que ¡me encanta comer! Consideré seriamente guardar barras de cereal en mi mesa de noche. Cuando

tengo el estómago vacío, me siento apesadumbrada y con menos claridad para pensar. Me vuelvo irritable y gruñona cuando no he comido en algunas horas (eso me dicen).

Cuando me ofrecí como voluntaria para ser parte de *Simple y Libre*, pensé: "Seguramente a mí no me va a costar, ¡será sencillo!" Imaginaba que mi participación sería simplemente un apoyo. Durante el mes que Jen comió solo siete alimentos, un pequeño grupo de nosotras eligió una alternativa. Seleccionamos siete naciones y comimos por tres días lo que los habitantes más pobres de esos países comían.

Hubo arroz y plátanos. Hubo arroz. Hubo arroz y plátanos. Las personas de los países subdesarrollados no comen mucho, y cuando lo hacen, lo más común es el arroz. Comí arroz en casa, arroz con mis amigos, incluso arroz en un restaurante. La última vez recibí una mirada cómica de parte de un camarero; debe haber pensado que yo estaba empezando una nueva dieta para perder peso. Para ser sincera, recibí un montón de comentarios. Una amiga incluso me dijo que me había vuelto un poco "excéntrica". A ver... mírame: ¡comer arroz hablando sobre Haití y Etiopía!

Aprendí mucho sobre esos siete países. Les contaba a todos las cosas nuevas que estaba viendo. Cuando alguien me preguntaba por qué comía así, le contaba sobre esos países y lo poco que su gente come cada día. Nunca visité uno solo de esos lugares, pero los amo a todos. Y anhelo que llegue el día en que pueda viajar a cada sitio y experimentarlo de primera mano.

Entonces, ¿cómo hacía alguien como yo, que come y come, para arreglárselas durante cuatro semanas? Oraba. Cuando sentía hambre, oraba. Oré por el país, por su pueblo, por sus gobernantes, por los niños. Oré más durante esos días que en toda mi vida. Tenía un recordatorio físico para orar. No sentía hambre después de orar por un niño en Haití que pasaría todo el día solo con una taza de arroz o menos. Estaba sorprendida por lo que Dios me mostraba durante esas semanas.

Simple y Libre me introdujo al ayuno. Después de esas semanas de arroz y oración, supe que podía volver a hacerlo. Y lo hice. (Recientemente finalicé un ayuno de veintiún días de mis cosas favoritas). Y sí, abrazo mi excentricidad. Cuando me alejo de lo que disfruto y creo que necesito, y lo reemplazo con oración, siento esa claridad.

¡Y descubrí que ayunar no es solo para Gandhi!

DÍA 31

Es mi último día del primer mes y he llegado a ciertas conclusiones. El orden de los sietes meses fue aleatorio; la comida ocupó la casilla número uno, porque copié este concepto de Susana, y es lo que ella hizo. El descanso tomó el séptimo lugar porque Dios descansó al séptimo día y me resultaba hasta poético. Todos los demás meses fueron listados en un orden casual.

Dicho esto, estoy agradecida de haber empezado con el tema de la comida. No hubo elusión alguna, ninguna posible atención a medias. Siete alimentos fueron algo que requirió mi atención total de la mañana a la noche. Cada comida fue intencional, cada bocado estuvo calculado. No hubo escapatoria de *Simple y Libre*; nunca tuve más de cinco horas entre comidas para desviarme mentalmente. El concepto de reducción nunca estaba más lejos que mi próximo menú.

Eso me aferró fuertemente al corazón de Jesús.

Así como un ayuno de cuarenta días inauguró su ministerio público, este mes preparó el camino. Suavemente borró algunas partes de la paleta de color. No sé casi nada de lo que creía saber. Mis riquezas no son genuinas. Mi historia contiene algo de fraude. Ciertos elementos no encajan en este lienzo. No sé lo que eso significa todavía, pero las partes falsas serán expuestas antes de ser dibujadas de nuevo.

En el libro *Simplicity* [Simplicidad], Richard Rorh escribió:

> En el camino a la contemplación hacemos lo mismo que Jesucristo hizo en el desierto. Jesús nos enseña a no decir "Señor, Señor", sino hacer la voluntad del Padre. Lo que debe preocuparnos en primer lugar es hacer lo que Jesús nos ha invitado a hacer. Él entró al desierto, no comió nada durante cuarenta días y se vació de sí mismo... Por supuesto que el vaciamiento de su ser no es suficiente. El punto del vaciamiento es sacar a nuestro yo de en medio del camino para que Cristo pueda llenarnos. Tan pronto como quedamos vacíos, se produce lugar para Cristo, porque solo entonces estamos listos para reconocerlo y aceptarlo completamente como el otro que no es yo.[18]

Siendo sincera, he dicho un montón de "Señor, Señor" sin hacer la voluntad del Padre. Mi misión está empañada por mil elementos sin valor eterno. Mi lienzo está enlodado, turbio. Conozco la retórica cristiana correcta —vaciamiento, rendición, humildad— pero esas palabras carecen de sentido hasta que dejan de ser solo palabras. Mientras que mi vida esté marcada por la ambición, acumulación y éxito, entonces no importa lo mucho que vocifere acerca de Jesús, soy un platillo que resuena, un sonido metálico; no soy nada.

Después del ayuno que Jesús hizo, comenzó a sanar, a rescatar, a redimir. El Espíritu llenó el vacío que Jesús creó, y lo lanzó al ministerio. De alguna forma sobrenatural, la abstinencia de comida fue el catalizador de la revelación de

Jesús; los fuegos artificiales verdaderos llegaron inmediatamente después. Nunca más Jesús volvió a volar fuera del radar. Su poderoso ministerio se activó, invitando a la adoración y a la oposición al pecado, a la salvación y a la muerte. Después de treinta años en la tierra, su historia realmente comenzaba.

> "Allí estuvo cuarenta días y fue tentado por el diablo. No comió nada durante esos días, pasados los cuales tuvo hambre" (Lucas 4:2).

Yo tengo hambre.

ROPA

Esta mañana mi hijo de siete años, Caleb, fue a la escuela con ropa "que combinaba": una camiseta camuflada en tonos verdes, unos pantalones cortos camuflados en tonos de marrón, y una sudadera con capucha también camuflada en la gama del gris. En otro momento lo hubiera hecho marchar a su habitación y cambiarse por un conjunto de *Gymboree* [ropa infantil], pero ahora ya superé esas cuestiones. Esto no es algo que me quita el sueño cuando tengo otros asuntos que atender, como criarlos de manera que un día dejen mi casa y no tengan que volver. [**Los tres ya se han graduado y se fueron de casa. Diez años es toda una diferencia entre un niño de segundo grado y un estudiante universitario. Jesús, sé mi pañuelo ahora**].

Francamente, siempre llevé a mi hijo a la tienda Target con su disfraz de Batman y dejé que mi hija usara camiseta y botas para ir a la iglesia. Nunca me hice demasiado drama por eso; además, siempre había alguna madre tironeando de su hijo ninja mutante.

En un día común yo uso vaqueros y camiseta. Mi estilo no es para nada sofisticado. Me veo como una universitaria que saltó de la cama cinco minutos antes de la clase (pero que envejeció prematuramente). Como sea, soy alguien que se viste de manera muy simple —o tal vez perezosa—, que no pasa mucho tiempo pensando sobre el guardarropa.

La ropa no representa un problema para mí.

¿Entonces por qué hago este desafío con la vestimenta? ¿Por qué reducirme de manera radical en una categoría neutral que no me interesa? Porque, aunque suene cierto en mi cabeza, mi vestidor me cuenta una historia distinta. Recorrí los cinco armarios de la casa y me di cuenta de que gasto mucho dinero en cada uno de los artículos. Hice algunas cuentas a la ligera y, si gastamos alrededor de diez dólares en cada prenda, nuestros guardarropas representan un desembolso importante, en realidad, un *montón* de dinero. (Soy escritora, no contadora). Resultó ser un importe tan alto que tuve que sentarme, especialmente si consideramos que no usamos ni la mitad de las prendas.

Conté una por una y tengo 327 entre las cuales elegir. ¡Leíste bien! Ninguna otra categoría la iguala en cantidad. Y, para ser franca, la mayoría no cuesta un promedio de diez dólares. Si gastara veinte en cada prenda, eso serían $6540 solo en ropa en más o menos los últimos cinco años. Si el promedio del valor unitario se acercara a treinta, eso significaría que habré gastado $9810. Eso solo para mí, sin contar a los otros integrantes de la familia.

Lamentablemente solo uso un mínimo porcentaje de esa ropa. Así que, mientras mi boca alardea sobre mi actitud relajada hacia la vestimenta, mi mano sigue agarrando la billetera y comprando más. Si tomo en serio el tema del consumo y el gasto irresponsable, no tengo que ir más lejos de mi propio guardarropa. Gasto más en indumentaria en un año que lo que gana toda una familia etíope en casi cinco.

De modo que estamos comenzando el segundo mes: siete artículos de vestir. Además de toda la locura evidente, el principal escollo son los eventos en los que tengo que disertar. Este mes, por ejemplo, tengo tres. Tengo dos vidas diferentes en cuanto al estilo: una, la diaria, un-punto-por-encima-del-guardarropas-de-una-vagabunda, y el fin de semana, donde uso la-colección-de-la-oradora-de-escenario. Estos dos estilos son tan opuestos que perdí el sueño tratando de elegir qué siete artículos andarían bien para ambos.

Al asesorarme sobre este mes, el Consejo estuvo dividido entre la chica permisiva y la de estilo "monja católica que te golpea la palma con una regla". Algunas creen que este mes debería poder ser copiado por alguna lectora que quisiera intentar lo mismo. La otra mitad solo quiere verme sufrir (después de todo, es mi prueba). Así que llegamos a un acuerdo sobre algunas prendas:

Los zapatos cuentan como un solo artículo. Sin embargo, rotaré entre solo dos pares: las botas vaqueras y las zapatillas de tenis. Toda mujer que trabaja tiene dos vidas diferentes en cuanto a estilo, de modo que solo dos pares entre 327 artículos no es demasiado permisivo. Esto deja afuera a veintiún pares de calzado, que quedan en mi armario al estilo Imelda Marcos.

La ropa interior no cuenta, ¿está bien? Entre sostenes, bragas y medias, usaría la mitad de mi asignación antes de calzarme los pantalones. Consideré omitir la ropa interior de mi guardarropa, pero es probable que soltar mi mujer interior que se balancea libremente a ese mundo inocente sea un crimen. Nadie desea esa clase de abuso visual. Entonces, la ropa interior obtuvo un pase libre, y si eso me convierte en una holgazana de *Simple y Libre*, bueno, al menos soy una holgazana que usa sostén.

Este es mi vestuario para todo el mes:

- Un vaquero, color oscuro, estilo neutro.
- Una camiseta manga larga, color negro liso, entallada.
- Una camiseta manga corta, color negro que dice: "Ayuda a Haití".
- Una camiseta manga corta, color gris que dice: "Mellow Johnny's Bike Shop" en color amarillo.
- Un pantalón capri de punto, color gris, con cordón.
- Una camisa de vestir larga de seda, color marrón oscuro.
- Calzado: botas vaqueras y zapatillas tenis.

A un cierto punto iba a designar un pañuelo de cuello como una prenda, pero la integrante del Consejo, Molly, me dijo que estaba perdiendo el sueño con ese tema del pañuelo y que era *intrascendente*, entonces lo reemplacé por una segunda camiseta, que probablemente haya sido una buena jugada para no tener que ponerme la camiseta de Haití los treinta días corridos. En caso de que no entiendas bien alguno de los ítems principales que estoy dejando fuera de mi vida en el siguiente mes, acá va una lista con algunas cositas que quedaron en el clóset:

- Ningún abrigo (es verano).
- Ninguna alhaja o joya (excepto mi alianza de cuarenta y cinco dólares que compré en Wallmart).
- Ningún accesorio.
- Ningún cinturón.

El Consejo estará haciendo algunas variantes este mes. Jenny y Shonna también se unirán a las siete prendas de vestir, pero agregarán siete accesorios, cada uno de un país distinto. Cada día orarán por el país de donde proviene el sombrero, la bufanda, los aros, el collar o el brazalete que estarán usando. Molly y Trina separarán cada prenda que se pongan para determinar qué porcentaje en realidad usan, ya que sospechan que sus guardarropas están repletos de prendas que ni siquiera se llegan a gastar. Susana, durante siete días consecutivos, usará solo ropa hecha por ella. El hecho de que tenga una amiga con tantas prendas confeccionadas por ella misma como para vestirse toda una semana me vuelve loca, porque mis hijos le tienen que llevar a su abuela los pantalones para que les cosa los botones que se les pierden.

El segundo mes comienza con esta minúscula pila de ropa. Ignoraré los cuatro percheros, seis estantes y un tocador lleno de otras prendas y haré las paces con estos siete artículos que, acabo de notar, son negros, grises y marrones. Me veré como una integrante de la familia Ingalls o como un mimo. Quizá le diga a la gente que estoy teniendo una crisis de mitad de los treinta y me hice emo. Si comienzo a usar esmalte de uñas color negro y revolcarme en un lodazal de tormento, alguien por favor intervenga.

[Ver esa lista de artículos que seleccioné para vestirme me pone en una máquina del tiempo y me envía directo al 2010. Estoy *en ese lugar* usando esa camiseta negra prácticamente todos los días. También me pregunto por qué rayos mis amigas me apoyaban en todo. Yo he sido una amenaza para su vida cotidiana. No puedo creer que respondieran mis mensajes de texto].

DÍA 1

Ya rompí las reglas, sin quererlo. Fueron menos de sesenta segundos. Estábamos haciendo una evaluación de nuestro patio trasero para convertirlo en huerta (hablaré mucho más de esto luego, en el mes de nuestra incursión en la vida natural), y eran las 8:30 de la mañana. Hacía frío y yo no había tomado ni un café. Obedientemente me vestí con la camiseta de Haití y los vaqueros, de modo que todo comenzó tranquilo.

Pero cuando el activista ambiental y jardinero Steven vino para medir nuestro patio y tomar muestras del suelo, todo lo que vi fueron los montones de caca de perro que mis hijos *no habían* levantado. Parecía que éramos unos salvajes a quienes no les molestaba vivir en medio de una pila de heces. El señor actuó como si no lo hubiera visto, pero vino caminando hasta aquí, así que claramente no estaba ciego. Y estoy casi segura de que el olfato le funcionaba bien. Como si fuera a propósito, mi perra Lady fue directo a donde él estaba excavando e hizo un popó enorme. Corrí y me la llevé rápidamente, profesando algunas palabras de desprecio que sonaron tan vacías junto a los otros catorce montículos de excremento que vivían felices en nuestro patio trasero.

Fue culpa de la caca, que me distrajo.

Cuando entré a la casa a lavarme las manos, lo único que podía pensar era en redimirme. Inventé una historia sobre cómo había estado en Zimbabue cavando pozos y acababa de regresar, y que mi familia había dejado que todo en la casa se fuera por la borda. Reclamaría nuestra casa inmaculada de siempre, por supuesto, pero todavía no había tenido la oportunidad. Todo lo que había tenido tiempo de hacer al volver de Zimbabue era preparar mi típica *frittata* de vegetales con jugo de naranja recién exprimido para mi familia, porque me preocupaba por su salud y todo eso. Así soy yo, Steven.

Al tiempo que inventaba una detallada historia sobre productos de limpieza amigables con el medioambiente, agarré una chaqueta antes de regresar con él al patio y alegremente me la puse. Como mi visitante estaba hablando sobre la exposición al sol de la tarde, me di cuenta de que me puse una prenda no permitida por *Simple y Libre*. Y eran las 8:30 de la mañana del día 1. Ya me las había arreglado para tener dos horas completas de obediencia. ¡Acá vamos!

Me arranqué horrorizada la chaqueta y la arrojé en la cama elástica; Steven me miró de tal forma que reconocí algo de miedo en su mirada, como si pensara que la mujer extraña de las cacas de perro estaba tramando enterrarlo en el jardín. Me las arreglé para darle una explicación rápida de *Simple y Libre*, lo que no elevó mi coeficiente intelectual en absoluto. Quedé como una excéntrica narcisista que vive entre la caca y miente acerca de su trabajo de ayuda humanitaria. Y con "quedar como" me refiero precisamente a eso.

Así es que, el segundo mes tuvo su estupendo lanzamiento.

DÍA 2

"Que una de tus siete prendas sea un abrigo".

"¿Por qué razón no incluiste un abrigo en tu lista?"

"¿Qué pasa si pones un abrigo o al menos una chaqueta?"

"¿Ningún abrigo?"

Sí, estoy escuchando ese comentario desde hace un par de semanas, porque estamos en febrero, y mis amigas se preocupan de que no la pase mal. O tal vez sea que esta gente es extraordinariamente mandona. El caso es este: no soy alguien que suele usar abrigos (a pesar del episodio de ayer con la chaqueta). No puedo encontrar el punto justo, prefiero pasar frío desde el auto hasta la puerta de donde vaya.

Encima de todo vivo en Austin. "Invierno" es un término vago aquí. Con frecuencia me jacto con mis amigas del norte acerca de nuestro clima agradable, y estoy segura de que publiqué fotos de nosotras en manga corta en una mañana de Navidad. El invierno en el centro de Texas nos besa y nos acaricia después del castigo brutal que el verano nos impone. Ayer, en pleno febrero, mi hijo se puso *shorts* para ir a la escuela.

Hoy, no obstante, nevó todo el día.

En los últimos diez años ha nevado un total de seis días en Austin. La última "acumulación de nieve" registrada fue de una décima pulgada en 2007. Eso significa que cuando hay una nevada, cierran las escuelas, los aterrados texanos corren a vaciar las tiendas de alimentos, y algunas pobres almas chocan sus autos. La reacción extrema es casi apocalíptica.

Mis hijos piensan que una sudadera con cremallera es un abrigo. No saben de dedos del pie congelándose. Ninguno de ellos tiene guantes de lana, por ejemplo. Nunca se han resbalado y golpeado en la entrada de la casa. Los muñecos de nieve son algo que los niños con suerte construyen, y que ellos leen en sus libros. Lo más duro del invierno es tener que guardar sus chancletas por un par de meses, aunque eso es una acción un tanto arriesgada, porque varias veces hemos alcanzado los 70° F (20° C) en pleno invierno.

De modo que ayer, cuando el meteorólogo pronosticó que iba a nevar, todos estábamos incrédulos. Nosotros sabemos más que ellos. Hemos sido engañados muchas veces. Todos sabemos que están monopolizando su tiempo de aire en el noticiero con sus advertencias de "condiciones climáticas extremas" solo para aplastar nuestros pequeños corazones con un poco de *lluvia*.

Pero, de manera sorprendente, el termómetro bajó hasta los 32° F (0° C) y nevó durante cinco horas seguidas en Austin, Texas, en el día de hoy. La maestra de segundo grado sacó a los niños afuera, para que atraparan copos de nieve con la lengua. Mi hija guardó siete bolas de nieve en el congelador. Mi hijo que está en la escuela secundaria se calzó los *shorts* y saltó desde la cama elástica descalzo con sus amigos, para ver quién aguantaba más (chicos de sexto grado, no hay nada más que decir).

Y yo tenía mucho frío. Me puse la camiseta de manga larga debajo de la de manga corta y estaba temblando. Jennie, la integrante más indulgente del Consejo, me envió este mensaje de texto: "Creo que Jen tiene luz verde para usar una chaqueta y guantes y así salir a jugar en la nieve con sus hijos, ¿qué piensan?"

Yo rechacé el ofrecimiento y me abracé a mis piernas enfundadas en un pantalón capri, para darme más calor. Me coloqué la otra camiseta pasando la cabeza por el agujero del cuello pero sin sacar los brazos. Con ese atuendo salí a ver a mis hijos, quienes me pidieron que entrara enseguida antes de que alguien me viera.

Como siempre, cuando el clima es adverso, yo pienso en nuestros amigos de la comunidad de sin techo: Shoeshine, Red, Bidgette, Mike, David y muchos otros. Yo estuve afuera con ropa inadecuada por diez minutos y estaba congelada hasta la médula. Me llevó una hora calentarme, y eso que tenía el fuego encendido y la temperatura de casa alcanzaba 72° F (22° C). Nuestra iglesia ha repartido frazadas, guantes y bufandas durante dos meses, pero eso es como poner una bandita para contener una hemorragia. No hay ropa capaz de proteger contra el granizo y el viento severo por largo rato. Austin tiene entre 3800 y 4500 personas en situación de calle, pero solo 803 camas en los refugios disponibles. Se ponen camas adicionales cuando la temperatura desciende a niveles bajo cero y algunas pocas iglesias abren sus puertas para ofrecer refugio de emergencia. Pero todavía quedan miles allá afuera, a la intemperie.

Más de cien personas murieron el año pasado en las calles de Austin; murieron solos, acurrucados en algún callejón o zaguán. Habiendo solo una cama por cada cinco necesitados, la muerte por congelamiento es segura. Para las personas en situación de calle, las condiciones climáticas extremas van más allá de la incomodidad o la aventura; son mortales.

Nunca podré identificarme verdaderamente con aquellos que no tienen ropa suficiente o refugio. *Simple y Libre* es temporal; yo tengo 320 prendas esperándome cuando termine. Cuando tuve frío hoy, me metí en casa y listo, ¡problema resuelto!

Me voy a dormir esta noche agradecida por estar calentita, lo cual es una ventaja que a veces doy por sentado. Que mis privilegios continúen llevándome hacia donde están mis hermanos y hermanas que carecen de ellos. Mejor aún, estoy cansada de llamar a los que sufren "hermanos y hermanas", cuando *nunca* permitiría que mis hermanos biológicos sufrieran de ese modo. Eso es nada más que hipocresía disfrazada de altruismo. No voy a deshonrar mis bendiciones imaginando que las merezco. Hasta que todo ser humano reciba la dignidad que yo disfruto con desinterés, oro para que mi corazón duela por la tensión y el sonido de mi estómago vacío se escuche por la injusticia.

La primera pregunta que el sacerdote y el levita se hicieron fue: Si me detengo para ayudar a este hombre, ¿qué me pasara?

> Pero el buen samaritano dio vuelta a la pregunta: "Si no me detengo para ayudar a este hombre, ¿qué le pasará a él?".
>
> —MARTIN LUTHER KING JR.

DÍA 5

Creo que vale la pena mencionar que estoy desarrollando un hábito bastante tosco. Además, este hábito confirma que soy perezosa para vestirme y que no presto la menor atención al decoro que merece la vestimenta de una persona de treinta y cinco años.

Como sabes, tengo dos pares de zapatos a disposición: mis botas vaqueras y las zapatillas tenis. Ambos requieren un esfuerzo sobrehumano: ponerse las medias y calzarse o atarse los cordones. Evidentemente no pude esforzarme menos en esta clase de trabajo excesivo.

Siempre y cuando no tengo que salir del auto, elijo manejar descalza en vez de hacer el esfuerzo de vestir mis pies. Si no puedo calzarme las chancletas como siempre, entonces no me pongo nada. Este hábito aparentemente no se frustra con la lluvia ni con temperaturas heladas. ¿Pasar por el banco? ¿Recoger a alguno de los chicos por el colegio? ¿Llevar a alguien al entrenamiento? Lo hago todo descalza.

Mi amiga me dijo que conducir descalza era ilegal. "¿En serio? Mira, no puedo cumplir todas las leyes. No soy una farisea".

¿No tengo zapatos? Eso no es un problema, al menos no para mí.

DÍA 6

Hoy fue mi primer compromiso para hablar en público durante el mes de la ropa. Estaba destinada al éxito. Era un evento semilocal de un día, lo cual eliminaba la necesidad de llevar indumentaria para dos días. No solo eso, sino que era en un centro de convenciones en una zona boscosa, con tirolesas y cabalgatas, por lo que supuse que el código de vestimenta era informal.

Me puse mis vaqueros, mis botas y la camiseta negra de mangas largas debajo de mi camiseta de mangas cortas de Haití. No pude colocarme ningún accesorio como un pañuelo o algún collar o siquiera alguno de mis trucos para hacer que los pantalones de Target pasaran como ropa fina de eventos. Al dirigirme al hotel en donde las mujeres estaban desayunando, revisé la atmósfera de la ropa, preocupada por si estaba muy por debajo del nivel que se requería, y si debía comenzar a disculparme y explicar que no suelo *jamás* usar una camiseta para un evento, ni siquiera en un lugar de campamento como este.

Detecté un mar de camisetas negras con escrituras en blanco en la parte delantera, ¡iguales a la mía! Los gráficos eran casi idénticos. Era la camiseta oficial del retiro que le daban a cada asistente. A simple vista, mi asistente del evento pensó que se me había roto mi camiseta del retiro con alguna cosa. El 90% de nosotras estábamos vestidas exactamente de la misma manera. Yo estaba solo un poquito mejor arreglada gracias a mis botas vaqueras; todas las demás usaban tenis.

Fue increíble.

Éramos un grupo de mujeres con el pelo recogido y vaqueros gastados que no intentaban impresionarse o poner cara de cristianas. Era un grupo femenino dinámico en su expresión más simple, y eso tocó mi parte más real, la que ama lo auténtico. Desearía que las damas disfrutaran más seguido de esta clase de libertad cuando están juntas, se liberaran de la competencia y la comparación. Hay algo tan maravilloso cuando las mujeres se sienten cómodas con su propia piel.

Al alabar, estudiar la Palabra y disfrutar del buen clima y la buena compañía, Dios me recordó que la reunión de los santos es algo poderoso, no porque luzcamos bien o hagamos un gran evento con muchos detalles, sino porque nos unimos para buscar a Jesús. *Eso* es lo mágico. Sospecho que Dios se siente más glorificado en un cuarto sencillo con adoradores sinceros que en una producción enorme diseñada para sonar "relevante" a los oyentes, pero que no es relevante para Dios. Cuando la adoración a Dios se vuelve un "espectáculo de adoración", nos hemos descarriado como cuerpo de Cristo.

Las Escrituras describen a las personas que atraían la vista de Jesús: la viuda pobre, los leprosos, los perdidos y hambrientos, los adúlteros, los marginados, los enfermos y moribundos. Los que ya habían muerto. Las galas y la opulencia nunca impresionaban a Jesús, al contrario. Él criticaba a los líderes religiosos por usar ropas caras y pasearse por ahí como si sus vestiduras ceremoniales tuvieran algo que ver con la condición de su corazón.

Hay algo noble en la asamblea de los creyentes vestidos con atavíos simples, donde la antesala no se llena con gente diciéndose uno a otro "te ves muy bien". Tal vez lucir hermosos no sea el catalizador para el mover del Espíritu. Tal vez ocuparse obsesivamente del vestido y el cabello nos distrae del porqué nos estamos reuniendo: para buscar a Jesús. Cuando los vasos de barro recuerdan que son solo vasos de barro, el tesoro que llevan dentro recibe toda la gloria, lo que parece más adecuado.

[Como este tema sigue surgiendo dentro de mí, creí conveniente agregar una breve nota sobre todo el ministerio que incluye viajar. Hace diez años, este tipo de eventos para mujeres integraba la mayor parte de mi trabajo. Eran principalmente conferencias o retiros de fin de semana en iglesias donde yo solía enseñar en tres o cuatro sesiones y alguna otra cosa más. Volaba los viernes por la mañana y regresaba el sábado por la noche, exhausta, pero justo a tiempo para llevar a mis tres hijos a la iglesia el domingo.

Leer sobre esto ahora me genera algunos sentimientos, porque actualmente viajo de manera muy distinta. Hay dos razones para ello: (1) esta combinación de eventos de fines de semana, de dos días y nadie más para compartir la carga de la enseñanza nos desgastaron a mí y a mi familia; (2) incluso si deseara continuar a este ritmo, no me invitan más porque afirmo a la comunidad LGBTQ en identidad, inclusión plena y aprecio. Así que este tipo de actividades en *Simple y Libre* existen solamente en "mi vida pasada".

Mis sentimientos sobre esa época son principalmente de alivio... con una pizca de melancolía. Ese tiempo en mi vida fue el comienzo de la persona que soy ahora, y no podría haber llegado aquí por otro camino. Y aunque no volvería a esa época por nada del mundo, y soy completamente libre gracias a Dios, también estoy agradecida por todo lo que me enseñó y cómo me hizo crecer. Me dio lo que tenía para dar y yo lo recibí].

DÍA 9

La integrante del Consejo, Becky, patrocinó el Trueque de Ropa de Mujer de Austin, beneficiando a Mujeres por Mujeres Internacional, al Centro para las Mujeres y Estudios sobre Género de la Universidad de Texas y, por supuesto, a las damas que participaron, que se llevaron artículos gratis. El concepto consistía en entregar ropa y accesorios usados en buen estado, para luego buscar entre lo que llevaban otras mujeres y tomar lo que te gustara. Esa es una forma genial de deshacerte de lo que no te gusta o ya no te queda, y obtener ropa a la que no tengas que poner una banda elástica alrededor del botón (si no conocías este truco, entonces eres demasiado delgada para ser mi amiga), y no sentirte como una glotona derrochadora. Todos los artículos que sobran, junto con cinco dólares de colaboración de cada participante, se entregan a organizaciones no lucrativas. Esta fue la conclusión de Becky:

Esta idea es realmente genial... en teoría. Vaciarte de tus cachivaches, comprar los cachivaches de otra. Hubiera sido grandioso si no tuviera límites de tiempo o todas vinieran cuando la feria abre. De la forma en que se hizo, me pregunto si realmente tengo un trastorno obsesivo compulsivo.

El sitio web decía que había dos lugares en donde dejar la ropa, pero como suele suceder con los filántropos bienintencionados, faltaba información. Allí estaba yo, arrastrando mis tres maletas de ropa usada cuidadosamente seleccionada, las que eran para botar y las que eran para donar, donde estaban las cosas realmente de calidad. Luego me di cuenta de que no todas las que llevaron ropa eran tan selectivas como yo.

Llevé mis maletas a la "zona de clasificación", que es una forma de describir a una colmena de mujeres que intentaban cazar tesoros antes de que tocaran el estante. Pregunté si había algún orden o proceso, lo que provocó una carcajada de la voluntaria: "Había", decía una y otra vez, *"había"*.

Estas son algunas de las cosas que puedes esperar en una bandada de mujeres:

- Un bebé de dieciocho meses atado con una soga a su mamá, disfrutando de un pequeño refrigerio de su pecho al descubierto.
- Un atuendo totalmente *chic* que parece haber salido de una alfombra de baño.

- Cooperación total: ni siquiera recuerdo cuántas veces escuché "¿quieres intercambiarlo?", mientras danzábamos cómicamente en las diez pulgadas de espacio que había entre los estantes.
- Comentarios extraños: "¡Ese rosado te queda hermoso!" o "Deberías quedarte con el *jean* de cintura alta". Me encanta que nos sintamos moralmente obligadas a hacer que una perfecta extraña no se sienta como una estúpida.

Ahora ves por qué amo a Becky, pero su experiencia me dejó pensando: ¿por qué no hacemos esto entre amigas y vecinas? Tú sabes, esa bufanda que odias porque el color te hace ver como si te funcionara mal el hígado... Esa me queda fantástica a mí... Esos pantalones que me entraban hasta que descubrí cómo mezclar la salsa búfalo y el queso azul de Chick-fil-A, a ti te quedan ¡guao!, espectaculares. Aquella prenda que te hartó puede ser la que a mí me fascina. Mi basura puede ser tu tesoro.

A diferencia de mis hijos, que dejan los vaqueros con ambas rodillas arruinadas y los dobladillos traseros hechos jirones, la mayoría de las mujeres desechamos la ropa que ya nos cansó o la que nos quedó chica. Generalmente están en buenas condiciones o podrían mejorar con una buena limpieza de tintorería. Yo tengo ropa en mi armario que parece nueva, pero no me la he puesto en más de tres años. Yo digo que ya es "vieja", pero la usé solo una docena de veces y, seamos francas, la verdad es que es prácticamente nueva.

Quiero decir, en serio, ¿de veras *necesitamos* más ropa nueva? ¿Cuándo le pondremos freno a este tren descarrilado? Cuando considero nuestros recursos, comprar más ropa para sumar a las 327 prendas que ya tengo sino una idea estúpida. Es grosero. Mi ropero fácilmente podría vestir a diez mujeres. Francamente, tener treinta artículos me suena codicioso directamente, dado que estuve usando tres días seguidos la misma ropa.

Podríamos hacer el mismo trueque de ropa entre amigas, vecinas y compañeras de trabajo. Traer refrescos, algo para comer, poner música y organizar una noche de chicas. Organizar diferentes puestos: pantalones, bolsos, zapatos, alhajas, camisetas, accesorios, etc. Divertirnos y jugar a decirle a otra mujer que la vas a matar si toca esa camisa, o algo por el estilo.

Es solo una pequeña idea, pero nos ayudaría a no gastar tanto en ropa, algo que debería molestarnos más. Es solo un comienzo. Quizás una vez que detengamos la hemorragia de gastar, algunas cosas enterradas salgan a la superficie, interrumpiendo nuestra configuración y generando preguntas que nunca nos hemos hecho.

Y, oye, estoy segura que al menos alguien correrá para llevarse esas prendas que han esperado siete años a que adelgaces para que las vuelvas a lucir. Es tiempo de abandonar el sueño, querida.

[Mi hija Sydney está, absurdamente, en la universidad ahora. Ella es la mejor en esto. Compra casi exclusivamente en Goodwill, y en la extraña ocasión que compra algo nuevo, es muy cuidadosa en averiguar de dónde proviene. Gasta un poco más en algo que viene del comercio justo, artículos confeccionados a mano, y rastrea la cadena de suministros hasta llegar al origen. Sus amigas también lo hacen. Esta nueva generación recibe la etiqueta de creerse privilegiada o de vagos sin oficio, pero déjame decirte que son mil veces más sofisticados cuando se trata de conservación, consumo y deshechos. A ellos les importa. Están prestando atención al planeta y la cadena de suministros y su propia huella de carbono. Yo les tengo mucha fe;

creo que harán lo que nuestra generación no estuvo dispuesta a hacer para rescatar esta tierra que gime].

DÍAS 13–14

Piensa en el peor lugar que puedas imaginar para mostrarte como una "oradora cristiana profesional", como presentadora de un evento de mujeres de dos días. Déjame ayudarte: Atlanta, Georgia (una ciudad donde las niñas vestidas con atuendos de cincuenta dólares juguetean en parques infantiles inmundos: donde cada recién nacido tiene dos nombres y las mujeres usan traje de pantalón y chaqueta color pastel para almorzar. Mujeres que instintivamente entienden costumbres como usar zapatos cerrados y enaguas, y que aquí no-se-usa-color-blanco-después-del-día-del-trabajo-a-menos-que-sea-blanco-invernal). Son lugares como Atlanta donde las observaciones de Brandon se vuelven evidentes: "Es extraño que Dios te haya llamado al ministerio con las mujeres, porque ni siquiera hablas el idioma de tu propia tribu". [Amo a mis lectores nativoamericanos, que gentilmente me pidieron que dejara de usar la palabra "tribu" como una apropiación de su cultura. En su libro de 2005, *Who Owns Culture?: Appropriation and Authenticity in American Law* [¿Quién posee la cultura?: Apropiación y autenticidad en la ley americana], Susan Scafidi define la apropiación cultural como "tomar una propiedad intelectual, tradicionalmente el conocimiento, expresiones culturales o artefactos de la cultura de otro sin permiso".[1, 2] Cuando un miembro de una comunidad con una historia de opresión o racismo te pide que consideres su perspectiva, *tú lo haces*. Sin excepciones. Te centras en su experiencia, reconoces tu privilegio y lo haces mejor la próxima vez. Ahora yo digo "pandilla" o "grupo" o "gente"... ¿ves qué fácil era, Jen del 2010?].

Así es.

En el sur la gente se viste bien. Sus costumbres están profuuuuuundamente arraigadas, y mejor que no te metas con ellas. La casa en donde me hospedaron para ese evento exhibe pinturas de las batallas de los Confederados en cada habitación. ¡Guao! Como sea, si hubiera estado en la relajada California o en la sensata Wisconsin, otra habría sido la historia. Pero me encontraba en una región de la que una vez escuché este diálogo:

—¿Así que eres cristiano?

—No, soy Bautista del sur

Okey, está bien.

Todavía no había decidido si iba a usar mi hermosa camiseta negra el viernes para causar una buena primera impresión o mejor usarla el sábado para dejar una última impresión perdurable. (El hecho de que estaba preocupada por mi impresión debería decirte que el mes todavía no había terminado).

Finalmente me puse la camiseta de Haití el viernes por la noche, y aunque le dije al Consejo que iba a dar explicaciones, mi primera frase fue una descripción de *Simple y Libre* y un: "¿qué se supone que debo hacer?" justificando mi apariencia. No pude evitarlo. Bueno, sí pude haberlo evitado, pero tengo una compulsión social por defenderme, completamente vana y nostálgica de mi tiempo de secundaria.

Échale la culpa al Sur profundo.

Échale la culpa a mi necesidad de aprobación.

Yo se lo atribuí al "respeto por la audiencia", pero honestamente podría no ser solo eso.

No puedo medir su respuesta. Hubo uno que otro asentimiento respetuoso, aunque nada que me tranquilizara. Después recordé que usar siete prendas en un mes a propósito suena súper extraño.

Pero tan rápido como la inseguridad había trepado sobre mí, se fue, porque abrí la Palabra de Dios y dejé que hablara. La ropa y el proyecto, dar una buena impresión, simplemente desaparecieron, porque nos sumergimos en Isaías 58. Lo que tengo puesto y lo que tú piensas acerca de lo que tengo puesto, todo eso palidece frente a soltar las cadenas de injusticia y liberar a los cautivos.

Lo interesante es que en Isaías 58, Dios describe la clase de ayuno que Él en realidad exige. Así como las personas que practican *Simple y Libre*, estaban absteniéndose, estaban reduciendo su consumo, estaban prescindiendo de algo, los israelitas seguramente estaban incómodos, un poco sin rumbo. Aun así...

> ¿Para qué ayunamos, si no lo tomas en cuenta?
> ¿Para qué nos afligimos, si tú no lo notas?
> (Isaías 58:3).

¿No ves nuestro buen comportamiento? ¿No notas todo lo que estamos dejando? Su casa espiritual parecía estar en orden, sellada y certificada por el sacrificio físico y la abnegación. Quiero decir que, si ni siquiera podemos presumir de nuestra abstinencia, ¿qué sentido tiene? Todo estaba allí: el hambre, los rostros inclinados, el luto, las cenizas. Todos los signos externos de piedad estaban en su lugar (como apuntando a mi reducido guardarropa en una sala llena de mujeres).

> ¿A eso llaman ustedes día de ayuno
> y el día aceptable al Señor?
> (Isaías 58:5).

Ouch.

Ah, cuánto amamos nuestros yugos religiosos, no por lo que comunican acerca de Dios sino por lo que dicen acerca de nosotros. Esta es la clase de personas que somos. Decimos "no" cuando todos los demás dicen "sí". No hacemos *eso*. No miramos *aquello*. No votamos *de ese modo*. No vamos *allí*. No los incluimos *a ellos*.

Pero la idea que Dios tiene del ayuno es menos acerca de aquello en lo que estamos en contra y más de aquello en lo que estamos *a favor*.

> El ayuno que he escogido,
> ¿no es más bien romper las cadenas de injusticia
> y desatar las correas del yugo,
> poner en libertad a los oprimidos
> y romper toda atadura?
> ¿No es acaso el ayuno compartir tu pan con el hambriento
> y dar refugio a los pobres sin techo,
> vestir al desnudo
> y no dejar de lado a tus semejantes?
> (Isaías 58:6-7).

Cuando escuchamos la palabra "ayuno", enseguida nos ponemos el yugo de la autonegación. Cuando Dios dijo "ayunen", quiso decir que quitáramos el yugo de la opresión. El ayuno de Isaías 58 no trata sobre el mecanismo de la abstinencia; es un ayuno del ensimismamiento, de la codicia, de la apatía y el elitismo. Cuando se trata más de mí que de los marginados que se me ha encomendado servir, me convierto en la voz confundida de este pasaje: "¿Por qué ayunamos si no lo notas?"

No quiero que *Simple y Libre* se convierta en un yugo moderno que solo termina en una inútil obsesión con el yo (lo dice una mujer que escribió un libro entero sobre sí misma). Al ayunar de cosas vanas no quiero concentrarme en ellas, cambiando el bosque por los árboles. La compulsión de defender mi vestimenta ante un auditorio repleto de mujeres revela que hay un corazón que todavía no ha llegado allí.

En la ecuación yugo puesto/yugo quitado, todavía estoy del lado equivocado.

Espero que un día la ropa y la apariencia y todas las otras formas que tenemos de medirnos no me afecte. Quisiera estar tan enfocada en lo valioso, que lo que tenga puesto no ocupe nada de espacio en mi mente. No en la obsesión meticulosa, exigente y estricta con la ropa, ni tampoco en la reducción evidente, visible, pública en donde me encuentro ahora... sino en el equilibrio de prioridades es donde deseo aterrizar.

DÍA 15

Conversación con Tray, el esposo de la integrante del Consejo, Jenny:

TRAY: ¡Hola, *Simple y Libre*!
JEN: ¡Hola!
TRAY: Linda camiseta.
JEN: Cállate.

DÍA 16

Quería decir esto antes, pero dejé pasar dos semanas a ver si permanecía el sentimiento. A veces uno saca conclusiones prematuras. Declaras lealtad y te haces un póster y luego te tatúas tu declaración de fidelidad, solo para descubrir lo que significa la fase "luna de miel" tres semanas más tarde. Para entonces, tu opinión ya quedó grabada y quedaste como una tonta; estás clavada en tu cama o tragándote tus palabras.

Pero como mis padres se comprometieron dos semanas después de empezar a salir, supongo que quince días es tiempo suficiente como para hacer una llamada sin tener que soportar las serias consecuencias de setenta años de monogamia. Aquí va mi declaración: me está encantando este mes.

Es asombroso. Segundo mes, ¿cómo es que te amo? Déjame contarte un poco: amo no tener que planear en absoluto lo que me voy a poner cada mañana. Amo la pequeña pila de ropa para lavar en la cesta. Amo usar vaqueros y camiseta todos los días. Amo la simplicidad y la sencillez de todo esto.

Muchas de las porquerías que tenemos se escudan bajo el paraguas de "demasiadas elecciones": más desperdicio de tiempo y de energía, más trabajo inútil, egocentrismo, el irónico círculo "cuanto más tengo, más quiero". Me ayuda que el Consejo participe, dado que veo a estas personas todos los días sin tener que dar explicaciones. Estoy bastante bien con solo siete prendas.

Es evidente que no valoro la ropa como la comida, porque el primer mes fue para mí diez mil veces más difícil. Para descubrir qué cosa te importa, solo tienes que sacarla de tu vida y ver qué botón toca esa decisión. Antes de que *Simple y Libre* comenzara, predije que el segundo mes iba a ser uno de los más difíciles. Todavía estaba lejos. Suelo ser bastante consciente de mí misma, pero de veras esta vez me equivoqué. Supongo que esas son buenas noticias. Mientras que mi armario revela que todavía estoy atrapada en la maquinaria, la puerta está más cerca de lo que imaginaba. Podría salirme sin tener que dejar una pierna.

Lo repito, tal vez me moleste un poco tener que usar la misma ropa por cuatro días seguidos sin lavarla. No lo sé. No sé dónde está el equilibrio en esto. No estoy segura de lo que sería la atención adecuada que debería darle.

Lo confieso: estaba trabajando en una cafetería ayer y olía a moho. Me di vuelta para encontrar al culpable, pero no lo hallé; me incliné y olí mi *laptop* (mis hijos volcaron leche en el teclado una vez, así que una computadora está dentro del espectro de lo posible). Finalmente, levanté mi pierna y olí mi rodilla. ¡Eran mis vaqueros! Los había usado no solo cada día en este mes, sino que además los últimos días ni siquiera los había pasado por la lavadora.

Eso es molesto. No quiero convertirme en una apestosa con vaqueros mohosos. Tal vez debería apuntar que estoy "levemente preocupada" en vez de estar absolutamente despreocupada de la ropa.

DÍA 19

Parte de las restricciones de este mes consisten en no usar joyas. Yo soy bastante minimalista en cuanto a la bisutería, pero normalmente uso aros todos los días. Mi rostro luce desproporcionado sin aros que lo enmarquen. Mi cabeza es extremadamente grande, y unos aros gigantes devuelven el balance a mi enorme cráneo. Es como usar rayas verticales; los aros hacen un truco de magia con mi masa craneal.

Fuera de eso, tengo una cajita llena de bisutería barata, la mayoría de Target. Tengo un par de collares largos y modernos que disfruto usar, algunos anillos grandotes, unas pulseras vistosas que cubren los tatuajes de mis muñecas cuando me toca hablar en la Primera Iglesia (completa con el nombre de la denominación). Tengo algunas piezas plateadas y negras de los días de Brighton, cuando todo eran imitaciones, y algunos aros seriamente llamativos. Nada espectacular, pero un mes sin ellos me ha dejado bastante desadornada. Y muy cabezona, física no intelectualmente.

Así que hoy estaba en el purgatorio de los expedientes de adopción, en el departamento de policía, tratando de averiguar cómo me tomaban las huellas dactilares. Esto, además de otras tres mil medidas, es para asegurarse de que los amorosos niños etíopes no tengan padres adoptivos que hagan exhibicionismo delante de los chicos de primaria o que sean malvivientes. Todas son buenas prácticas, pero créeme, la adopción internacional no es apta para cardíacos. Es como el primer año de la carrera de abogacía, donde el objetivo principal es eliminar a los perezosos.

¡Qué *dossier*! Suena lindo. *Do-sié*, una bella palabra en francés, como *café au lait*. El francés te engaña con su hermoso acento, pero "sabotaje" también proviene del francés, querido lector. Dossier = autorizaciones médicas, verificación de empleo (oh, algo tan confuso para una autora que a veces hace como que trabaja), informes policiales, cartas de referencia, inspección de bomberos, actas de nacimiento y de casamiento, historial de residencia desde los dieciocho años (no entenderías por qué he vivido en tantas casas diferentes), un boceto de las plantas de nuestra casa, un plan de estudio en el hogar con una trabajadora social, carné de vacunación de las mascotas, álbum de fotos familiares, pasaportes, ensayos, cincuenta formularios más... todo ante notario público y con menos de seis meses de vigencia o —adivina qué— tienes que volver a hacerlo todo.

Ahí es donde está mi cabeza ahora.

Tratando de determinar si necesitábamos un chequeo de antecedentes estatales solamente, o estatales y federales, la señora que me atendió en el departamento de policía me preguntó: "¿Tiene un pase rápido?", cosa que nunca había escuchado en mi vida; entonces me puse en la lista de espera. En este estado mental me encontraba cuando Brandon llegó a casa. Justo cuando me estaba relajando después de todo eso, Brandon me salvó el día.

Tienes que saber que mi esposo es un magnífico regalador. Es lo suyo, todos lo saben. Regalar es el lenguaje del amor de Brandon y generalmente espera el día exacto para dar su regalo. Averigua cuál es el regalo más significativo y exacto para darme todo el tiempo, casi me da vergüenza.

Se sentó y puso una gran sonrisa, mientras sostenía una bolsa decorada, y me dijo: "Tuve el peor de los días, pero *finalmente* llegó esto por correo, y me cambió el día. Moría por dártelo".

Lo digo en serio.

Agarré la bolsa y saqué una cadenita plateada artesanal con la forma de África, y la palabra "esperanza" grabada en el frente, y "Etiopía" en el dorso. Miren, la encontró en Etsy, una tienda de artesanías antiguas en línea. (Después de publicar la fotografía en Facebook, Susana comentó: "Tú tienes un marido que te conoce, pero ¿qué hay de Etsy?").

Después de un día de parto de adopción, de "por favor, aguarde", y de llamadas telefónicas y papeleo, mi esposo me recordó por qué todo eso valía la pena al regalarme un hermoso collar. Por supuesto que lloré, lo que es parte de su recompensa. Te imaginarás que me lo coloqué tan pronto como un rayo.

Para completar el "día importante del collar", dos horas más tarde Susana me sorprendió durante la Noche de Costura (la perla de mañana) con un precioso segundo regalo de Etsy: un collar largo que portaba una tecla antigua de máquina de escribir. ¿Saben qué tecla eligió?

El número 7.

Me lo puse, más rápido que un rayo. ¡Qué gente linda tengo en mi vida!

Mi collar de Etiopía me recuerda que no se trata de los condenados papeles; todo es por dos bebés que están esperando tener un hogar. [Como pronto sabrás, Jen del 2010, esos bebés tenían hogar. Tenían padres. Su familia no tenía recursos. Pasarás la próxima década apoyando un programa de empoderamiento de negocios en Etiopía para que las familias no se separen en lo posible. La madre de Ben será una de las primeras graduadas]. Mi collar con la tecla 7 me recuerda que no se trata de adornarme para llamar la atención, sino de simplificarme para la gloria de Dios.

Planeo ponérmelos todos los días, y si no te gusta, puedes llamarme "la cruel rompe reglas". Pero ellos hablan de las cosas que me importan, las que cuentan, que perduran. Representan a las personas que amo, y no creo que esté loca por querer adoptar unos niños de cuatro y cinco años de un país pobre o por usar solo siete prendas en un mes. A veces la vida se presenta como solitaria y radical, y mis dos collares me recuerdan que no soy ninguna de esas cosas.

En cambio, pertenezco a un marido y a una comunidad de fe que abrazan los serios desafíos del Evangelio y levantan mis defensas. Ellos me inspiran. Caminan conmigo. Gente excelente y valiente me rodea. Me honra estar en esta misión con santos tan extraordinarios. Aunque mis pertenencias disminuyan, lo que de veras me importa aumenta en la misma escala.

Además, mis collares son súper lindos, y no tengo la culpa de tener un esposo y una amiga con buen gusto.

DÍA 20

Susana se ofreció para dar un tutorial de costura, y demostrar que es posible comprar la tela, pasarla por una máquina de coser y crear algo nuevo. La verdad es que somos alumnas por debajo del promedio, pero ¡cómo nos reímos! Nuestra tarde empezó con un videoclip honorario de *La chica de rosa*, para ser inspiradas por Molly Ringwald y revivir nuestro romance con Blane. Después nos reímos un rato más. Para el final éramos todas costureras, te lo garantizo.

Susana, nuestra musa, retrata esa tarde:

Las mesas estaban puestas, con algunos bocadillos por ahí. Había telas, tijeras, alfileres, carretes de hilos, cintas métricas, todo distribuido de manera conveniente, y las máquinas de coser estaban listas. Mis hijos se quedaron dormidos milagrosamente a las 7:45 p.m., y puse música alegre. Mi casa brillaba por la primera limpieza profesional que había recibido *jamás* (¡gracias, mamá!).

Yo había estado usando ropa confeccionada por mí toda la semana, pero me reservé mi conjunto favorito para este día: una falda perfectamente hecha a medida, color caqui y crema, acampanada, con ribetes color naranja y hermosos bolsillos exteriores, como el uniforme de una camarera de una cafetería retro. Algo que había improvisado en tan solo un día.

Pacientemente esperé a mis seis alumnas y miré en el espejo que mi cabello estuviera arreglado. Comprobé que mi teléfono no estuviera silenciado y revisé el correo electrónico para asegurarme de que todas sabían cómo llegar.

Detente ahí. Déjame confirmarte que no tengo una personalidad Tipo A. Suelo ser algo torpe, desorganizada, despreocupada y tranquila. Me gustan las manualidades que desordenan todo, las tardes caóticas con los niños y la arcilla, y los enormes líos en la cocina. Pero si mi composición biológica fuera levemente de Tipo A, ese minúsculo cromosoma obsesivo tendría las diminutas letras que dicen "puntual".

¡Y todas llegaron tarde!

Veinte minutos tarde.

—Susana, cuánto lo lamentamos. Nos sentimos como unas taradas.

—No, por favor, pasen. Estoy feliz de que hayan venido. (Taradas).

El resentimiento duró treinta segundos, porque cuando estás con unas mujeres tan divertidas y geniales, es difícil guardar rencor. Así que empezamos a coser. Y a reírnos.

—Vamos, muéstramelo otra vez.

—Arréglalo.

—El de ella está mejor que el mío.

—Susana, la cosa de la cosita se atasca.

Espera un segundo, ¿qué dijiste?

Shonna fue la primera que quiso abandonar. "La máquina está rota". Jenny continuaba arreglando su pieza mientras que Shonna fue a romper la siguiente máquina. Luego volvió a la primera y Jenny arregló la segunda. Este ciclo continuó por algún tiempo.

Y luego estaba la tranquila y confiada Trina. Todas insistían en que no le iba a quedar bien el bolso. Que tenía una tela que no era la apropiada. Que había cortado las piezas torcidas. Que las costuras no estaban parejas. ¿Qué es esta tela demás que tienes aquí? Pero Trina, la callada y segura Trina, seguía prendiendo con alfileres y cosiendo. ¿Y sabes qué? Al final no hizo un simple bolso plegable. Mis queridas amigas, lo suyo fue una elegante cartera de noche, ¡tal como lo había planeado!

Por cierto, cada una terminó su proyecto. Dos camisas hechas con fundas de almohadas y cuatro carteras más tarde (bueno, en realidad fueron tres bolsos y una cartera de noche), todas se fueron con enormes sonrisas y algo para mostrarles a sus esposos: "Cariño, mira lo que hice".

¿Recuerdas ese sentimiento de la primaria, "mamá, mira lo que hice"? Es el sentido más puro de la realización. Visiones de galerías de arte y libros flotando en tu cabeza. Eso, hasta que tu hermano mayor te decía: "¿qué se supone que es esto? Parece que hubieras hecho popó encima", y tú corrías a llorar a tu habitación jurando que un día serías una artista famosa.

Sí, es el mismo sentimiento aun cuando ya eres mayorcita. Exactamente el mismo.

DÍA 22

Pasé la mitad de este mes con ropa húmeda y que se está gastando.

Cuando solo tienes siete prendas, y una de esas prendas son zapatos, otra es una camisa de vestir, la tercera son pantalones raídos de yoga, y la cuarta una irrelevante camiseta manga larga, ya es mediados de marzo y el verano ha comenzado en el centro de Texas, y lo que te quedan son básicamente tres prendas: un vaquero y dos camisetas de manga corta.

Siete prendas que son esencialmente tres.

No tengo una pila de ropa sucia para lavar por diversión. Estoy literalmente usando esos tres diariamente. Y para dormir. Esto me ha generado un dilema en cuanto al lavado. Si fuera planificadora como Brandon, que organiza cada día en bloques de quince minutos, poniendo metas a corto, mediano y largo plazo con sus correspondientes listas de tareas y detalles importantes en su calendario electrónico sincronizado con alarmas y recordatorios y detalles de colores (¿piensas que estoy bromeando?), entonces podría tener la ropa limpia que tuve la previsión de poner a lavar la noche anterior.

En cambio, soy una pésima planificadora que vive de lo espontáneo; tengo una Mac y un iPhone, pero me valgo de un calendario en papel como de 1987 porque no entiendo cómo rayos se usa el calendario de Apple, y este no obedece cuando ingreso un "Nuevo Evento", de modo que tengo once entradas "sin título" que nunca llegaron a anotarse en el calendario real. Tal vez pienses que el signo "+" debajo de "Nuevo Evento" sería para agregar un nuevo evento, pero estás equivocada. Así que, aunque compré todos mis dispositivos inalámbricos para optimizar mis viajes, en vez de eso llamo a Brandon desde los aeropuertos para que busque en mi computadora la información que necesito.

Él A-M-A esto de mí, y eso nunca lo frustra.

Yo empiezo a pensar en mi día justo a medida que las cosas van sucediendo. Por lo cual, recuerdo no más de o posiblemente menos de una hora antes dónde debo estar con todo y mis vaqueros que huelen a humedad (de ahí la desafortunada entrada del día 16).

De manera que los puse a lavar en el ciclo más corto, y ando paseando envuelta en una toalla. Ponerme otra ropa es hacer trampa. Y no puedo desperdiciar un lavado y secado por solo una prenda, sin lavar *todo* lo demás, porque la verdad es que está todo sucio.

Seguramente a esta altura habrás deducido que cuarenta minutos no son suficientes para lavar y secar una pila de ropa. Para mí es suficiente sacarlas en un punto intermedio entre empapadas e incómodamente húmedas. Al menos seis veces en este mes luché para ponerme la ropa mojada directo de la secadora (los vaqueros mojados no cooperan en absoluto) y salí corriendo y dando un portazo.

Escucha, ingenua, los vaqueros húmedos no se secan cuando están en tu cuerpo. Entrando al Café Hills con amigas, grité: "¡Tengo el trasero mojado!", justo en el momento que se escondían sus esposos. Bueno, es la verdad. Yo también sentiría pena por ellos si tuvieran el trasero húmedo. Me senté en la parte delantera de la silla, justo donde estaba el aire acondicionado, apuntando a mi trasero para poder secarlo. No encontré mucha compasión sino más bien una burla descarada.

Querida ropa húmeda, no te extrañaré en absoluto.

DÍA 25

Con mucho esfuerzo y subrayando bastante, leí *Consumed* [Consumidos], el excelente libro de Benjamin Barber sobre la naturaleza cambiante del capitalismo. Después de haber leído la mayor parte de los párrafos dos veces, los hechos encajaban bastante bien en ese espacio en el cerebro, entre las secciones "Sentido común" y "No seas idiota".

Como este comentario obvio:

> Había una vez, en el período más creativo y exitoso del capitalismo, que un capitalismo productivista prosperó supliendo las necesidades reales de personas reales... Hoy en día, sin embargo, el capitalismo consumista se beneficia solo cuando puede dirigirse a aquellos cuyas necesidades ya han sido satisfechas, pero tienen los medios para aplacar necesidades "nuevas" e inventadas, las "necesidades imaginarias" de Marx. La mayoría global todavía posee enormes necesidades reales naturales que reflejan lo que los psicólogos

T. Berry Brazelton y Stanley L. Greenspan llamaron "las necesidades básicas de la infancia". Esas necesidades, pero sin los medios para satisfacerlas, siendo marginados por las inequidades del mercado global de inversiones en capital y empleos que les permitan ser consumidores.[3]

En otras palabras, el mercado solía representar las necesidades básicas de los seres humanos, sin demasiado embellecimiento ni exageración. Ciertamente, el tercer mundo todavía tiene esas mismas necesidades a montones —en detrimento de la vida, la salud y la familia— pero no tiene poder consumidor. Por lo tanto, el Gran Mercado se dirigió a las billeteras de los privilegiados, inventando una serie de necesidades falsas (agua azucarada embotellada, humectante con colágeno, quitamanchas en forma de lápiz, todo tipo de inventos) y han sido indiferentes con las personas que en verdad estaban muriendo cada día por falta de lo básico, expuestos a las seducciones del mercado de consumo, pero sin los medios para participar de él.

En esta nueva época en que los necesitados no tienen ingresos y los ricos no tienen necesidades, la injusticia radical simplemente se da por sentada... La desigualdad le presenta un dilema al capitalismo: el mercado capitalista que está produciendo en exceso, deberá crecer o expirará. Si los pobres no pueden enriquecerse lo suficiente como para convertirse en consumidores, entonces los adultos del primer mundo, que son actualmente responsables del 60% del consumo mundial, y con vastos ingresos disponibles, pero pocas necesidades, tendrán que ser tentados a comprar más.[4]

Por esa misma razón yo tengo 327 prendas en mi vestidor.

Con mis necesidades genuinas suplidas y muchos dólares todavía sin gastar, ir de compras se ha vuelto una marca más fuerte que la libertad que votar, y lo que gastamos en el centro comercial importa más que lo que logramos juntos como Iglesia. Yo soy parte del problema, una miembro que contribuye a más inequidad. Cada vez que compro otra camiseta que no necesito o un séptimo par de zapatos para mi hija, redirijo mis poderosos dólares a los bolsillos del consumismo, alimentando mi codicia y ensanchando la brecha. ¿Por qué? Porque me gusta. Porque esas cosas que compro son preciosas. Porque las quiero.

Esos pensamientos traen carga a todo mi ser, pero el problema es que solo puedo racionalizarlos por separado. ¿Este par de zapatos? Es una buena compra. ¿Este conjuntito? Estaba de oferta. Esa microjustificación se traslada a casi todas las compras que hago. Por separado, cada artículo se reduce a una sencilla explicación, una transacción inofensiva. Pero todo junto, representa que hemos gastado lo suficiente como para cambiar para siempre la vida de cientos de miles de personas. ¿Qué recibí a cambio de ese desarreglo en el presupuesto? Armarios llenos de ropa que casi no uso, suficientes como para vestir a veinte familias.

Es difícil de procesar. Lo que me ayuda es visualizarme parada frente a las familias de mis hijos etíopes, los padres que son tan pobres como para no poder criar a sus amados bebés. Me los imagino calculando lo que yo gasté en solamente en ropa, y tomando conciencia de que la misma cantidad de dinero hubiera alimentado y brindado salud a toda su familia por treinta años. [**Es tan devastador leer esto. Ahora sé lo que en ese momento no sabía, y su dolor me persigue. La separación de la familia y la falta de empoderamiento económico son problemas complejos para los que no hay una solución fácil. Mantener unidas a las familias —o reunirlas— debe ser nuestra prioridad. Yo escribí bastante acerca de la ética de la adopción en mi blog, y esta es una tensión que siempre llevaré conmigo**]. ¿Qué pasaría si las pequeñas tonterías que compro *sí* importaran? ¿Y si me uniera a un movimiento diferente, uno que sea menos tentado por los lujos y esté más interesado en la justicia? ¿Qué sucedería si creyera que cada dólar que gasto es vital, un soldado potencial en la guerra en contra de la desigualdad?

Cuando mis treinta y cinco años de elecciones me abruman, Jesús lo hace simple otra vez: "Ama a tu prójimo como a ti mismo". Si miras nuevamente la historia, verás que Jesús tiene una mirada amplia, global, interracial de quién es nuestro prójimo. En otras palabras, ¿qué estándar es aceptable para mi vida? ¿Y para mi familia? Este es el marco de referencia para todos los demás, que necesita una reducción en la definición de *necesario* (para nosotros) y un aumento en la definición de *aceptable* (para todos los demás).

El ser humano común pasa alrededor de veinticinco mil días en esta tierra, y la mayoría de los que vivimos en Estados Unidos, un poco más. Así es. La vida es un suspiro. El cielo se precipita, y nosotros vivimos en ese delgado espacio en donde la fe y la obediencia son importantes. Tenemos solo esta vida para ofrecer; no hay una segunda oportunidad ni un plan B para las Buenas Nuevas. Solo tenemos una vida para expandir el Reino y luchar por la justicia. Compareceremos delante de Jesús una vez, y ninguno de nuestros lujos nos acompañará. Solo tendremos un momento para decir: "Así viví".

Más de trece mil de esos días ya han pasado para mí, y estoy decidida a hacer que el resto de los días cuenten.

DÍA 30

Aquí estamos, al final del camino del segundo mes. Estas son mis observaciones:

Primero, usar solo siete prendas de vestir fue más sencillo de lo que esperaba. En mi mente vanidosa, todos notarían que estaba repitiendo la ropa y hablarían acerca de ello. La gente se obsesionaría con mi atuendo. ¿Sabes lo que descubrí? Los demás no están pensando en mí tanto como yo creía. Al relacionarme con mi entorno, yo saqué el tema de mi situación con la vestimenta en casi todos los casos.

A nadie le importa realmente. Lo sorprendente fue que ni siquiera a mí me importaba tanto el tema como yo pensaba. Con los límites establecidos, viví este mes sin cuidado de "lucir bella", y nadie se murió. El ministerio continuó intacto. La vida siguió su curso. Pude disfrutar de la vida real con una fracción de mi guardarropa, y nada sufrió alteraciones significativas. De hecho, la simpleza fue un bendito alivio.

A grandes rasgos, "la forma en que miro a los demás" de repente me parece ridícula. Oye, si mi influencia está ligada a mi armario, entonces mi ministerio está inflado y edificado sobre la arena. Un líder reconocido me llamó a un lado del grupo después de recibir mi primer contrato para escribir varios libros y me dijo: "Jen, debes estar especialmente conectada con Jesús de ahora en adelante. Con tu edad y tu imagen, tratarán de hacer de ti una estrella". **[Señora, tienes idea de cómo le prenderé fuego a todo eso, un día]**. En ese tiempo su consejo me sonó ridículo. Yo era una "doña nadie" de veintinueve años con una vaga noción de mi misión. Aun así, esa frase se metió en lo profundo de mí, y nunca la pude sacar. En una cultura que eleva la belleza y el estilo, la comunidad cristiana corre un serio riesgo de distraerse, incluso de ser engañada. ¿Qué es lo que de verdad admiramos en nuestros líderes? ¿Acaso no somos diferentes a la cultura secular, de manera que vamos tras el carisma y el estilo antes que la sustancia y la integridad?

Espero que no.

Yo quiero pertenecer a una comunidad cristiana que sea conocida por una clase diferente de belleza, la clase que sana e inspira. No puedo evitar recordar a Jesús, y cómo Dios se aseguró de mencionar que Él era simple según los estándares humanos.

> Creció en su presencia como vástago tierno,
> como raíz de tierra seca.
> No había en él belleza ni majestad alguna;
> su aspecto no era atractivo
> y nada en su apariencia lo hacía deseable.
> Despreciado y rechazado por los hombres,
> varón de dolores, hecho para el sufrimiento.
> Todos evitaban mirarlo;
> fue despreciado, y no lo estimamos.
> (Isaías 53:2-3).

No había nada físicamente atractivo en Jesús. No era rico ni famoso, no estaba bien vestido ni era apuesto. A primera vista Jesús era olvidable, y no se destacaba por su belleza o carisma. Tal vez por eso acudían a Él las viudas, los marginados, los enfermos y los pobres. Jesús era accesible en todas las maneras.

Jesús no ganó estima de las formas convencionales, pero no nos equivoquemos, Él no pasó desapercibido. Fue amado por los forasteros, odiado por la élite religiosa, venerado por sus seguidores y asesinado por sus enemigos. Para ser un carpintero común y corriente de Nazaret, se abrió paso hasta el centro del cuadrilátero, no con poder ni con crueldad, sino por la subversión y la verdad. Su humildad apela al desencanto de todos nosotros. Somos atraídos por su simpleza, y luego transformados por su magnificencia.

Claro, siempre habrá quien quiera a Jesús en el Despacho Oval, en *Primetime*, junto a Oprah, en la alfombra roja, arreglado por un estilista y retocado para las cámaras. Ellos tratan de asignarle el poder y el dominio público que Él siempre rechazó; la gente quiere hacer de Jesús una estrella. Pero Él insistió en que su poder se activaba en los márgenes. Jesús redimió al mundo no desde el trono sino a través de la cruz.

No quiero consumir la redención que Jesús hizo posible y luego despreciar los métodos por los cuales la alcanzó. El Reino de Jesús continúa de la misma manera en que empezó; a través de la humildad, subversión, amor, sacrificio; a través de llamar a la religión vacía a reformar las cosas y a conducirse como si creyéramos que efectivamente los mansos heredarán la tierra. No podemos llevar el Evangelio a los pobres y humildes mientras imitamos las prácticas de los ricos y poderosos. Hemos sido invitados a participar de una historia que comienza con humildad y termina con gloria, y no al revés. Alineémonos de la manera correcta, participando en el ministerio humilde de Jesús, sabiendo que un día celebraremos un banquete en su mesa esplendorosa.

> Después de su sufrimiento,
> verá la luz y quedará satisfecho;
> por su conocimiento
> mi siervo justo justificará a muchos,
> y cargará con las iniquidades de ellos.
> Por lo tanto, le daré un puesto entre los grandes,
> y repartirá el botín con los fuertes,
> porque derramó su vida hasta la muerte,
> y fue contado entre los transgresores.
> Cargó con el pecado de muchos,
> e intercedió por los pecadores.
> (Isaías 53:11-12)

POSESIONES

- 2456 pies cuadrados (228 m^2).
- 4 habitaciones.
- 2 salas de estar.
- 2 ½ baños.
- 9 armarios empotrados.
- 26 armarios.
- 3 estanterías.
- 10 cómodas y roperos.

Cada uno de ellos repleto. Me inventé un truco de ingeniería para hacer que cierren bien; debería patentarlo. Algunos armarios están llenos hasta arriba, de modo que tengo que quitar unas cuarenta libras de cosas de más arriba para recuperar lo de más abajo. Ni siquiera sé lo que hay en algunos de ellos.

Más o menos tres veces por año ando dando vueltas por la casa gritando: "¿Qué es todo esto? ¿Cómo llegó aquí? ¿Por qué tenemos tantas porquerías? ¿Cómo se supone que voy a estar al día con el orden? ¿De dónde vinieron estos objetos?", y después recuerdo:

Fui yo la que compró todo eso.

Supongo que actuar como una espía en mi propia casa mientras le doy de comer a la gente de la calle, lleno mis estantes con más camisetas negras y compro un cuarto juego de Legos contra mi voluntad, probablemente sea vergonzoso. Si me escuchas quejarme, pensarás que soy una víctima del consumismo. Adivinen qué...

Yo soy parte de este jueguito.

Lo veo (en ti, en ellos, en sus casas, en Target, en la tele). Yo creo una necesidad de ello. Luego lo compro. Lo uso un poco o tal vez nada. Lo guardo/acumulo/apilo/me canso, luego le declaro la guerra hasta que un día anda todo desparramado por ahí como si se hubieran escapado de sus estantes y cajones.

Podría culpar al Gran Mercado, al mercantilismo, por venderme necesidades imaginarias. Podría apuntar con el dedo acusador a la cultura de la presión de grupo que me hace desear cosas más lindas. Podría incluir a la maternidad moderna que me anima para que constantemente compre cosas a los niños, asegurándome de que ellos no sean los únicos "no tengo" en un mar de "tengos". Podría desligarme de todo esto encogiéndome de hombros y despidiéndome con un leve movimiento de la mano. ¡Ah, me conoces! La terapia de vender todo.

Pero si quiero ser honesta conmigo, este es un círculo enfermizo de consumismo que yo perpetúo todo el tiempo. Solía disculpar la tensión excesiva que crea el Evangelio diciendo: "No importa cuánto tengas; es lo que haces con ello lo que importa". Pero esa justificación se derrumba enseguida. Además, seamos sinceras: ¿qué significa "lo que haces con ello"? ¿De veras estamos haciendo algo honorable con todas nuestras posesiones más allá de consumirlas? No estoy segura de si tirarlos cuando nos cansamos de esos artículos es una reacción práctica, ya que luego los reemplazamos por otros.

Como sea, quiero mejorar. Esta es la palabra del día: "mareada". Así es como me siento este mes. Originalmente había planeado hacerlo en el cuarto lugar, pero lo cambié después de darme cuenta de que los descubrimientos del mes pasado me horrorizaron. Tengo hambre de una reforma. Este es el trato:

- Un mes.
- Regalar siete cosas que tengo.
- Hacerlo *cada día*.

Ya hice las cuentas: son doscientos diez objetos que saldrán por mi puerta. Este es un proyecto que involucra a toda la familia y no quedará un cajón intacto. Anticipo que la primera mitad del mes será pan comido. Yo soy limpiadora por naturaleza, pregúntale a cualquiera. Cuando mis amigas guardan objetos sentimentales como ropa de bebés y periódicos viejos, yo las amenazo que voy a llamar al programa *Acumuladores*. El desorden me estresa; me gustan las gavetas limpias, y todo con su etiqueta. En la primera ronda me desharé de esas cosas con alegría.

Es la segunda ronda la que creo que molestará un poco. Cuando los elementos más obvios se hayan ido y los restantes entren en la zona sacrificial, veamos qué tan simpática soy. (Mis amigas anduvieron merodeando por algunos de mis tesoros: "Entonces, ¿qué vas a hacer con tus libros, Jen?". "¡Aléjate o eres mujer muerta!").

Este mes lo ejecutaremos junto con el Consejo y otras amigas que participarán. Algunas harán donaciones genéricas y otras serán específicas; simplemente estoy buscando el receptor perfecto. Donar a Goodwill está bien, pero leí esta cita hace tres años y cambió mi vida:

> He llegado a descubrir que la gran tragedia de la Iglesia no es que los cristianos no se ocupan de los pobres, sino que los cristianos ricos no conocen pobres... Me gustaría que las villas miseria de Calcuta se encontraran con los suburbios de Chicago, que los leprosos se encontraran con los hacendados, y que cada uno pueda ver la imagen de Dios en el otro... Realmente creo que cuando los pobres se encuentran con los ricos, las riquezas pierden significado. Y cuando los ricos se encuentren con los pobres, veremos la pobreza llegar a su fin.[1] (Gracias, Shane Claiborne, por complicarme la vida).

Así que, arrancamos. Siete cosas por día. Claramente perdiendo de vista el objetivo, mis amigas me pidieron si podían venir a revolver mis cachivaches a ver si les gustaba algo antes de que lo regalara. Eso me recuerda a Caleb, que *cada vez* que les damos de comer a las personas en situación de calle pide que le compremos una hamburguesa. Una noche cuando le dije que no, se quejó: "Los sin techo reciben todo".

Bueno, este mes ciertamente lo harán.

DÍA 1

Quería que esta entrada fuera divertida y encantadora como fueron las demás (y claramente, humilde). Pensé que les contaría alguna anécdota o que desplegaría mi personalidad, a modo de suavizar la transición hacia el tercer mes y prepararnos para esta monstruosa donación. Pero esto es lo que sucedió:

Limpié todo mi ropero y estoy cansada.

Estoy harta.

No pude contar las prendas o siquiera organizarlas. Ahora mismo, mientras escribo, están apiladas en el piso del ropero o desparramadas por ahí. Tuve que salir de la habitación y respirar para calmar mis emociones que se agitan tan rápido que no puedo controlarlas. Salieron a la superficie muchos temas, no sé por dónde empezar. Todos ellos me gritan: "¡Elígeme, elígeme a mí!"

Okey, acá va uno: había subestimado enormemente lo que gastaba en ropa. Saqué prendas que no usé en los últimos tres años: Limited, Express, BCBG Max Azria, Seven (qué ironía), Banana Republic, Caché, Nordstrom, Lucky, Steve Madden. No promedian los diez dólares cada una, querido lector. Y porque las compré a último momento, horas antes de usarlas, en la mayoría pagué el precio total. No hay tiempo para la austeridad cuando vas de compras en estado de pánico.

Esta es otra realidad que descubrí: conté alrededor de cuarenta prendas que he usado menos de cinco veces; cuatro con las etiquetas todavía colocadas, que ni siquiera me había puesto. Bien podría haber salteado ese dinero en aceite de oliva y habérmelo comido. Creo que eso es lo que más me molestó. *Cuarenta prendas casi sin uso*. ¡Qué autocomplaciente, irresponsable y derrochadora! Negligente, esa es la palabra. Si compré algo que no he de vestir más de tres veces, entonces es que no lo necesito. Eso es consumismo desconsiderado: ver, querer, comprar.

Hacer limpieza y ordenar lo que representaba "mi vida pasada" me mantuvo a fuego lento toda la mañana. Eso era lo intenso de todo lo que estaba sacando, y me sentí triste. Había una ropa hermosa de otra época, lo que solía usar antes de empezar con la ANC; ropa cara, glamorosa, de un tiempo de derroche.

No sé por qué me sentí tan triste. Tal vez porque todo eso me recordó una etapa formativa en mi vida. Me puse ese atuendo la primera vez que tuve que enseñar ante un grupo de mujeres, la primera vez que prediqué, la primera vez que firmé mi libro, la primera vez que enseñé en la iglesia un domingo por la mañana. Esa vestimenta linda me brindaba la confianza que necesitaba cuando me sentía asustada e insegura. La miro y veo las cenas navideñas, las conferencias de mujeres, las bodas memorables, el vestíbulo de la iglesia. Viví vestida con esa ropa durante siete años, y deshacerme de ella es una despedida final a nuestra vida pasada.

Después de esto no quedará nada del "antes".

La ropa solía definirme cuando mi identidad genuina era confusa. Cuando no sabía quién era o para qué estaba aquí, me vestía como si lo supiera. Arreglaba el recipiente, pero estoy aprendiendo que en realidad soy un vaso de barro. Porque eso era todo lo que suponía que debía ser. Será un placer regalarle este hermoso vestuario de buena confección a alguien que lo necesite.

Porque yo ya no lo necesito más.

[He tenido cuatro actos de gran trascendencia en lo que sería mi obra de Broadway como adulta. El Acto I, era una joven adulta, primer empleo en aula, mundo de la Iglesia Bautista. El Acto II, el mundo de una iglesia grande y moderna, bebés y niños, y comienzo de mi carrera de escritora. El Acto III, la deconstrucción y replanteamiento misionero, la ANC. El Acto IV es Black Lives Matters, derechos de la comunidad LGBTQ, injusticia sistémica y total libertad.

No resistas los movimientos en tu vida adulta. Eso se llama crecimiento. Y aprendizaje. Y escucha. Y aprende a ser una aliada. Sospecho que, si estamos haciendo esto bien, cada vez nos ocuparemos más de las personas, de la justicia y el amor, y de esta tierra que nos ha sido dada para administrarla. Espero que nuestras mesas se ensanchen, no se achiquen. Que podamos hallar el coraje para bendecir y soltar etapas cuando han seguido su curso. Vivamos con convicción y bondad. ¿Cuál será mi Acto V? ¡Esto es emocionante!].

DÍA 2

125 ítems.

Esta es la cantidad de artículos que sobrevivieron a la limpieza de armario. Fue más fácil contar lo que quedó que lo que doné, a una tasa de reducción del 62%. Salí de los estantes y regresé a los negocios. Ayer fue un lío; todo en mí lo fue. Dejé cosas por todos lados, y las anduve esquivando hasta esta mañana. Mi parálisis disminuyó hoy, y me las ingenié para organizar todos los bultos. Tenía tanta ropa que tuve que crear subcategorías:

- ropa moderna
- ropa formal
- ropa pasada de moda
- ropa de hace diez libras
- vestidos sin mangas
- vestidos sin mangas de fiesta

Y la lista sigue. ¡Santo cielo! Podría haber abierto una *boutique* con todo este inventario. Hay dos grandes categorías: ropa adecuada para la oficina y todo lo demás. "Todo lo demás" lo cargué en mi auto (bajé los asientos traseros para acomodar el botín) y me dirigí a SafePlace.

"¿Qué es SafePlace?", seguramente preguntarás. Bien, aquí va. Su visión, según ellos declaran:

Trabajar para ser una comunidad libre de violaciones, abuso y violencia doméstica. SafePlace brinda seguridad física a mujeres y familias afectadas por la violencia sexual y doméstica.[2]

La mujer abusada encuentra refugio de inmediato en SafePlace, y el equipo interviene en el hospital y aconseja a los niños víctimas de traumas. En sus esfuerzos para romper el ciclo de la violencia, tienen actividades en la comunidad, como *Expect Respect*, un programa para adolescentes y jóvenes, servicios para personas con discapacidades y también diálogo comunitario. Ellos vigilan que los patrones de violencia no se repitan.

Pensé de qué forma mi adorable guardarropa me hacía lucir confiada externamente, mientras en mi interior luchaba por encontrar mi camino. Sonreí al pensar que una mujer abusada y quebrantada pudiera ponerse esas hermosas prendas que le ayudaran en algo a sostenerse por fuera durante su proceso de sanidad. Oro que cada ropa le recuerde que ella es hermosa, valiosa y digna.

En la enorme pila iba también mi segundo par de botas *cowboy*. Si leíste *Interrupted*, estuviste ahí conmigo una vez, pero veámoslo de nuevo (el siguiente párrafo es un extracto de *Interrupted*):

La Pascua llegó sigilosamente. Fue el día en que cambió todo. Profundamente conmovida por Shane Claiborne, entre otros, evidentemente Brandon le mandó un correo electrónico por algún canal dudoso, básicamente contándole que su esposa estaba trastornada por *The Irresistible Revolution* [La revolución irresistible], y ahora él estaba leyéndolo y no sabía qué hacer en su contexto. Pero estábamos luchando y haciéndonos nuevas preguntas, y eso probablemente era bueno. Solo quería que Shane supiera que su mensaje le importaba a un pastor en los suburbios, incluso si eso nos estaba volviendo locos. Enviado y olvidado.

Ring-ring-ring. "Hola, ¿está Brandon? Soy Shane Claiborne... sí, soy yo... oh, saqué su número de su correo electrónico... no, su esposa no tuvo nada que ver... Como sea, tengo que predicar en una pequeña iglesia asiática americana en Austin la noche de Pascua, y pensé que tal vez podríamos tomar un café después... no, no es una broma... bueno, los veo en un par de días".

¿En serio? ¿Quién hizo qué cosa? Recibo correos de parte de desconocidos todo el tiempo, y estaba sintiendo que era buena al responderlos, pero ¿conseguir sus números y llamar al teléfono para arreglar una cita para tomar un café con ellos cuando visito su ciudad? (Como un maestro bíblico itinerante, Shane además me convenció de imitar el modelo de hospitalidad del Nuevo Testamento, y quedarse en casas de familia en vez de hoteles. Esa fue la mejor decisión que tomé. Adivina qué: hay gente que todavía posee el don de la hospitalidad y son muy buenos en ello. ¿Quién lo sabía? Pablo y Jesús. Y Shane).

Había un cien por ciento de probabilidad de que tuviéramos ese café, así que dejamos la tarde libre de Pascua para pasarla con los miembros de Vox Veniae y Shane. (Mira esta iglesia genial en voxveniae.com. Si yo pudiera, me devoraría su sitio web).

El fin de semana de Pascua realizamos los seis servicios espectaculares: multitudinarios, increíbles, con una producción fantástica, músicos de nivel, "Cuando los santos marchen ya", trompetas, luces, cantantes gospel, raperos, videoclips, estupendo todo. Juntamos aproximadamente diez mil millones de personas dentro y fuera como ganado, haciéndolos salir a toda prisa para que entren al próximo servicio. En cuanto a la excelencia y el profesionalismo, nadie quedó decepcionado.

Unas horas más tarde, nos cambiamos de ropa y nos pusimos los vaqueros, manejamos hasta el centro para un pequeño servicio en Vox Veniae con su orador invitado, Shane Claiborne. La iglesia rentaba ese pequeño espacio en el campus de la Universidad de Texas, y estacionamos en un lugar muy deteriorado a una cuadra de allí. Al caminar hasta la iglesia vimos un hombre que parecía vivir en la calle, con el pelo desarreglado, vistiendo lo que parecía ser un saco de arpillera con forma de pantalones y una túnica. Ese era, por supuesto, Shane. (Ha sido "escoltado a la salida" en varias iglesias hasta que descubren que es el orador invitado. *Claiborne: haciendo sentir incómodos a los diáconos desde 1998).*

Tal vez había unas ciento cincuenta personas en ese servicio de Pascua; fue muy simple y austero. Había velas, una bienvenida espontánea. Todo era humilde y no había nada de producción. La adoración fue tan natural y pura, donde las personas no éramos el centro; quizás había tres o cuatro chicos en la banda. Olía a iglesia simple y a gente común. Su única preocupación parecía ser su obsesión con Jesús; eso era palpable. Amé cada molécula de ella. Yo quería vender mi casa y mudarme a ese lugar.

Hacia el final de la charla de Shane, mencionó que había pasado un tiempo esa mañana con una comunidad grande de personas en situación de calle en San Antonio. Él le había preguntado a su vocero cuáles eran sus principales necesidades. Por sobre todas las cosas, ellos necesitaban calzado. Explicó que andaban descalzos todo el día, y los zapatos que les daban en los refugios y en Goodwill [una tienda de caridad] eran de otras personas pobres, y estaban gastados o rotos. (Los miembros de las comunidades de personas sin techo suelen tener problemas crónicos en sus piernas y espalda por los largos períodos que andan con calzado inadecuado).

Cuando estábamos por tomar la comunión, Shane dijo: "No están obligados a hacerlo, pero si alguno de ustedes quiere, puede dejar sus zapatos en el altar cuando vengan a tomar la comunión. ¡Ah, también pueden dejar los calcetines y calcetas! Las lavaremos y entregaremos a las personas de la comunidad de San Antonio mañana mismo".

Dos detalles significativos: uno, la Pascua de 2007 en Austin fue muy atípica y fría. Como 31° F (casi 0° C) en la mañana. En abril en Austin típicamente estamos usando pantalones cortos y chanclas. Lo aseguro. Desde el mayor al menor. Pero cada persona allí tenía puestos zapatos abrigados porque afuera estaba congelado.

Dos, Brandon y yo miramos al unísono hacia abajo, a nuestros zapatos, y comenzamos a reírnos. ¿Por qué nos reímos? Porque ambos teníamos puestas las botas nuevas que nos habíamos regalado mutuamente para Navidad. Por mucho, eran los zapatos más caros que alguna vez tuve. Los amaba tanto que los puse en una caja especial en mi ropero, donde el óxido y la polilla no podían destruirlos.

Al lanzarme a este desafío meses antes, pensé que estaría contenta de quitarme esas botas de mis pies ricos y dárselas a alguien que vive en la calle (alguien que las vendería de inmediato, ya que no son nada prácticas y además valen buen dinero; ya aprendí algunas cositas). Pero me desanimé cuando sentí la punzada del egoísmo levantar su cabeza. ¿En serio? ¿Voy a hacerme problema por un par de botas? ¿Tan lejos he llegado, Dios? Doy asco.

Jesús, que no tenía intenciones de seguirme la corriente en este melodrama, fue directo al grano: "Regálalas.

Quiero enseñarte algo". Era evidente que todo esto no se trataba de mí ni de mis botas vaqueras urbanas, así que me las quité y les di un beso de despedida —está bien, un abrazo— y Brandon y yo dejamos nuestras botas en el altar junto con los calcetines y la última hilacha de renuencia.

No le haré justicia al momento, pero al final del servicio, vi todas esas personas sonriendo, caminando con los pies descalzos en una tarde fría, y escuché a Jesús decir: "Así es como quiero que se vea mi Iglesia. Quiero que se quiten el calzado de sus pies por los necesitados en cada oportunidad que tengan. Quiero un altar lleno de medias y zapatos junto a la mesa de la comunión. Quiero ver la solidaridad con los pobres. Quiero que la verdadera comunidad se reúna para ayudar conforme a mi Evangelio. Quiero una Iglesia descalza".

Una Iglesia descalza.

Brandon me reemplazó esas botas como regalo para el día de la madre, y hoy volví a entregarlas. Mientras clasificábamos las cosas que llevé, le conté esta historia al voluntario de SafePlace, quien me prometió que se aseguraría personalmente de entregarlas a los pies correctos, a alguien que necesitara recordar que, aunque se sienta muy pequeña, es amada por un Salvador que no la abandona.

Oro por la mujer que literalmente caminará en mis zapatos. Jesús, abrázala con seguridad y sanidad. Con cada paso que dé, usando mis botas, ella pueda conocer tu fidelidad y experimentar tu redención. Llévala al lugar sagrado donde Tú estás, y donde no habrá más abuso, ni más violencia, solo el dulce rescate de la salvación.

DÍA 3

Como ya entregué 202 prendas de mi ropero, y el tercer mes exige regalar 210 artículos, vamos a hacer algunos ajustes. El Consejo decidió que una semana podía incluir ropa. Fin. De manera que, si damos mil camisas, estas contarán solo siete días.

Ahora tengo que decirte algo, y es algo malo.

Hace tres meses me encontraba limpiando y vaciando los cajones de los niños en el cambio de estación cálida a fría. Saqué los *shorts* que ya no les quedaban, las camisetas que les llegaban al ombligo, los vaqueros del año pasado y otras prendas que les quedaron pequeñas. Más o menos quité veinticinco artículos por cada niño.

Todas las madres hacen esto una vez al año. No hay nada noble en ello. Sacamos lo gastado y lo que ya no les queda, y traemos lo nuevo y resplandeciente. No se trata de reducir, simplificar o compartir; es realmente una función que llevamos a cabo cuando los hijos crecen dos tallas cada tres meses, mientras investigamos sobre los desórdenes hormonales y los alimentos genéticamente modificados.

Pero hice algo que está mal. Yo sabía que este mes iba a llegar, y no estaba segura de volver a tener lo suficiente para ordenar y sacar tan rápidamente después de ese día de orden general. Así que armé pilas de ropa para donar por si acaso mis opciones se reducían bastante. Está bien, mis queridas amigas:

Lo pre-aparté.

Me arrepiento, ¿okey? No las contaré como válidas. Tristemente, la verdad es que no *necesito* contar con esas cosas, porque nos excederemos de 210 artículos por mucho. Te dije que soy el tipo de personas que hace trampa de antemano, y ahora lo confirmas. ¡Doscientas diez prendas suena como un montón! Tenía miedo de que para fin de mes estuviéramos apoyados contra las paredes donde solían estar nuestros sofás.

Pero, de nuevo, subestimé lo mucho que compramos.

¡Por el amor de Dios!

DÍA 6

Soy una consumidora esquizofrénica.

Tengo superabundancia de ciertas cosas tan innecesarias como pastillas para adelgazar para una supermodelo. Por ejemplo, tengo unos cien libros acerca de Dios. Y tengo otros sesenta sobre temas de mujeres. Esos no incluyen los de ficción, memorias, ensayos, temas generales, libros de cocina, biografías y libros de referencia. Ah sí, y también están los comentarios, los de misterio, antologías poéticas, libros sobre paternidad y autobiografías. Y los libros de historia. Y mapas y atlas. Y ensayos humorísticos. Audiolibros también. Ya tienes una idea.

Además, tengo un montón de películas. Como cuatro cajones llenos de cintas de VHS y no tengo reproductora de VHS. Está incluido *El Próximo Karate Kid,* una película que nunca se vio en cine —donde actúa la joven Hilary Swank, quien es ridículamente exasperante— y en la cual gasté dinero real. Se fue una hora y media de mi tiempo y diez dólares que nunca volverán.

Y no dejes que empiece a hablar sobre las mantas. Soy insoportable con la ropa de cama. No es que vivamos en una tundra helada o que no pueda pagar $250 por mes en la factura de electricidad. No somos la familia Ingalls que vive en el bosque mientras que nuestras hijas, Laura, Mary y Carrie se amontonan para dormir un poco más calentitas. Debería invitar al hijo de Michael Jackson, Blanket [Manta], a vivir aquí entre los de su especie (y tal vez la hija de Gwyneth, Apple [Manzana], podría vivir en nuestro refrigerador, y la hija de Frank Zappa, Diva Thin Muffin [Diva Muffin Delgado] podría quedarse en mi alacena).

Sin embargo, soy una total desahuciada en otras categorías. La mayoría de los agujeros negros conviven en mi cocina. Por ejemplo, tengo dos manoplas. Dos. Una es con motivo navideño, con manchas de humedad y lunares. Es tan finita como un pañuelo de papel tisú, y soporta el calor fuerte por solo dos o tres segundos, después ya no protege mis manos del metal caliente. La otra es una tejida a crochet que le compré a la hija de Trina. Es de un milímetro de ancho, así que ya me quemé incontables veces porque no cubre la superficie de mi mano (qué pena, Palma de la Mano y Puntas de los Dedos).

Mi reacción al problema de las manoplas es absurda:

Escena: Jen sufre noventa y cuatro quemaduras sacando la fuente del horno:

"¡Aaaaaaggghhh! Me quemé los dedos de nuevo y no voy a tener más huellas dactilares. No puedo estar cauterizándome las manos a cada rato. ¡No pue-e-e-edo! (Levantando las manos de forma dramática, tal vez sacudiéndolas para lograr buen efecto).

"¡Así es como me gano la vida! Este es mi sustento. Soy una cirujana de las palabras... Necesito ejecutar mi arte. Estos diez dedos son por donde pasa la magia, sin ellos también podría cortarme la laringe, ¡y así sería una total inútil en esta tierra!".

Brandon, fantaseando sobre perder la laringe, me dice: "Acá tienes diez dólares. Ve y cómprate una nueva".

No podría explicar por qué no compré manoplas nuevas. Creo que por haragana, ¿por qué otra cosa?

Las agarraderas no entran en esa categoría. Lo mismo es cierto sobre las toallas (hay siete en toda la casa), recipientes perdidos, utensilios de cocina (tengo una espátula medio derretida) y cacerolas y sartenes. De hecho, todavía estoy usando una que me regalaron cuando me casé, en 1993, que le agrega escamas de teflón a cada comida y estoy segura de que nos sembró a todos un cáncer.

Es evidente que soy del tipo "atragántate o muérete de hambre".

DÍA 11

Es Pascua.

Entre los cero y treinta y dos años celebré la Pascua de la manera divertida: conejos, cestos y ropa costosa. ¿Qué mejor manera de decir "Jesús reina" que vestir a mi hija con un vestido de cuarenta y cinco dólares y exhibirlo en el vestíbulo de la iglesia? (Bienvenido, Jesús. Que seas bendecido).

Seamos francos: si me hubieras preguntado cuáles eran mis prioridades en Pascua cuando estaba ahí parada en el vestíbulo de la iglesia, vestida muy sofisticada, me hubiera puesto seria y hubiera mencionado algo sobre la resurrección. En voz alta, te hubiera dicho que soy cristiana. Pero, a decir verdad, entre las compras de vestimenta, las cestas pascuales, los huevos (pintarlos, rellenarlos, esconderlos y buscarlos), las fotos, el menú y los regalos, Jesús queda para lo último. Comencé a pensar en Él cuando comenzó a tocar la banda en la iglesia, y pensé en Él durante una hora entera.

Esa es la verdad.

Pero en los últimos años, Jesús comenzó a revolucionarme la vida. Francamente, se ha apropiado de todos mis comportamientos festivos. Siempre celebré los feriados como una premisa cultural, luego como una espiritual. Tomemos la Navidad como ejemplo. Gasto incansablemente en porquerías que nadie necesita, y me vuelvo loca con el frenesí de diciembre y en fin... todo tan pomposo. Ahora estoy abrumada por los pobres, el molesto ciclo de consumo, el abandono en el que dejamos a Jesús, y la naturaleza aplastante de todo eso.

Luego llegamos a la Pascua. Pascua [en inglés, *Easter*] es un lindo nombre tomado de la diosa anglosajona de la fertilidad, Eostre, que salvó a un pájaro congelado de la crudeza del invierno convirtiéndolo en un conejo mágico que podía poner huevos. Por esa razón, "Pascua" es conejos y huevos. ¿Por qué rayos los elementos de una religión pagana se asocian con el día más santo de la fe cristiana? ¡Ni hablar! ¿No podríamos continuar la costumbre y pintar nuestros huevos de Eostre en paz?

Valorando la típica Pascua norteamericana, de un lado veo a Jesús en la cruz, humillado y mutilado, llevando el fracaso pasado y presente de cada persona, rescatando a la humanidad en un milagro asombroso de divina redención, dividiendo la historia en dos y transformando la experiencia humana por toda la eternidad. Del otro lado nos veo celebrando este heroísmo monumental con conejos de chocolate y huevos hervidos, con Jesús como algo adicional. No tiene sentido. (Aquí es donde algunos de ustedes arrojan este libro al cubo de la basura. *No te metas con mi divertida Pascua, tú hippie chic*).

Este año la iglesia ANC decidió repensar "El Tradicional Servicio De Pascua Que Atrae Más Gente Que Ningún Otro Día Del Año". Es el segundo aniversario de nuestra Iglesia, y ciertamente podríamos recibir más tráfico peatonal, pero no estoy segura de que la Pascua se celebre mejor en un domingo con más personas que no regresarán hasta la próxima Navidad.

Literalmente nos preguntamos: ¿Qué haría Jesús? ¿Gastaría un montón de dinero en ropa lujosa? ¿Compraría todo el chocolate y los huevos de plástico? ¿Buscaría la iglesia más grande de toda la ciudad y pasaría veinte minutos luciéndose en el vestíbulo?

¿Quién en Austin querría celebrar la asombrosa resurrección de Jesús, pero se sentiría incómodo rodeado de gente hermosa y emperifollada de punta en blanco? ¿Quién necesita que el Evangelio sea proclamado a su debilidad, pero no sería bienvenido por los santos en los santuarios? Enseguida nos vino la respuesta:

Los sin techo.

Si Jesús vino a proclamar libertad a los cautivos y buenas nuevas a los pobres, entonces la Pascua les pertenece exclusivamente a los marginales. **[Jen del 2010, por favor mira mi nota anterior sobre "el más pequeño de mis hermanos". No quiero despreciarte, pero suena increíblemente condescendiente].** De modo que cancelamos nuestro servicio y sacamos la Iglesia a la calle, a la esquina de la calle Séptima y Neches, donde se concentra nuestra comunidad de gente en situación de calle. Horneamos tres mil hamburguesas y comimos juntos. Nuestro equipo de alabanza cantó y luego, en un poderoso momento de solidaridad, tomamos la Santa Cena. Fue una hermosa mezcla de baile, lágrimas, cantos y comida. No hubo un *nosotros* y un *ellos*; era la Iglesia, recordando al Cordero pascual y celebrando unidos la liberación.

Ahora bien, si recibimos una petición reiterada de parte de nuestros amigos sin hogar, fue esta: "¿Tienes un bolso?"

(También podría ser: "¿Podría yo tener un bolso?" "¿Puedo usar esa bolsa de basura?" "¿Tienes un bolso en donde yo pueda poner mi bolso?". Así que ese fue un momento perfecto para regalar siete de mis carteras, las cuales eran muy lindas y amplias, tal como les gusta a las mujeres.

Cuando las mujeres tenían ángulo de visión perfecto para lograr mayor impacto, grité:

"Hey, chicas. ¿Alguna quiere una de estas?"

Cuero rojo ciruela.

Verde con rebordes dorados.

Marrón chocolate con bordados.

Turquesa con manijas cortas.

Naranja con tira larga para cruzar.

Mochila de charol negra.

Y además una carterita que estuve dudando de llevar. Era una muy pequeña, de cocodrilo color rosa fuerte, de Gianni Bini, poco práctica pero muy moderna. Nuestras mujeres en la calle querían bolsos lo más grandes posibles, porque allí transportan todas sus pertenencias. Una carretilla sería lo ideal. Llevé mi pequeña carterita a modo de comodín, pero en el último segundo sentí un empujoncito del Espíritu, y la entregué también.

No me sorprende que, entre todas, fue la última que quedó. ¿Qué mujer que se respeta a sí misma elige una carterita rosa fuerte donde apenas cabe su pase para el bus? Las carteras glamorosas son para las mujeres que tienen otras ocho y una casa en donde guardarlas. Así que ahí estaba yo con mi bolsito, cuando su dueña merecida, de la que me atrevo a decir que eran la una para la otra, vino directo hacia mí.

Ella tenía puesta su mejor ropa de Pascua, con sus calzas, a pesar de que hacía 90° F (32° C). Un vestido estampado con —¿qué cosa?— flores color rosa fuerte. El cabello separado en secciones con sujetadores y un sombrerito liviano y flexible de color rosado. Zapatos elegantes de cuero lustrados bien brillantes. Una cadenita con un dije de moño y anillos en cuatro de sus dedos.

Tenía seis años y su nombre era NeNe.

Nunca una cartera combinó tan bien con su dueña. Ella se deslizó la tira sobre su hombro, se la colocó y no se la quitó para nada, ni siquiera para comer. Su mamá me miró y no fueron necesarias las palabras; las madres hablamos un idioma silencioso. Le saqué una foto y resalté su belleza, mientras le susurraba un gracias a Jesús por haberme impulsado a traerla.

Sirvo a un Salvador que encuentra un modo de conectar carteritas rosas con niñas de seis años que viven en la calle.

Jesús es Redentor, Restaurador, en todo sentido. Ese día en la cruz se veía como un fracaso colosal, pero estaba en su hora culminante. Inició un Reino en donde los más pequeños serán los mayores y los últimos serán primeros, donde los pobres serán consolados y los mansos heredarán la tierra. Jesús reunió al marginado con el privilegiado, y dijo: "Todos ustedes son pobres, y todos son hermosos". La cruz niveló el campo de juego, y ninguna distinción terrenal es ya válida. Hay un nuevo "nosotros": un pueblo rescatado por el Cordero pascual, adoptado por la familia, y transformado en santo. Ese es el milagro más épico de toda la historia.

Eso es lo que celebramos. Ojalá nunca nos enamoremos tanto de los sustitutos que ofrece este mundo que acabemos olvidando el verdadero significado de la celebración.

> Se acercaba la fiesta de la Pascua. Jesús sabía que le había llegado la hora de abandonar este mundo para volver al Padre. Y habiendo amado a los suyos que estaban en el mundo, los amó hasta el fin (Juan 13:1).

DÍA 13

Tengo un número cada vez mayor de amigas que se están uniendo a *Simple y Libre*. Lo mencioné ocasionalmente en Facebook y se inició una tormenta de preguntas que generó más correos electrónicos. Lo que motivó hacer grupos que se sumergieron en la experiencia, lo cual hizo que un grupo en Nashville me pidiera el borrador, porque no podían esperar a que saliera el libro de *Simple y Libre*.

Nuestro círculo de amigos en la ANC se está uniendo, y recibo correos de todo el país relatándome sobre momentos con *Simple y Libre* y contándome cómo va todo. Dios está reescribiendo muchas de nuestras historias simultáneamente.

Mi amiga Amanda descubrió el Prom Project [Proyecto Fiesta de Fin de Curso], que junta toda clase de ropa elegante y los accesorios para que las chicas más necesitadas puedan usar en su baile de graduación. Si solo supieras lo perfectamente bien que le sienta esta actividad a Amanda. Ella donó no uno, ni dos, sino doce vestuarios de fiesta completos con guantes, tacones, joyas y ornamentación para el cabello.

Yo: ¡Amanda! ¿*Doce*? ¿Has estado rondando las fiestas de graduación? ¿Lo sabe Ryan? ¿De dónde rayos sacaste doce conjuntos de fiesta?

Amanda: Yo solía hacer un montón de cosas elegantes.

Yo: Yo también, y me puse el mismo vestido durante siete años, convirtiéndome en una tragedia social. Pero nunca usé guantes largos de seda ni zapatos altos enjoyados. Explícame.

Amanda: Yo vengo del Valle, ¿sabes? Aprendimos a ser excéntricas a una temprana edad. Crecí con la mentalidad de "más es más". Entre las fiestas de quince años y los Días de los Muertos, y bailes de etiqueta y todos mis cócteles de agentes de bienes raíces y las ferias del renacimiento, tengo una cantidad de disfraces... quiero decir, de ropa de fiesta.

YO: Espera... ¿Fiestas del renacimiento?

AMANDA: La Edad Media ha pasado. *Fiat lux* [hágase la luz].

Gracias a Amanda, doce niñas delgadas de la secundaria asistirán a sus bailes de promoción vestidas en la más alta moda sin gastar un centavo. Ella hizo posible un recuerdo de egresada, un rito de iniciación para la adolescente norteamericana, pero imposible para las niñas que viven en la pobreza.

Por eso es que el cuerpo de Cristo es tan esencial. Yo no podría suplir las necesidades de adolescentes que asisten a un baile de graduación más de lo que podría recordar los años básicos del Renacimiento. (¿Eran los 1500 o los 1700? Vagamente recuerdo la palabra "carnero" y una película con Heath Ledger).

Pero esa es la ofrenda de Amanda. Ella está haciendo su parte. Cada uno de nosotros suple necesidades especiales en nuestras ciudades y mundo. Si cada uno elevara a los demás en vez de levantarnos a nosotros un poco más, quedarían pocas necesidades sin cubrir en la tierra. Me maravillo de lo que Dios hace a través de la generosidad de sus hijos e hijas. Estoy orgullosa de que sean mis hermanos y hermanas. ¡Qué hermosa familia!

Y, oye, si necesitas unos guantes de satén largos o unos aros vistosos de piedras brillantes, yo conozco una chica...

DÍA 17

De no haber sido por la intervención del Espíritu Santo, mis amigas y yo habríamos terminado en *Jerry Springer* [presentador de un *reality* que lleva su nombre]. Somos ruidosas y absurdas. Una vez que una amiga se ofreció a mudarse conmigo para que juntas, ella y yo, pudiéramos hacer una esposa completa, Brandon dijo: "Oh sí, eso es exactamente lo que necesito. Una mujer más en esta casa que piensa que es graciosa".

Es cierto que nosotras bordeamos el límite de lo inapropiado y tenemos fotos ayudándonos una a la otra, pero déjame decirte que, si alguna vez estás en crisis, somos tan eficaces como la Cruz Roja. Podemos movilizarnos en cuatro minutos.

Este mes de *Simple y Libre* propició un montón de oportunidades para formar equipo. Susana envió un correo electrónico pidiendo ayuda para su amiga madre soltera, Staci, y sus dos hijas que vivieron con alguien por un año, las tres en la misma habitación. Staci abandonó un matrimonio destructivo con lo que pudo guardar en el auto. Ella estaba trabajando, rindiendo sus exámenes de ingreso a la universidad y tratando de reconstruir una vida saludable para sus hijas. Había ahorrado para un pequeño departamento —toda una aventura— pero literalmente no tenía nada. Ni camas, ni muebles, ni cubiertos. Nada.

Los pobres que trabajan son pasados por alto. Susana y Staci habían sido amigas por seis meses antes de que Susana se diera cuenta de la lucha que libraba Staci. Sus hijas estaban en un grupo juntas; había muchas risas y parloteo. En apariencia, la vida de Staci parecía "normal". Los indicios normales que descubren la pobreza son ambiguos para los que se encuentran del otro lado de la situación.

Los pobres que trabajan están a un paso de estar en situación de calle, a un salario no cobrado de pasar hambre y a una cuenta sin pagar de poder recuperarse. Sin embargo, aprenden a camuflarse bien en la sociedad. Se ríen con las bromas correctas y desvían las preguntas con sarcasmo o silencio. Los hijos se avergüenzan de admitir que no han comido durante el fin de semana o que no pueden pagar el fútbol, así que no te enteras. En muchas formas son invisibles.

Si Susana no hubiera pedido un plato en la casa de Staci, y si ella no le hubiera señalado los dos platos que contenían bocadillos y no hubiera dicho: "Es lo que estás viendo", ella no habría sabido que la familia pendía de un hilo. Susana le insistió (léase "amenazó") que hiciera una lista, y de inmediato la pasaría a su tribu de amigas.

Pudimos amoblarle el departamento, comprar provisiones, llenarlo y decorarlo en cuatro días. Gracias a *Simple y Libre*, teníamos docenas de artículos esperando el receptor indicado. Camas, sábanas, microondas, sofás, televisores, mesas y sillas, platos, cuadros, todo.

Staci le envió a Susana este correo electrónico el lunes:

Estábamos tan abrumadas ayer que no estoy segura de haberte dado las gracias. Gracias por escuchar esa suave voz de Dios. Gracias por invitar a tu grupo de oración a participar de tu visión. Gracias por dar un ejemplo tan maravilloso del servicio cristiano y la feminidad. Dylan nota TODO, y ella me dijo: "Mamá, esas personas son cristianas". Sí, mi amor, lo son. Y Dios dijo que nos conocerían por el amor que tenemos unos por otros. Qué hermoso es acostarme en esa cama, sentarme a esa mesa y mirar la comida en la alacena. Esta es la mejor aspiradora que he tenido jamás. El microondas y el basurero, y el platón de manzanas —mis favoritas, las manzanas rojas— y las bandejas de horno marrones, todo grita DIOS TE AMA Y NO ESTÁS SOLA. ¿Quién sabía que las manzanas podían decir tanto? Estoy convencida de que todo estará bien por primera vez desde que me mudé a Austin.

Este fue uno de esos momentos en que mi misión se volvió muy clara, muy enfocada, sin ninguna ambigüedad. Lo estático siempre ha rodeado la vida cristiana, tantas cosas amenazan para distraernos del punto principal. La gente siempre prefiere los detalles, complicaciones y reglas, pero cuando presionaron a Jesús, Él dijo (traducción de Jen): "Amen a Dios y amen a las personas. Eso ya es bastante". La historia de Staci me recuerda:

Esto es lo que hacemos, y esto es por qué lo hacemos.

A veces, la mejor manera de llevar las Buenas Nuevas al pobre es llevándole buenas nuevas al pobre. Parece que una buena forma de brindar alivio a los oprimidos es brindando alivio a los oprimidos. Es casi lo mismo que Jesús quiso decir. Cuando estás desesperado, generalmente las buenas noticias que puedes recibir son comida, agua y techo. Esas provisiones comunican la presencia de Dios infinitamente más que un tratado o una actuación cristiana en la plaza de la ciudad. Esas cosas transmiten: "Dios te ama tanto que envió gente a tu rescate".

Creo que por esa razón "ama a tu prójimo" es el segundo mandamiento junto a "Ama a Dios". Y como la reputación de Dios está irremediablemente ligada al comportamiento de sus seguidores, sospecho que Él no se limitará si pasamos nuestro tiempo amando a otros y llenándoles la alacena.

A eso quiero llegar, pero me fui por las ramas, imaginando que las manzanas pueden ser parte del Evangelio.

Lo próximo que voy a decirte es que *los últimos serán los primeros* o algo así de alocado.

DÍA 18

Hace dos meses y medio que estoy haciendo *Simple y Libre* y ya he observado algunas cosas. Dios históricamente se mueve de manera épica en mi vida. Yo no tengo épocas de cambios sutiles. Nuestro ritmo funciona más o menos así: yo experimento una tensión exasperante de la que no logro tener comprensión, y luego *¡Bam!*, Dios me da una patada en los dientes y las cosas cambian.

Simple y Libre está volviéndose épicamente transformador. La tensión me arrastró aquí; ahora Dios está desordenando todo mi mundo. Siento que Él nos está preparando para un cambio. Mi sensibilidad está llegando a su punto máximo; es notorio, dado que yo tengo la sensibilidad de un chico de trece años. Me siento algo tonta y cada vez menos apegada a las cosas. La Palabra está lanzándose sobre mi cerebro como una pantera. Es como la primera vez que me puse anteojos y no podía aceptar lo claro que veía todo. Y caminaba a tientas porque mi percepción había sido alterada. Gritaba: "¡Oh, miren las hojas! ¡Puedo ver cada hoja de ese árbol!", como si fuera un milagro después de haber estado limitada por tanto tiempo.

No tengo idea de lo que eso significa, pero mis brazos están abiertos. Sé que mi próxima etapa en la vida no será igual.

Estoy asustada. Cuando escribí esa palabra por primera vez me equivoqué y puse "sagrada". [N. de la T. asustada es *scared* en inglés y sagrado es *sacred*, solo un intercambio de consonantes].

Tal vez esas siempre hayan sido ambas caras de una misma moneda. Como dice mi amiga: "Obediencia no es ausencia de temor. Es hacer con todo y miedo".

DÍA 20

"Dios, conéctanos con gente que necesite lo que nosotros tenemos".

"Okey. Oye, ¿qué te parecen esos refugiados?".

Los refugiados son una población invisible, marginada por las barreras idiomáticas y los estereotipos étnicos. Desaparecen dentro de la sociedad, imperceptibles mientras limpian nuestras habitaciones de hotel, cocinan nuestras hamburguesas y barren nuestros aeropuertos. Los vemos pasar, sin tener conciencia del trauma que han soportado o las naciones que han dejado atrás. Sus historias están perdidas para gente que solo ve su función: por favor, déjanos unas toallas más, llévanos a la Quinta y Broadway, una Coca-Cola y el periódico.

La iglesia ANC está aprendiendo sobre los refugiados de la forma en que lo hacemos: hablando con expertos y pegándonos a ellos como su sombra. El Servicio de Refugiados de Texas nos está enseñando a apoyar a este grupo olvidado. Por norma, el SRT carece de personal y tiene exceso de trabajo, la típica situación que atraviesan todas las organizaciones no lucrativas. Así que pasamos de un "hola, nos gustaría aprender algo sobre los refugiados" a "¡Bien! Una familia birmana está llegando el viernes con solo la ropa de sus mochilas. ¿Podrían amoblar su departamento y recogerlos en el aeropuerto?".

¡Oh, Dios!

Frenesí de correos electrónicos, organizar todo a la carrera y limpieza masiva de los calendarios. Taché de la lista algunas cosas que estaba esperando regalar, una en particular: la cama. Este matrimonio birmano y sus dos hijas adolescentes necesitaban de todo, y esto era algo que yo tenía que compartir. Además de la cama de dos plazas, se fueron:

Siete juegos de sábanas y los complementos.

Conseguimos muebles, platos, artículos de tocador, comestibles, ropa y accesorios. Evidentemente, ese es solo el comienzo del viaje de esta familia. El verdadero desafío está por venir: independencia financiera, manejo del idioma, educación, empoderamiento, comunidad; todo esto es una transición agobiante en un país desconocido. Nos necesitarán más en los próximos meses, pero esta noche dormirán con sus propias sábanas en sus propias camas y en su propio apartamento por primera vez en años.

Así que, una vez más, oramos porque Dios se haga visible en cada almohada, cada tenedor, en todas las comodidades que nosotros damos por sentado. Aunque esta familia ha conocido la violencia y el miedo de primera mano, esperamos que esta noche sientan seguridad y amor.

DÍA 25

Durante los últimos tres años, Dios usó la Pascua para alborotarme. Ya conté sobre la Pascua en la que entregué mis botas vaqueras y en que la vida se me alteró para siempre. La Pascua siguiente lanzamos la ANC y mi historia se dividió en dos: antes y después de la ANC. La siguiente Pascua era el primer aniversario de la iglesia, y Dios cumplió su promesa; la ANC fue validada, una lección monumental sobre su fidelidad.

Ahora déjame terminar la historia de esta Pascua. Hubo más que NeNe y su carterita rosa. Cuando sacas a toda tu iglesia a la calle a darle de comer a cientos de personas sin hogar, incluyendo la banda, la alabanza, el mensaje, la Santa Cena y la donación de ropa, ¡todo se pone patas arriba! La versión de una iglesia sanitizada se va por la ventana.

Las reglas para mantener todo organizado simplemente no aplican en un servicio al aire libre dominado por las personas sin techo.

Así que, durante el corto mensaje de Brandon, una mujer muy triste y traumatizada gritó: *"¿Dónde estaban todos ustedes cuando esos hombres me estaban violando? ¿Dónde estaban?"*. Hubo más gritos con palabras que no puedo escribirte por respeto. Fue crudo y desesperado, contaminado de groserías y dolor. Si vinimos a proclamar libertad a los cautivos, como dijo Jesús, no necesitábamos ver más allá de esta mujer destrozada.

¿Qué hice yo? ¿De qué forma me movilizó su dolor? Bueno, me desplacé en busca de Tray para que "se encargara de ella". Mi instinto fue el de proteger el servicio y que todo se hiciera de manera decente. Quiero decir, una mujer lastimada gritando en la iglesia es demasiado escandaloso como para dejarlo pasar.

La familia de mi iglesia, no obstante, respondió con la gracia que corresponde a la Novia. Brandon le habló amablemente, Christi trató de abrazarla, Ryan le sostuvo la mano y otros intercedían por esta hija. Si Jesús realmente quería que la iglesia fuera un hospital para los enfermos y no una vitrina para los sanos, entonces estábamos haciendo iglesia en serio.

Pasemos al día siguiente.

Yo me estaba preparando para ser la oradora principal en un mega evento que tendría lugar dos semanas más tarde, el Retiro de Damas de la Convención Bautista de Oklahoma, con alrededor de tres mil mujeres. Estaba trabada en Marcos 10, donde Jesús se encuentra con el ciego Bartimeo una semana antes de ir a la cruz. Estaba concentrada estudiando. Tenía mucho para enseñar. A otras personas.

Ejem...

Bartimeo: pobre, ciego, mendigo. Probablemente se veía como cualquier persona en situación de calle que yo conozco. Marginado, expulsado del templo, sucio, desechado en todas las formas posibles: un total rechazado por la sociedad. Y ahí llega Jesús con todo su séquito que se dirige a Jerusalén para ser el "rey" (¡Ups!, tuvieron un pequeño malentendido sobre lo que eso significaba; peor para ellos). Todo el mundo está emocionado, todos están vitoreando. ¡Qué buena onda Jesús! ¡Tendremos a nuestro rey y al fin seremos libres!

> Después llegaron a Jericó. Más tarde, salió Jesús de la ciudad acompañado de sus discípulos y de una gran multitud. Un mendigo ciego llamado Bartimeo (el hijo de Timeo) estaba sentado junto al camino. Al oír que el que venía era Jesús de Nazaret, se puso a gritar: "¡Jesús, Hijo de David, ten compasión de mí!" (Marcos 10:46-47).

¡Uy! ¡Guao! Esto es raro. En realidad, es incómodo. No hay nada majestuoso aquí. Huele a desesperación. Me refiero a Bartimeo. ¿El pobre y ciego Bartimeo le está gritando a Jesús? ¡Caramba! Qué desorden, Jesús rodeado por seguidores normales y decentes, ahora forzado a tratar con este sin techo, que clama a gritos.

> Muchos lo reprendían para que se callara, pero él se puso a gritar aún más fuerte:
> —¡Hijo de David, ten compasión de mí!
> Jesús se detuvo y dijo:
> —Llámenlo.
> Así que llamaron al ciego.
> —¡Ánimo! —le dijeron—. ¡Levántate! Te llama.
> Él, arrojando la capa, dio un salto y se acercó a Jesús.

—¿Qué quieres que haga por ti? —le preguntó.

—Rabí, quiero ver —respondió el ciego.

—Puedes irte —le dijo Jesús—; tu fe te ha sanado.

Al momento recobró la vista y empezó a seguir a Jesús por el camino.

(Marcos 10:48-52).

Y, pum, justo allí en el medio de mi importante estudio para enseñarles a otros a seguir a Jesús, el Espíritu Santo me aplastó. ¿Quién estaba en este escenario? No Jesús, misericordiosamente haciendo una pausa para atender a un mendigo ciego mientras iba *de camino a la cruz,* sino los avergonzados "seguidores de Cristo", quienes menospreciaron esta humillante interrupción mientras seguían a Jesús y suavizaron esta incómoda confrontación para vérselas con su santidad.

Lloré por una hora.

Me falta tanto por andar.

"Rabí, quiero ver". Bartimeo pidió por una de las necesidades humanas más básicas. En los tiempos bíblicos la ceguera era considerada una maldición de Dios, lo que hacía a la persona impura, lo que la llevaba a ser un marginal, lo que la convertía en un mendigo. A diferencia de Juan y Jacobo, que doce versículos antes le habían pedido a Jesús sentarse uno a su derecha y otro a su izquierda en su gloria (precedido por la increíble demanda "Maestro, queremos que nos concedas lo que te vamos a pedir"), Bartimeo solo pidió misericordia.

Esto es como el hambriento que pide comida, el huérfano que pide tener padres, el sin techo que pide un refugio, el enfermo que pide medicina; son las necesidades humanas básicas: comida, vivienda, atención, amor. Estas necesidades no están contaminadas de poder o de una posición, no nacen de un deseo de dominio o de la codicia. Son un gemido por misericordia, el clamor de cada corazón humano.

El decoro no tiene importancia para una madre que se prostituye para darle de comer a sus hijos o para el niño de nueve años que revuelve la basura para sobrevivir en las calles. Las "reglas de conducta" no son relevantes para los sesenta y seis niños infectados de sida en las últimas veinticuatro horas o para las cinco mil personas que murieron de hambre *hoy*.

El mundo pobre está suplicando misericordia como el ciego Bartimeo, mientras que el mundo rico está pidiendo más favor como Juan y Jacobo.

Enseñé sobre esto en el Retiro de Mujeres de BGCO, incluyendo mi terrible fracaso en la Pascua dos semanas antes. Me pregunto si la iglesia norteamericana es un grupo de oradores refinados, que se sientan en una cómoda sala a tomar café y hablar sobre su ensayo del coro, mientras que el mundo se incendia afuera, detrás de las ventanas. Mientras que las personas más ricas de la tierra oran para ser más ricas todavía, el resto del mundo implora por intervención con sus rostros contra la ventana, mirándonos tomar café, indiferentes a su sufrimiento.

Esto simplemente no es justo.

Lloré desconsoladamente delante de tres mil mujeres, gimiendo por la angustia de otros y por mi cruel desinterés, preocupada de que tuviéramos mala puntería y estuviéramos errando al blanco. Les conté la historia sobre regalar mis botas nuevas y les pregunté si algo así era apropiado (no que los zapatos le cambien la vida a alguien, pero hay algo espiritual y sumiso en sacarte el calzado de tus pies o el *sweater* que traes puesto). Le dice a Jesús "cuenta conmigo".

Ese es el motor que hace andar este mes de *Simple y Libre*: dar es algo sagrado, conectado al sentir sacrificial de

Jesús. Es tan transformador para el dador como una bendición para el receptor. Cuando Dios nos dijo que demos, sospecho que tenía en mente una formación espiritual tanto como suplir las necesidades.

Mejor que te sientes ahora.

Antes de formalizar esto o brindar alguna estructura de cómo hacerlo, las mujeres comenzaron a levantarse y caminar por los pasillos quitándose los zapatos. Se quitaron las chaquetas, entregaron Biblias, bolsos, collares de diamantes, alianzas de matrimonio, cámaras, iPhones, carteras; yo nunca había visto algo similar. Al final, apagué mi micrófono mientras cientos de mujeres yacían boca abajo, llorando descalzas. El escenario quedó cubierto por sus ofrendas, que caían al suelo y llenaban toda la sala.

Llenamos setenta cajas grandes.

Fue la mayor ofrenda posible del tercer mes.

Y yo aprendí algo: hay abundante esperanza para la iglesia norteamericana. Es demasiado pronto para declarar desahuciada o irrelevante a la Novia. El temor de que mi mensaje no fuera bien recibido fue tan desgastante que no había dormido por una semana. Cuando las mujeres se acostumbran a los mensajes de belleza y felicidad, mientras el mundo se cae a pedazos, eso me causa una ansiedad incontenible.

Lo repito: setenta cajas grandes de mudanza, miles de mujeres volviendo a su casa descalzas bajo la lluvia. La Iglesia no está fuera de la acción de Jesús. Una agitación está ocurriendo dentro de la Novia. Dios está despertando a la Iglesia de su sueño, iniciando un profundo avance del Reino.

Por favor, no te lo pierdas porque el sueño americano parece ser un sustituto razonable que contrarresta la aparente desventaja de vivir con simplicidad para que otros puedan vivir a plenitud. No te dejes engañar por los lujos de este mundo; ellos mutilan nuestra fe. Como explicó Jesús, las cosas malas tienen que morir para que las buenas puedan vivir. Morimos al egoísmo, la codicia, el poder, la acumulación, el prestigio y la autopreservación, dándole a la comunidad, con generosidad, compasión, misericordia, hermandad, bondad y amor.

El Evangelio morirá en el suelo tóxico del yo. Pablo escribió: "Por tanto, mediante el bautismo fuimos sepultados con él en su muerte, a fin de que, así como Cristo resucitó por el poder del Padre, también nosotros *llevemos una vida nueva.* En efecto, si hemos estado unidos con él en su muerte, sin duda también estaremos unidos con él en su resurrección" (Romanos 6:4-5). Nosotros queremos la parte de la vida sin la parte de estar unidos a Jesús en su muerte, pero esa versión del cristianismo no existe. Ese es un Evangelio falso, vacío de sacrificio.

El suelo fértil de la muerte es donde el Evangelio echa raíces y en realidad puede dar frutos. Tenemos que morir para vivir; tenemos que morir para que otros puedan vivir. Suena parecido a la misión de Jesús. Esta es la Iglesia por la que Él estuvo dispuesto a morir, una Novia que inspira y cambia al mundo. Esta visión es digna de una obediencia radical. No te des por vencido con la Iglesia.

Hay esperanza todavía.

DÍA 27

Connie: Sé que estás regalando algunas cosas, y yo tengo algunos niños realmente necesitados en la escuela en donde enseño.

JEN: ¿Qué necesitas?

CONNIE: Uno de mis chicos usa los vaqueros viejos de su hermana mayor. Son tan pequeños que no se los puede abrochar, así que se estira la camiseta para que lo tape.

JEN: Tráemelo a mí, yo seré su madre.

CONNIE: Buena idea, pero mejor solamente dame la ropa.

JEN: Tal vez...

CONNIE: También necesitamos ropa de niña. Y de varón. En prácticamente todas las tallas.

Le envié tres cajas de ropa y zapatos de mis hijos. No hay razón para que un niño use los vaqueros de su hermana cuando nosotros llevamos la ropa de mis hijos dos veces al año a Goodwill. Llamar al consejero de un niño necesitado para hablarle sobre sus necesidades lleva tres minutos. Suplir una necesidad de forma directa es una solución garantizada, y no permite que nada se pierda en el camino.

DÍA 30

Después de un mes de sacar y repartir, mis amigas y yo todavía tenemos cosas para regalar. No estoy bromeando. Nuestros roperos, cajones, gabinetes, garajes, áticos y estantes han sido limpiados y el volumen me hizo un agujero en el estómago.

¿Cuándo perdió relevancia esto para mí?

No acumulen para sí tesoros en la tierra, donde la polilla y el óxido destruyen, y donde los ladrones se meten a robar. Más bien, acumulen para sí tesoros en el cielo, donde ni la polilla ni el óxido carcomen, ni los ladrones se meten a robar. Porque donde esté tu tesoro, allí estará también tu corazón (Mateo 6:19-21).

Me distancié de manera creativa de esto, concretamente, con un enfoque estratégico de los "tesoros en el cielo" y haciéndome de la vista gorda en lo contrario, los "tesoros en la tierra", volcándome en la lista espiritual, ignorando la lista de lo tangible. Pero Jesús coloca estos pares en oposición, algo así como:

No puedes servir a Dios y al dinero.

No puedes ser oveja y cabra.

Solo hay un camino ancho y uno angosto.

O amas a tu hermano en Cristo o eres un mentiroso.

Nos inventamos una gama de mil grises, desarrollando una experiencia cristiana confortable con la que todos podemos vivir: algo maravilloso, aunque con un pequeño detalle en contra: que la Biblia no lo avala. Según las Escrituras, ningún discípulo puede servir a Dios y ser a la vez adicto al dólar. No hay un híbrido oveja-cabra. No hay un camino intermedio. No hay un verdadero creyente que aborrezca a su hermano.

El discipulado grisáceo es una venta fácil, pero crea falsos cristianos obsesionados con los fragmentos de las Escrituras que nos gustan, mientras ignoramos el resto. Hasta que Dios no nos pida todo y le respondamos: "Sí, Señor, todo es tuyo", no tendremos oídos para oír y ojos para ver. Seremos sordos a la verdad, ciegos a la libertad, y engañados por los tesoros del mundo, imaginando que son la llave cuando en realidad son el cerrojo.

No hay nada como entregar un montón de cosas tuyas al grado de llegar a este punto de decisión. Después de haber donado miles de objetos este mes, todavía queda más. Lo mismo a mis amigas (inserta un nudo en el estómago aquí).

De manera que Molly, con su "sala extra de almacenamiento" que haría llorar de envidia a los coleccionistas, creó un plan: que organicemos su espacio y lo utilicemos como anexo para organizar las donaciones de aquí en adelante.

La bodega de Molly era un caos con sus porquerías, entonces lo primero era sacar todo eso. Por fortuna, encontramos un baúl lleno de recuerdos de la secundaria, así que las seis nos matamos de risa durante una hora. Llamamos a su esposo Chris y le exigimos una explicación sobre ese cabello largo, con raya al medio, de 1996. Tomamos el anuario y desde entonces lo he retado más de setenta veces a que me encuentre. Él pretende que todavía le sigue causando gracia.

Limpiamos, tiramos, organizamos, recategorizamos todo, y ahora la bodega de Molly contiene accesorios, artículos de tocador, vaqueros, zapatos, utensilios de cocina, ropa de cama y juguetes. Ya no tenemos que revolver más cuando alguien necesita algo; vamos de una llamada telefónica a recoger el producto en solo diez minutos.

Pero este es el punto real: ¿terminaré reemplazando esas cosas? ¿Limpiaré otros mil artículos dentro de tres años? ¿Lentamente iré llenando los espacios vacíos? ¿O mi familia se desconectará de la máquina, creando un legado más valiente que simplemente consumir y consumir? Quiero confrontar partes grandes que me dicen "más" con las partes pequeñas que dicen "es suficiente".

Creyentes, opongámonos al poder que nos manipula al mentirnos sobre nuestras necesidades, responsabilidades y nuestro prójimo. Desafiemos a las fuerzas del mercado libre que justifica nuestro consumismo encogiéndose de hombros. Preparémonos para dar la batalla. Los guardianes del mercado quieren que gastemos. En un año típico de los Estados Unidos, se gastan $16 mil millones en ayuda extranjera y $276 mil millones en publicidad. Como escribió Benjamin

Barber en *Consumed*: "Cuánto más fácil es para los guardianes cuando su tarea es dejar que Peter Pan vuele libre, mantener a Wendy dando volteretas bajo la mirada distraída de Peter en vez de contener el narcisismo y ayudar a los niños a crecer. Los guardianes saben del riesgo que implica ayudar a los niños a crecer: ellos no necesariamente se convierten en consumidores. A veces se vuelven ciudadanos".[3]

Pablo lo expresó de este modo: "Cuando yo era niño, hablaba como niño, pensaba como niño, razonaba como niño; cuando llegué a ser adulto, dejé atrás las cosas de niño. Ahora vemos de manera indirecta y velada, como en un espejo; pero entonces veremos cara a cara. Ahora conozco de manera imperfecta, pero entonces conoceré tal y como soy conocido" (1 Corìntios 13:11-12).

Un niño dice "yo". Un adulto dice "nosotros". La madurez puede distinguir la necesidad del deseo, la sabiduría de la necedad. Crecer significa refrenar apetitos, cambiar de "yo" a "nosotros", entender que las elecciones privadas tienen consecuencias sociales y resultados públicos. Seamos consumidores que silencian la voz que nos grita: *"¡YO QUIERO!"* y, en cambio, escuchemos el suave "necesitamos", la voz excluida de la comunidad mundial a la que pertenecemos.

Encabezamos la cadena alimenticia mundial sin culpa ni crédito nuestro. Le pregunté miles de veces a Dios por qué nosotros tenemos tanto mientras que otros tienen tan poco. ¿Por qué mis hijos tienen el estómago lleno? ¿Por qué sale agua de mis grifos? ¿Por qué podemos ir al médico cuando estamos enfermos? No hay una respuesta simple para eso. El *porqué* definitivamente importa, pero también importa el *qué*. ¿Qué hacemos con nuestras riquezas? ¿Qué hacemos con nuestros privilegios? ¿Qué debemos retener? ¿Qué debemos compartir? Es necesario atender esta inequidad, dado que Jesús identificó claramente a los pobres como sus hermanos y hermanas, y su prójimo.

¿Qué pasaría si intentáramos hacerlo juntos? ¿Qué pasaría si un puñado de cristianos escribiera una nueva historia, convirtiéndose en la clase de consumidores por los que la tierra clama? Sospecho que encontraríamos ese contentamiento esquivo, acumulando tesoros en el cielo, como Jesús nos dijo que hiciéramos. Apuesto a que nuestras posesiones perderían fuerza y nosotros descubriríamos las riquezas que están contenidas en una vida simple y una responsabilidad comunitaria. El *dinero* es el tema más frecuente en las Escrituras; tal vez el secreto para la felicidad se encuentre bajo nuestras narices. Tal vez no reconocemos la satisfacción porque está disfrazada de generosidad radical, una contradicción extraña en una cultura de consumo.

Richard Rohr les escribió a los cristianos norteamericanos en *Simplicity* [Simplicidad]: "Estamos a punto de volvernos adultos, de dejar honestamente que el Evangelio nos hable; de escuchar lo que Jesús dice, en términos claros y precisos, sobre la pobreza y sobre una vida simple en este mundo, una vida que muestra confianza en Dios y no en nuestro propio poder y armamento. Dios nunca nos prometió seguridad en este mundo. Nos prometió solo verdad y libertad en nuestro corazón. ¿Qué significa eso para nosotros? Significa que estamos en camino".[4]

Demostremos que esta teoría es correcta.

[Una actualización, si se me permite: esto es lo que me moviliza cuando releo el capítulo. Diez años antes, mi carrera estaba creciendo enormemente. Cuando escribí *Simple y Libre*, tenía una cuenta regular de Facebook con tres mil seguidores o más. Hoy tengo un millón y medio de seguidores en las redes sociales. En cada categoría laboral, gano más dinero ahora. Y aun el crecimiento en fama y en ingresos no nos protegieron del dolor, la pérdida, el trauma o el sufrimiento. Ni tampoco nos hicieron rotundamente más felices. Lo bueno de la vida sigue estando donde siempre estuvo: en la familia, los amigos, los recuerdos, Jesús. De hecho, repasar partes de *Simple y Libre* ha sido difícil porque las cosas parecían más simples, pequeñas y lentas entonces. Tengo más ingresos en la actualidad, pero también más presiones; recibo más críticas, tengo más responsabilidad y obligaciones.

A esto es lo que quiero llegar: todo lo que declaré más arriba es cierto. Nada de eso nos da lo que pensamos que nos va a dar. El dinero no resuelve los dilemas de la vida. Su poder está en la generosidad, en la habilidad mística de guardarlo fuertemente y soltarlo libremente. De eso se trata. Después de todo, es solo un ejercicio de utilidades decrecientes. Espero que Dios nos halle fieles con lo que tenemos. Pero si todo se acabara mañana, estoy segura de que todavía tengo todo lo que importa. Ya lo sospechaba allá por el 2010, pero ahora lo sé].

PANTALLAS

Extracto de una conversación en el auto:

CALEB: ¿Cómo se sentirá morir?
GAVIN: A mí no me gustaría morir por estreñimiento como Elvis.
YO: Esperen un momento, ¿qué?
GAVIN: Papá me dijo que Elvis murió en el inodoro.
CALEB: Gavin, ¡Elvis ni siquiera es real!
GAVIN: Pensé que él era el Rey del Rock.
CALEB: Gavin, ¿de veras crees que alguien le podría poner de nombre Elvis a su bebé?

Esas solían ser historias divertidas para contarle a los abuelos; ahora son grandes citas para Facebook. Los correos no deseados y los reenviados sobre Jesús son el tipo de correos que uno recibe regularmente: "Bla, bla, bla... envía este mail a todos tus amigos. ¡Recuerda que, si niegas a Jesús delante de los hombres, Él te negará ante el Padre! PASA ESTE CORREO A OTROS. NO HAGAS LLORAR AL NIÑO JESÚS. Hace tres años teníamos cuatro canales; ahora literalmente tenemos miles, con los espectáculos más bizarros que jamás imaginamos (te hablo a ti, *Lifetime*, con tu programa *Mother, May I Sleep with Danger?*, protagonizada por Tori Spelling).

La televisión era inocente cuando nuestros hijos miraban *Dora la exploradora* en Nick Jr., pero ahora es el canal Disney donde puedes apostar todo a que esos pequeños "sobreactuadores" se volverán locos al instante en que cumplan dieciocho años y comiencen su carrera musical. Fue asombroso cuando las estrellas de *High School Musical* subieron fotos de sus desnudos en las redes sociales; igracias jóvenes promesas! Yo me había quedado sin enseñanzas para mi hija hasta que ustedes vinieron al rescate con sus bubis *online*.

No me hagan empezar a hablar de los juegos. Esto, lo sé, es irónico, ya que "alguien" compró esos sistemas y después llevó a Mortal Kombat contra sus hijos en la Xbox, Nintendo SD Lites, Wii y juegos de computadora. Escucha, el hijo que no tiene la iniciativa de usar calcetines limpios, pero sí puede descifrar complicados juegos de guerra por dos horas: eso es un milagro.

En casa tenemos:

- cuatro sistemas de juegos
- dos MacBooks [*laptops*] y una computadora de escritorio
- cinco televisores
- tres celulares (dos de los de la "i")
- un DVD
- dos reproductores de DVD
- tres Nintendo DS portátiles
- tres estéreos

Impresionante, si consideramos que en 2005 yo no tenía computadora, dirección de correo electrónico ni televisión por cable. Pasamos de cero a la total adicción en solo cinco años. Nuestra familia ahora es posesión de Man (Cable Time Warner) y estamos pagando el costo también. (Hola Apple, te estamos hablando). No sé dónde vivíamos antes de que Al Gore inventara internet.

¿Qué rayos? Yo no sé cómo sucedió; fuimos corriendo los límites poco a poco y ahora casi no reconozco nuestro ritmo familiar. Tenemos nuestros pequeños mundos de pantallas donde sumergirnos, y el contacto humano real parece ser opcional.

Es tiempo de parar la locura.

Así que este mes seremos como una radio silenciada. Vamos a apagar siete pantallas y silenciar los *chats*.

Nada de:

- televisión
- juegos
- redes sociales
- aplicaciones de iPhone
- radio
- mensajes de texto*
- internet*

Los dos asteriscos fueron tema de gran discusión en el Consejo. Los mensajes de texto son una espada de doble filo. A veces te ahorran tiempo; puedes obtener una respuesta sin tener que hablar veinticinco minutos acerca de productos para el cabello. Así que, a veces, te *suma* minutos en vez de quitártelos.

Por otra parte, en algunas ocasiones enviar textos es extraño, incluso ridículo. Si le mando un texto a una amiga diciendo: "La amistad es como hacerte pis encima. Todos pueden verlo, pero solo tú puedes sentir algo tibio. Gracias por ser el pis en mis pantalones", significa que tengo tiempo de sobra. Y también que necesito crecer.

Asterisco 1: nuestra regla respecto de los mensajes de texto. Si nos hace ahorrar tiempo y/o es necesario, entonces lo hacemos. Si es para ser sarcásticos, graciosos o inapropiados, entonces no. Estamos confiando en nuestro propio discernimiento, así que alguien debería revisar mis textos semanalmente porque Dios sabe que yo necesito rendir cuentas.

Asterisco 2: internet es una herramienta necesaria para nuestro trabajo y para la vida. Planificadores de eventos, maestros de la escuela de los niños, la agencia de adopción, mi grupo Restaura, mi agente y editorial, y mis vecinos me escriben por correo electrónico. Además, hago investigaciones en línea para mis libros y mis mensajes. No puedo dejar internet todo un mes. Tampoco Brandon puede hacerlo, por las mismas razones, excepto "escribirse con las maestras de los niños", de las cuales —estoy 90% segura— de que no conoce sus nombres.

Pero sí podemos vivir sin Facebook, Twitter, SportCenter.com, blogs sobre adopción, iPhoto, CosasQueLesGustanALosCristianos.com (asegúrate de haber vaciado la vejiga primero), Hulu, scanwiches.com (recuerda mi obsesión con los sándwiches), Amazon, twitter.com/cristianismo (por ejemplo: "Audiencia republicana dispensacionalista se vuelve en contra de un comediante cristiano luego de una broma sobre las vacas alazanas"), thepioneerwoman.com y YouTube (extrañaré mucho a "La naranja molesta"). Adiós.

El Consejo está presente en distintos niveles de participación. Becky y Susana declararon abstinencia total. Shonna y Jenny estarán limitando las pantallas a solo siete horas semanales. Trina está pensando dejar su celular. La querida Molly aún está traumada; recuerda los tres DVD cargados con "sus historias". Ella me pidió correr el mes de pantallas después de mayo, por los lanzamientos de nuevas series y por el cierre de temporada. Le sugerí reducirlo a siete capítulos, y ella me miró con esa mirada que precede a un ataque de ansiedad por la baja carga de la batería del *smartphone*.

Así que, los controles remotos quedarán guardados; las notificaciones de Facebook, desactivadas; las aplicaciones de iPhone, eliminadas; los controladores de juegos, bloqueados, y las computadoras de los niños, desenchufadas. Ciertamente recibí un regaño:

"¡Este mes va a ser terrible! ¿Qué vamos a hacer? ¡Ni siquiera me gusta leer! ¿Qué más hay? Creo que mirar *algo* de TV estaría bien. ¿No se puede enviar mensajes de texto? ¡Todos mis amigos me escriben! ¡Tú vas a meter la nariz en tus libros mientras que yo me aburriré sin tener nada para hacer! ¿Cuántas semanas durará esto? ¿*Cuatro*?

Y ese era solo Brandon.

DÍA 1

Charla de *emails* con el Consejo sobre nuestro alejamiento de Facebook:

BECKY: Este agujero del tamaño de Facebook me está haciendo mandar mails como este: "¡Charlamos OTRA VEZ con el espeluznante padre del preescolar! ¡Eeewww!" (solo tuve un pequeño momento de temblor el día de hoy).

SUSANA: Amiga, lo entiendo. Tengo este montón de tonterías divertidas y vanidosas desperdiciándose mientras me abstengo del bullicio de Facebook. Como esto que acabo de decirte y que se vería brillante en el Face. Desperdiciado.

JEN: ¿Cómo alguien puede vivir sin conocer a Sydney y saber que hice *calzone* esta noche y que tengo un problema con las moscas de la fruta? ¿Qué sentido tiene vivir si no te enteras de que hicimos nuestra primera excursión al puesto de copos de nieve hoy? Este es material público para Facebook y si no lo publico, es como vivir en privado sin ningún sentido.

SHONNA: He decidido no dejar FB, pero mi lectura bíblica hoy fue terrible: "Queridos hijos, apártense de los ídolos". Decidí que Facebook es un ídolo que tengo, porque me roba la atención y afecto de Dios. Pero entonces pensé: "tal vez no me estaba hablando a mí. Después de todo dice: 'queridos', y yo no soy ninguna querida".

MOLLY: Estuve tratando de descubrir cuál sería mi contribución al mes de las pantallas y definitivamente será cerrar mi FB. Estoy luchando con todo el resto, bueno... no el resto, sino solo una cosa: la televisión. Sabes cómo amo la TV. Tengo un título en eso. Hago una hoja de cálculo todos los años en otoño con todos los espectáculos y programas nuevos que quiero ver (puedes fijarte en mi alacena, donde está pegada). Tengo tres DVD y tengo que mirar dos programas al día para que mi DVD no exceda el 97% de capacidad. Claramente necesito ayuda profesional. Estamos en mayo, y eso significa todos los fines de temporadas (gracias, Jen). ¿Quién será mi próximo "American Idol"? ¿Los chicos de *Glee* ganarán las regionales? ¿Meredith y Derek tendrán un bebé, por lo tanto, terminarán sus carreras en *Grey's Anatomy*? Y por amor a la tierra, ¡DEBO saber de qué se trata esa isla en *Lost*! Este es un compromiso que he intentado llevar a cabo durante cinco años. Estas son las preguntas que no me dejan dormir por la noche.

TRINA: Enviado desde tu iPad. Claramente amas la tecnología. También estoy meditando sobre nuestro compromiso. Estoy considerando deshacerme de mi celular por un mes. La mayor preocupación que tengo en ese caso es mi esposo, porque llama a Jen cada vez que no me encuentra.

SUSANA: Hay libertad de la adicción, créeme. Yo dejé mis programas por ninguna otra razón más que ser obediente y ver lo que sucede. Y ahora, después de ocho temporadas de nunca perderme un episodio, este año no he visto *American Idol*, ¡y sobreviví! Excepto *Glee*. Todavía miro *Glee*. Humm (sonrisa incómoda, ojos mirando a un lado y a otro). No tengo excusas.

JEN: Te amo, *Glee*.

[¡Mira los programas que veíamos! Me encantó el 2010. ¿Quién sabía que *Grey's Anatomy* todavía se vería en nuestros televisores diez años más tarde? Quizás nunca acabe porque Shonda Rhimes es un fenómeno y su voluntad será impuesta. Todavía veo *American Idol*. Ciao].

DÍA 4

Muy bien, es jueves. Comenzamos el lunes y nadie murió todavía. Con amor y afecto por esta persona, devoción y respeto, ternura y estima, las únicas quejas son las de Brandon. Esta mañana:

BRANDON: (leyendo desde su computadora portátil) ¡Jen! Avery Bradley irá al reclutamiento de la NBA. ¿Puedes creerlo? Solo anotó once puntos este año. Necesitaba una temporada más con nosotros y se hubiera convertido en un jugador decisivo. Pero reclutamos otro base fuerte y grande de Nevada, y resulta que es un tirador.

JEN: Humm, ¿qué sitio web estás viendo?

BRANDON: Rivales.com. ¿Por qué? *¿Qué? ¿Está prohibido? ¿Cómo se supone que me voy a informar?*

Brandon recibe las noticias de los sitios deportivos universitarios, y yo obtengo las mías de Facebook, así que no sé cómo dos adictos a las noticias como nosotros nos las vamos a arreglar. ¿Y si pasara algo monumental, como una caída de los sondeos en la pretemporada de fútbol americano o que *La Voz* tuviera un nuevo juez? ¿Cómo podríamos vivir en tal ignorancia? Sugerí comprar un periódico, pero Brandon me respondió: "¿Todavía se imprimen?".

Como sea, los niños lo están haciendo sorprendentemente bien. En cuatro días no he oído una sola palabra. Ellos organizaron guerras con pistolas de aire, así que ayer tuve a ocho dulces criaturitas corriendo por toda la casa con armas de municiones, vestidos con manga larga y cuello alto a pesar de hacer 97° F (36° C). Mi regla para este emprendimiento infantil fue: "No lloren si reciben un balazo, y si una munición me pega a mí, pisaré sus pistolas con mi auto". Así es la vida con chicos, amigos.

Sydney y yo sacamos algunas recetas ambiciosas de mi libro de cocina, Pioneer Woman. Estiramos la masa con el rodillo, hicimos *calzone* caseros, cortamos en rebanadas y en dados, salteamos y horneamos. El reporte: los macarrones con queso caseros fueron un fracaso. (Te odio, queso

Cheddar que arruinaste mi salsa cremosa. ¿Por qué eres tan temperamental con el calor? El queso Velveeta nunca me trataría así).

Jugamos al *Pictureka* con nuestros hijos (tramposos) y los niños hicieron guerra sucia mientras jugaban en nuestro "campo de baloncesto". La pandilla construyó un enorme fuerte en la sala de juegos (imagina los sillones tumbados y las sillas patas para arriba). Hasta limpié los pisos: barrí y pasé el trapeador, porque no estaba navegando en internet ni mirando el canal de cocina.

Tal vez este mes no signifique el fin del universo, después de todo.

DÍA 5

Retiro todo lo dicho sobre el buen comportamiento de mis hijos.

Hoy desde las tres a las cuatro de la tarde, mi casa fue zona de guerra. Gavin y Caleb estaban haciendo "guerra de patadas" en la cama elástica. No puedo imaginar por qué todo terminó con lágrimas y gritos, pero así fue, el más chico acusando al más grande de "pegar demasiado fuerte". Las cosas empeoraron cuando se rio, porque Las Seis Etapas de Enojo de Caleb son muy graciosas (lastimarse → yacer tirado en el suelo → llorar a mares → transición a "rojo furioso" → levantarse a los tumbos → gritar algo que incluye la palabra "venganza"). El rojo furioso —también conocido como Perro Rabioso— ciertamente aparece en las escenas de ira, pero es divertidísimo de todos modos.

Sydney inició un proyecto de hacer marionetas, y transformó una caja de cartón en un escenario, con una funda de almohada que sacrificó su vida para convertirse en cortina.

Debería haber resistido porque estaba pegado con cinta azul de las que usan los pintores de casas y pegamento para madera (el sarcasmo va de regalo), pero se vino abajo. Esto la hizo enojar y se tornó... complicada. Todas mis sugerencias fueron palabras al viento. También fue mi culpa porque ella no pudo ver la línea que dibujé en la funda de almohada y cortó la abertura demasiado grande. "¡Mamá! ¡No entiendes nada!"

Entre pelear, llorar, quejarse y culpar, me choqué con una pared metafórica. Quería encender la televisión y silenciar sus pequeñas bocas. Un lindo trance en las pantallas calmaría las aguas turbulentas. En vez de eso, mandé a todo el mundo a su habitación hasta que les avisara que podían volver a salir.

Tuvimos que lidiar con la tensión en vez de anestesiarnos con la televisión o los videojuegos. Es más fácil evitar las dificultades en las relaciones con una distracción conveniente, perdiendo la oportunidad de mejorar las habilidades de resolución de conflictos y de escucha empática. Yo no quiero que mis hijos se sientan más cómodos interactuando con la pantalla de una computadora que con un ser humano. Seguimos hasta resolverlo, y no le permitimos a *Phineas y Ferb* llenar ese espacio. Este camino es más difícil y requiere más tiempo, pero mis hijos se casarán con personas, tendrán jefes y luego tendrán hijos. Aprender a relacionarse sanamente con la gente es ahora o nunca.

Treinta minutos y luego presionamos el botón de reinicio. Cada uno contó su visión de las cosas y se pidieron disculpas. Todos nos reenfocamos en el proyecto de las marionetas. Recuperamos el día: colaboramos con la pizza casera, y el espectáculo de marionetas fue un éxito de taquilla. Los niños recrearon "Los tres cerditos" con algunas alteraciones cuestionables al guion. ¿Por qué las marionetas de niños tenían machetes? No hacemos esas preguntas en la casa de los Hatmaker. Porque sí. Gracias por entender.

DÍA 8

Quita algo y tus hábitos se volverán más claros. Hay momentos del día en que no extraño las pantallas, porque estoy trabajando, haciendo diligencias o juntándome con gente. Pero puedo identificar enseguida cuándo esto es un hábito, un compañero fiel en ese momento del día o en esa tarea:

- El café de la mañana + el show *Today*.
- Procrastinar el borrador de la escritura = Facebook y blogs de adopción.
- Doblar la ropa lavada + *LA Ink*.
- Recreo mental de escribir = blogs de cocina y www. failblog.org.
- Comer en la mesa + Food Network.
- Después de acostar a los niños = programas de televisión.

Estas son las llaves para ajustar la maquinaria de los medios de comunicación. Mientras doblaba la ropa lavada, llamé a Trina con el altavoz porque no toleraba el silencio. Ella se compadeció, ya que nuestro ritual matutino incluye unos segmentos del programa *Today*. Sintiéndose a la deriva esta mañana, sin la compañía de Matt y Savannah, se quedó parada en el baño, mirando a su marido Andrew mientras se afeitaba.

ANDREW: Me parece que estás un poco aburrida.
TRINA: Es que no sé qué hacer.

ANDREW: ¿Y si comienzas a hacer tus tareas?

TRINA: Todavía no puedo. Estoy sufriendo la abstinencia de *Today*.

ANDREW: ¿Te ayudaría si te diera una reseña general de la programación?

TRINA: Sí, pero no te burles de mi periodismo ligero.

ANDREW: Veamos, un alegre buenos días, una carcajada y el resumen del programa, luego pasa a un presentador de rostro serio, probablemente étnico.

Noticias de último momento: En algún lugar de los Estados Unidos un niño está perdido o fue horrorosamente lastimado. Justo afuera del camping para casas rodantes, su abuela será entrevistada con un abogado a un lado, vistiendo una camiseta con la foto del niño, aros con plumas y una dentadura mal hecha.

El derrame de petróleo todavía causa una catástrofe de grandes proporciones, según los individuos que están transmitiendo en directo, justo enfrente del paisaje costero de Louisiana (los barcos pesqueros de camarones son lindos). Veremos imágenes de aves empetroladas luchando por escapar de las manos bondadosas y la vida marina muerta en la playa.

El presidente dirá algo acerca de algo.

Entonces, en el clima, o lloverá o no lloverá a nivel local, y veremos las imágenes sin editar de alguien en alguna parte recogiendo los restos de una casa arrollada por un tornado o gente en una casa inundada siendo rescatada por un helicóptero o un bote.

En las noticias de las celebridades, una persona mucho más bella de lo que jamás conoceremos en la vida real tuvo o no tuvo sexo con alguien, indicando que hay o habrá próximamente un escándalo o un niño en camino o recién nacido.

Corte para comerciales, seguramente de Clorox, o algo relacionado con pañales o artículos menstruales.

Volvemos al segmento de cocina, probablemente una receta veraniega, lo cual significa que habrá algo de tomates frescos. Oremos que el talentoso ayudante en segundo plano no se rebane un tendón mientras con torpeza rodaja los ingredientes.

Corte al ocurrente cotorreo entre las personalidades invitadas al programa, en una sala de estar montada en el escenario o en exteriores, donde la gente de siempre protesta con carteles detrás de una cuerda para que no pasen y sean alcanzados por la amenaza de las pistolas eléctricas Táser.

Repetir cada media hora hasta que empiece *Ellen*.

En una sustitución similar, el esposo de Jenny, Tray, me envió tres fotos de awkwardfamilyphotos.com [algo como fotosfamiliaresincómodas.com] para ver por email, *técnicamente* siguiendo las reglas de abstenerse de sitios web que hagan perder el tiempo. (Me envió dos, pero le supliqué una tercera para satisfacer mi sentido del humor inapropiado e inmaduro). No hay nada mejor que una familia de ocho, vestidos de gala de Star Wars, posando en Olan Mills.

Soy realmente inmadura.

DÍA 12

Este silencio ha sido asombroso. Nuestra casa está tranquila (bueno, todo lo tranquila que puede llegar a estar una casa con tres niños y todos sus amigos). Me *agrada* que no esté ese sonido blanco de la tecnología. Me *gusta* el silencio durante el día. Me *encantan* los ritmos alternativos que estamos descubriendo. Cosas como:

- Cocinar juntos.
- Salir a caminar después de la cena.
- Quedarnos en el porche con amigos.
- Los interminables proyectos de manualidades de Sydney sobre la mesa.
- Cenar con vecinos.
- Llamadas telefónicas de verdad.
- Cuatro libros leídos, un quinto en espera.
- La nueva obsesión de Caleb con la pesca.

Todas estas opciones emergieron del agujero negro que abrieron las pantallas ausentes. No es ninguna ciencia; ahora simplemente hay espacio para ellos. Con la televisión apagada, nos preguntamos: "¿Qué más podemos hacer?" Con el Wii guardado, los niños inventan sus propios juegos. Con una hora libre después de la cena, agarramos a Lady y salimos a caminar. Algunas veces lo hacemos por aburrimiento, otras por desesperación, pero aun así es bueno.

Varias veces, cuando me di cuenta de que estaba al día con la correspondencia, terminé con la ropa para lavar y finalicé mi lista de cosas para hacer, Dios me susurró:

"Hola".

Mi comunión con Dios sufre no por falta de deseo, sino por falta de tiempo. Y seamos sinceras: digo que no tengo tiempo, pero de algún modo encuentro treinta y cinco minutos para Facebook y una hora para mis programas. Encuentro media hora para los videos de YouTube sobre cómo arreglarte el cabello. Encuentro quince minutos para la radio y veinticuatro minutos para un episodio que me perdí de *30 Rock*. Entonces, cuando digo que no tengo tiempo, soy una tremenda mentirosa.

Tengo tiempo, solo que lo gasto en cualquier cosa.

Dios no se ha vuelto una molestia para mí ni me ha dado tareas para mi tiempo libre. Solo ha estado... allí, como un extra. Algo así: "¿Recuerdas que estoy contigo todo el tiempo? ¿Y que puedo ayudarte a elegir la amabilidad y la paciencia durante el día?" (También podrías agregar: gentileza, mansedumbre, dominio propio, amor, entrega, perdón... tú sabes, todas las cosas que nos salen fáciles a los seres humanos).

Dios está usando *Simple y Libre* para agregar paz a mi comunión con Él. Es intimidad en forma de un suéter confortable, en vez de la ropa elegante del domingo. No es la formalidad ni tampoco el deber espiritual. Es más como: "Disfrutemos de esta vida juntos". No estoy invirtiendo este tiempo extra en un estudio bíblico intenso ni en la formación teológica. Sinceramente, eso ya es mi sustento diario. Estudio la Palabra de Dios porque es mi trabajo.

Esto es algo distinto. Algo más relacional y cotidiano. Algo en los intervalos de las actividades espirituales, en medio de las actividades calendarizadas. Simplemente comunión, la clase de comunión natural que surge entre gente que pasa mucho tiempo junta. Medito sobre esto:

> ¡Ya se te ha declarado lo que es bueno!
> Ya se te ha dicho lo que de ti espera el Señor:
> Practicar la justicia, amar la misericordia,
> y humillarte ante tu Dios.
> (Miqueas 6:8).

Sin el ruido y la estática, estoy aprendiendo la parte de "caminar humildemente". La verdad es que la justicia y la misericordia son mi idioma: yo soy alguien que hace. Hacer justicia satisface la parte más profunda de mi ser que anhela ver una tierra más feliz, segura y amorosa. Me siento productiva con una tarea, agenda, proyecto o misión. Me gusta la palabra "hacer" en este versículo. (Tengo que ser sincera, estuve tratando de ganarme la salvación por algún tiempo).

Pero Dios me está enseñando a caminar humildemente, cada día, simplemente, con paz. Es en el caminar con humildad que Dios me entrena para hacer justicia y amar la misericordia. Estar consciente de la presencia de Dios es un poderoso catalizador para obtener coraje. Actuar en lo primero (justicia) sin lo segundo (misericordia) es solo caridad, no adoración. Todo está plagado de gente que habla de justicia sin devoción a Jesús. No hay salvación en ello, no hay devoción. Ese pozo de misericordia se secará si no es reabastecido con la motivación sobrenatural.

Si tomáramos más en serio la parte de "caminar humildemente con tu Dios", podríamos convertirnos en agentes de justicia y misericordia sin hacer enormes esfuerzos.

DÍA 14

Directo al grano: anoche soñé con los programas de televisión.

Vi la premier de *So You Think You Can Dance*. Fue épica. Había un documental de Animal Planet sobre un caimán yacaré que no puedo recordar, pero recuerdo haber pensado: "¿Lo ves? Esta es la clase de ciencia trascendente que me estoy perdiendo". Este ayuno de pantallas me está afectando. Miré un programa sobre costura (¿?). Mi mente REM daba manotazos de ahogado a los programas televisivos. A lo último, disfruté *La Ley y el Orden*, específicamente donde actuaba Mariska Hargitay como la detective Olivia Benson y Sam Waterson como la asistente ejecutiva del fiscal de distrito Jack McCoy; sí, sé que forman parte de distintas temporadas de *La Ley y el Orden*, pero la mente dormida tendrá lo que desee tener, y la mía desea a esos dos en el mismo programa. ¿Te imaginas el diálogo entre ellos?

Lo último que recuerdo fue la conciencia aguda de que estaba haciendo algo malo. Estaba haciendo fraude al mirar TV. *Simple y Libre* se había puesto en riesgo. Te lo juro, ya en el sueño estaba poniendo excusas: "Pensé que *Simple y Libre* ya había terminado". "No tomé mi Ginkgo biloba".

Me disculpo con mis lectores por mirar la tele en sueños.

DÍA 15

Entre la visión de túnel de *Simple y Libre* y este vacío de pantallas, mi octavo libro salió publicado hoy y pensaba que iba a ser el mes próximo. Mi bandeja de entrada comenzó a atiborrarse de mensajes de preventa: "¡Ya tengo mi ejemplar!"; "Adivina lo que tenía en el buzón esta mañana"; "Tengo mis manitas listas sobre tu libro"; "¡Ya me leí la mitad!"; "La portada está preciosa, Jen".

> YO: ¿De veras? ¡No puedo creer que lo tuvieran un mes antes!
> AMIGA: Salió a la venta hoy, tontita. ¿No conoces ni tus propias fechas de publicación?
> YO: Mmmm, es evidente que no.

Esto me ayuda a darle sentido al blog que comienzo la semana próxima. *Pensé* que era estúpido promocionar un libro que todavía no estaba disponible.

Simple y Libre será mi noveno libro. Mientras escribo esto, estoy asombrada. Después de mi quinto libro dije que ya no iba a escribir más, porque no sabía nada nuevo. Ya había agotado todo lo que tenía en el cerebro y no me quedaba nada más. Entonces Dios cambió nuestra vida. Y luego, aparentemente tuve más para decir, aunque desde el sexto libro en adelante mis escritos suenan como los de una niña que claramente perdió el control y no se puede comunicar sin una avalancha de emociones de por medio. Lloré a lo largo de todo el proceso de escritura de mis últimos cuatro libros.

Cuando pienso en la chica que escribió *A Modern Girl's Guide to Bible Study* [Guía de estudio bíblico para la mujer moderna], mi primer libro, casi no la recuerdo. Me acuerdo de las cosas que me preocupaban, de cómo actuaba, cómo gastaba el dinero, lo que me importaba, lo que malentendía de mi misión, lo que pensaba que sabía, cómo amaba, cómo vivía... y es como describir a otra persona.

Si pudiera volver a la Jen del 2004, rodeada de bebés y tecleando ese primer libro en una *laptop* prestada, le diría algunas cosas:

Primero, acariciaría su cabello y le diría que sé todo el esfuerzo que está haciendo. Sé que ama genuinamente a Jesús y está tratando de ser obediente. Sería más amable con ella de lo que ella ha sido con ella misma durante todos estos años. Le recordaría que solo tiene veintinueve años y que criar a tres hijos menores de cinco años con un marido que trabaja setenta horas a la semana es ridículamente complicado. Está bien llorar a veces. No te angusties, Jen, eso también pasará. Los niños crecerán y pronto se limpiarán el trasero solos. Estás haciendo un buen trabajo. ¿Por qué mi yo actual es mucho más amable conmigo de lo que mi yo del 2004 era conmigo entonces?

Segundo, me llevaría de paseo por los extravagantes vecindarios del oeste de Austin, las casas en las que fui invitada a comer y donde conocí a algunas mujeres, casas que codicié tener mientras bautizaba gente en sus jardines multimillonarios. Yo observaba los paisajes meticulosos y los garajes para cuatro autos y las mujeres bellamente adornadas con vestuarios estupendos y cuerpos perfectos. Luego me diría suavemente: "Todo esto no tiene sentido; es un sustituto para la felicidad. Esta trampa viciosa te atrapará sin misericordia si te acercas demasiado". Le explicaría lo liberador que es vivir por debajo de tus medios, algo que en el 2004 todavía no había experimentado. Le aseguraría que este estilo de vida lujoso es una meta horrible (anda, sigue adelante y deja de intentarlo, deja de soñarlo, deja de luchar por ello). Muy pronto, te asombrarás al ver de dónde vendrá la verdadera felicidad.

Luego la agarraría de la mano y caminaría por la calle en la que vivimos. Le explicaría amablemente que nuestra vecina de la izquierda, la que nunca corta el pasto y que deja que la casa se le venga abajo, restándole valor a todo el vecindario, es en realidad una viuda cuyo hijo mayor y sus amigos se aprovecharon de su nobleza. Le explicaría que ella está sola, y vive al lado de una familia pastoral que nunca levantó un dedo para servirla, sino que solo se quejó de su horrible jardín. Le haría ver a la Jen del 2004 que el Evangelio está neutralizado hasta que le crecen manos y pies, y se transforma en buenas nuevas para alguien cuya única etiqueta era "vecina irresponsable", cuando debería haber sido "viuda afligida".

Le diría a esa Jen:

Está bien admitir tus peores luchas. A gente real.

No tienes que ser fantástica; puedes ser común.

Puedes confiar en el Espíritu cuando desafía tu interpretación de las Escrituras.

Puedes preguntarle: "¿Por qué hago esto? ¿Por qué pienso esto? ¿Por qué digo esto?"

Los pastores no siempre tienen la razón. Dios es tu autoridad.

Jesús advirtió sobre la riqueza por una razón. Deja de perseguirla.

Luego, con afecto, le preguntaría a la Jen del 2004 si sabe dónde queda Etiopía. Se moriría y diría que sí, porque todavía no ha descubierto la libertad que hay en admitir que todavía no sabes algo. Le contaría sobre este hermoso, pero trágico país y otros similares. Para su conmoción, le revelaría que un día la pobreza le produciría una gran carga y se enamoraría de su belleza y adoptaría a dos de sus hijos. (La Jen del 2004 dice que me salte este punto, que ya tiene un bebé de un año en sus brazos, uno de tres años en su falda y otro de cinco años cuya ubicación exacta desconoce). Le besaría su tensa mejilla y le aseguraría que vienen mejores días por delante, días que no serán tan egoístas, perdidos y frustrantes.

Le diría a la Jen del 2004 que un día cultivará su jardín. Nos reiríamos juntas a carcajadas.

Después, apelaría a lo mejor de ella y le diría: ¿Sabes qué? Pronto toda tu vida girará en torno a la justicia. Vas a alejarte del poder y la reputación, y partirás el pan con los sin techo y te quitarás los zapatos para regalárselos. Será asombroso. Pronto serás libre. Esta tensión constante porque las cosas no están bien, porque la vida es más que bendecir a gente extremadamente bendecida... todo eso es verdad. Un torrente de creyentes está demandando algo más que la indulgente vida americana, se están animando a imaginarse que el discipulado es una aventura arriesgada, sacrificial y poderosa. No creerás cuántos de ellos hay. Serás atraída hacia un capítulo emocionante que Dios está escribiendo en la Iglesia con temas nuevos y antiguos.

Por último, abrazaría a Jen del 2004, entendiendo que el discipulado es un viaje, y cada etapa es precursora para la siguiente. Dios estaba en lo correcto en Proverbios: nuestra luz es más tenue al principio cuando creemos, pero se hace más fuerte y brillante a medida que avanzamos. No hay un escenario que haya sido desperdiciado, no hay una temporada estéril. Dios nos da lo que podemos manejar y cuando podemos manejarlo. Somos llevados más y más profundo en el conocimiento de Jesús. Un bebé no puede comer un filete de carne antes de tener dientes. El filete vendrá, pero por ahora en el menú hay leche. Eso no es un insulto; es simple biología. El bebé llegará ahí. Sé paciente. Haz lo mejor que puedes con lo que sabes. Cuando sepas más, modifica el trayecto.

Despreciarte no es lo apropiado cuando Dios nos revela un nuevo ángulo. No es la manera de Cristo, quien abolió la condenación bajo el estandarte de la gracia. El que responde con sabiduría y recibe la verdad con humildad, supera y reconfigura lo que sostenía como cierto. Esta progresión no es causa de vergüenza sino de gratitud; gracias a Dios que nunca nos deja donde estamos, sino que siempre nos conduce a otro nivel de fe. Me hace reír imaginarme lo que la Jen del 2017 me enseñará; ni siquiera sé qué es lo que no sé.

Así que por ahora continuaré reduciendo y simplificando, luchando y comprometiéndome hasta que sepa qué más hacer. Lo que sé ahora es esto: menos. No necesito tener lo mejor, ser la mejor o alcanzar la cima. Está bien perseguir una vida enmarcada por la sombra y la simplicidad. No me importa lo que poseo o cómo me perciben. Si triunfo en el mercado o si caigo en picada es irrelevante, aunque esto me desvelaba en otro tiempo.

Estoy empezando a abrazar la liberación que existe solo abajo, donde no tengo nada que defender y nada que proteger, donde no importa si tengo la razón, si soy estimada o si estoy bien posicionada. Me pregunto si esa es la clase de libertad a la que se refería Jesús cuando dijo: "Dichosos los pobres en espíritu, porque el reino de los cielos les pertenece" (Mateo 5:3). Para que el Reino de Jesús venga, mi reino tendrá que salir, y por primera vez pienso que eso está bien para mí.

[Okey, te diré lo que la Jen de 2017 diría: Me siento super compasiva hacia la Jen de 2010 y su entendimiento de Dios, de la desigualdad y la fidelidad. Sé que esto es todo lo lejos que había llegado y todo lo que había experimentado. Es honorable hacer lo mejor que puedes en donde te encuentras.

Pero la desigualdad no se limita a la disparidad económica, como ella pensaba. Su línea divisoria aquí era "ricos y pobres", lo que la colocaba del lado del rescatista. Cuando le agregó una distinción internacional, era un total "salvacionismo blanco". Todavía no había aprendido a examinar los sistemas de opresión que activamente marginaban a las personas de color, la gente LGBTQ, inmigrantes y refugiados. La supremacía blanca y el capitalismo desenfrenado, el patriarcado y la homofobia quebrantan más que la desigualdad económica; quebrantan el corazón de las personas.

Así que, Jen del 2010, esto puede llegar a sorprenderte, pero en el 2016 te pondrás de pie del lado de la comunidad LGBTQ como una aliada, y eso dividirá tu historia en un antes y un después. Ellos te enseñarán mucho. Los amarás tanto y servirás junto a ellos. Te tendrán mucha paciencia mientras lentamente reconsideras una doctrina que no produjo vida, sino solo muerte. Las personas de esta comunidad se convertirán en tus amigos y maestros de maneras que no podrías haber imaginado. Será difícil y luego inexplicablemente hermoso. No temas].

DÍA 18

El año pasado, nuestros esposos nos dejaron sin supervisión por demasiado tiempo a Jenny, Shonna y a mí, y planeamos una sorpresa navideña en Disney World. Mis hijos nunca habían estado ahí, y antes de gastar cifras siderales en todas las chucherías de Navidad, decidí que este era un gasto superior. Pasamos la etapa de reservar el hotel, también la de hacer la inversión en el pase rápido de cinco días, cuando Brandon y yo dijimos: "Somos unos tontos. Tenemos una doble adopción en camino. ¿Qué clase de idiotas gastan el dinero de la adopción en la atracción Montaña del Espacio?"

Así fue que, con no poca desilusión, retrocedimos.

Jenny y Shonna —las mejores amigas que existen— deben haber decidido jamás mencionar el viaje, y yo estaba como la señorita que canceló el baile de graduación porque contrajo mononucleosis. Como son buenas amigas, todo lo que dijeron es que el baile era una estupidez de todos modos, que la banda iba a ser aburrida, y que ellas iban solo porque sus madres estaban viviendo sus sueños frustrados a través de ellas.

Jenny y Shonna estaban tan silenciosas que yo me olvidé de que iban. Estoy segura de que fue intencional, porque intercambiamos 438 correos electrónicos e iniciamos 762 conversaciones sobre cada viaje que hacemos juntas. Nuestros esposos nos pidieron que dejáramos de hablar del tema dos meses antes de que el vuelo despegara. La expectativa es la mitad de la diversión, pero no escuché ni un solo detalle acerca de sus *cinco días en Disney*. Vamos... por favor.

Esa misma protección emocional está sucediendo ahora. Estoy segura.

Lo sé porque mi programa favorito —*So You Think You Can Dance*— está en su cuarta semana y no he oído nada de parte de mis amigas. Están actuando como si no estuvieran viéndolo. Le mencioné algo a mi amiga Christi, y ella se encogió de hombros: "Oh, son solo las pruebas. Muy aburrido todo. ¿A quién le importa?" Como si no hubiéramos organizado fiestas para verlo juntas, concursos de baile —te juro que es verdad—, juegos de adivinanzas sobre el programa, como si no hubiéramos escuchado las pistas de audio, ¡y hasta asistimos al SYTYCD en vivo!, en Austin, durante los últimos tres años.

Las mismas amigas que me llamaron para *ver juntas un programa de TV por teléfono* están actuando como si hubieran perdido interés en los *reality*. Sé que se recuerdan la una a la otra de no mencionar nada y actuar como si la TV fuera para perdedoras, simulando que ellas *están* en un ayuno de pantallas porque no hay nada bueno, y que así podrían pasar más tiempo estudiando la Biblia y meditando como yo.

Esta es una conspiración elaborada, y las estoy vigilando. Y las amo.

DÍA 21

¿Realmente son noticias innovadoras que tanta tecnología es mala para nosotros? ¿Acaso alguien está pensando: *"¿Sabes lo que mis hijos necesitan? Más TV"*. Veo parejas cenando en silencio, mirando sus celulares, como si *nada* pudiera esperar una hora (¡mejor ni me busques la lengua sobre el tipo de Bluetooth!) y me hace preguntarme: "¿Acaso eres estúpido?". Úsalo en el auto, amigo; no lo uses en Jason's Deli para tener una conversación en voz alta mientras la camarera espera que le hagas el pedido. Si yo estuviera cerca de ti, te pellizcaría, y eso que ni siquiera te conozco.

La mayoría de los expertos están opinando al respecto. Resulta que toda esta avalancha de datos no solo es irritante, sino que causa problemas. Un artículo reciente del *New York Times*, citando docenas de fuentes, reportó que *así es tu cerebro con las computadoras*:

> Los científicos aseguran que hacer malabares con los emails, llamadas telefónicas y otra información puede cambiar la forma de pensar y de actuar de las personas. Ellos dicen que nuestra habilidad para concentrarnos se está debilitando por el bombardeo de información.

Esos estallidos activan un impulso primitivo de responder a oportunidades y amenazas inmediatas. Dicha simulación provoca excitación —una liberación de dopamina— que los científicos aseguran que puede ser adictiva. En su ausencia, la gente se aburre. Las distracciones que provocan pueden tener consecuencias mortales, como cuando los conductores usan su celular y los ingenieros ferroviarios causan choques. Y para millones de personas esta dependencia puede reducir la creatividad y el pensamiento profundo, además de interrumpir la vida familiar y el trabajo.[1] Incluso después de que termina esta acción multitareas frente a los dispositivos electrónicos, el pensamiento fracturado persiste.

En 2008, la gente consumió tres veces más información diariamente que en 1960. Los usuarios de computadoras cambian de ventanas, revisan el correo electrónico, o cambian de programas alrededor de treinta y siete veces por hora, demostraron nuevos estudios. Yo soy completamente culpable de esto, y hace que mi cerebro juegue una especie de ping-pong. Es cada vez más difícil concentrarse en una sola cosa por más de veinte minutos sin sucumbir a una fuente alternativa: "Ey, mira, mi bandeja de entrada dice '6'; mi bloguero preferido publicó algo nuevo; déjame enviar este mensaje cortito; cuál será la receta del día en cocina.com".

Investigadores de Stanford descubrieron que los multitareas parecen ser más sensibles a la información que los no-multitareas, y eso no es necesariamente bueno.

Una porción del cerebro actúa como una torre de control, ayudando a la persona a enfocarse y establecer prioridades. Las partes más primitivas del cerebro, como las que procesan la vista y el sonido, demandan prestar atención a la nueva información, bombardeando la torre de control cuando son estimulados.

Los investigadores dicen que hay una lógica evolutiva por la presión que este bombardeo le pone al cerebro. Las funciones del cerebro inferior alertan a los humanos contra el peligro, como un león que se acerca, y desarrollan objetivos primordiales como construir una choza, por ejemplo. En el mundo moderno, el sonido de un *email* entrante puede anular la meta de escribir un plan de negocios o jugar a lanzar la pelota con los hijos.

"A través de toda la historia de la evolución, una gran sorpresa haría que los cerebros de todo el mundo estuvieran pensando", dijo Clifford Nass, un profesor de comunicaciones de Stanford. "Pero tenemos un grupo grande y creciente de personas que piensan que la más pequeña pista de que algo interesante podría estar ocurriendo es como un llamado de atención. No pueden ignorarlo".[2]

Creo que estas personas han estado espiándome. Yo desarrollé una adicción a los datos, y ahora no estoy segura de cómo superarla. Se empeora debido a que trabajo con la computadora. Si mi profesión consistiera en alguna clase de arte o trabajo manual o servicio al cliente o criar bebés nuevamente, naturalmente estaría más desenchufada. Pero escribir libros, preparar mensajes y escribirme con los lectores y planificadores de eventos está todo en mi laptop y, oh, también hay una alerta de iPhone y, oh, mi bandeja de entrada y, oh, allí está Facebook y, oh, déjame hacer un clic en este artículo rápidamente y, oh, ahí hay un enlace en la barra lateral y, oh, solo quería chequear ese sitio web y, oh...

¿Recuerdas cuando enviábamos cartas por correo y leíamos el periódico y dejábamos mensajes en el contestador automático? No estábamos disponibles todo el tiempo y cada segundo; Dios mío, cómo extraño eso. No puedo desconectarme por tres horas sin que alguien me pregunte: "¿Dónde estuviste? Te mandé un mail y tres mensajes de texto". Mi tiempo ya no me pertenece, y si me desconecto por algunas horas, la gente se lo toma como una afrenta personal.

Este mes ha sido el cielo. *Simple y Libre* me dio permiso para decir: "No me mandes mensajes, no me escribas en Facebook, no me envíes correos, a menos que sea una emergencia, porque no voy a responder". Y de repente todo quedó en silencio. Resultó que puedo poner límites a las pantallas y a la tecnología, y todos sobrevivirán. El instinto de revisar todas mis cuentas y programas se adormeció, porque sabía que no habría nada allí, y fui como una adicta haciendo una profunda inhalación de aire puro por un momento.

No quiero ser adicta nunca más. Ciertamente no deseo que mis hijos sean adictos a estas compulsiones. "A los científicos les preocupa que la estimulación digital constante genere problemas de atención para los niños cuyos cerebros aún están desarrollándose, que ya de por sí luchan para establecer prioridades y resistir impulsos", reportaba el artículo del *New York Times*.

¿Todas esas tecnologías sabotean la madurez neurológica que nuestros niños ya están luchando por alcanzar?

Bueno, para empezar, le he dado a mi hijo instrucciones cuando estaba con la Xbox, y encontré que no hubo ningún progreso sobre dicha instrucción quince minutos después, mientras me jura que yo nunca le dije nada. ¿De veras? ¿Qué pasó cuando estaba a doce pulgadas de distancia y dije en correcto inglés: "Ve a levantar la caca de perro del jardín"? Él confirma la teoría de la función del cerebro inferior.

Ahora bien, la pregunta es: ¿cómo hacemos para seguir desconectados después de la semana que viene?

[Ahora sabemos más de lo que sabíamos entonces. Diez años han producido una gran cantidad de datos sobre nuestra cultura enchufada y sus efectos en todos nosotros. De alguna manera, es peor de lo que sospechábamos. Además de los efectos físicos negativos, como la mala postura, fatiga visual e insomnio crónico, *Business Insider* reportó que la tecnología está afectando seriamente nuestra salud mental, particularmente la de nuestros niños:

> De acuerdo con una encuesta nacional realizada por el Centro de Investigaciones sobre Medios, Tecnología y Salud de la Universidad de Pittsburgh, los jóvenes adultos que utilizan de siete a once plataformas sociales tuvieron tres veces más riesgos de padecer depresión y ansiedad que los que usaban dos o menos plataformas.[3]

Todo esto está sucediendo tan rápidamente, que las investigaciones y datos no llegan a actualizarse. Ni siquiera sabemos lo que no sabemos todavía. Pero al considerar nuestro uso, me gusta esta perspectiva de Michael Bess, historiador sobre ciencia de la Universidad de Vanderbilt y autor de *Our Grandchildren Redesigned: Life in a Bioengineered Society* (Nuestros nietos rediseñados: la vida en una sociedad de bioingeniería):

Pienso que cada uno de nosotros debe preguntarse: "¿Qué significa para un ser humano florecer?" Estas tecnologías nos están obligando a ser más intencionales en hacernos esa pregunta. Necesitamos sentarnos y decirnos a nosotros mismos: "Al mirar mi vida cotidiana, al mirar mi último año, al mirar los últimos cinco años, ¿cuáles son los aspectos de mi vida más gratificantes y enriquecedores? ¿Cuándo he sido más feliz? ¿Cuáles son las cosas que me hicieron florecer?" Si nos hacemos esas preguntas a conciencia y de una manera explícita, podemos definir más claramente lo que estas tecnologías están sumando a la experiencia humana y, más importante todavía, lo que le están restando.⁴]

DÍA 26

Abrí Hulu.com, hice clic en *Familia Moderna*, luego lo cerré.

Ahí está; lo dije.

Brandon estuvo fuera de la ciudad por tres días y yo había estado peleando con estos revoltosos niños sin pantallas para ocupar sus pequeñas mentes —léase bocas— y eran las diez de la noche y todos finalmente se fueron a la cama. No tenía ganas de leer, ni tampoco quería escribir. No deseaba mirar los correos electrónicos ni ser productiva de alguna manera.

Comencé a reírme de Phil, Cam y Gloria.

Me detuve enseguida de comenzar a mirarlo. Sé que el universo no habría implosionado si lo hubiera seguido viendo. Un episodio televisivo de treinta minutos no podría arruinar todo el experimento. Pero mi ADN se salió con la suya (primogénita, Tipo A, seguidora selectiva de reglas). El principio de la cosa se abrió camino hasta la cima, empujando a los jugadores menores, como el aburrimiento y el sentido de privilegio.

Así que repasemos los meses hasta aquí:

Comí comida etíope al quinto día de *Simple y Libre*.

Usé una chaqueta no permitida en el día 1 del ayuno de ropa.

Preseleccioné pilas de ropa para el mes de regalar, por si acaso.

Estuve así de cerca de mirar televisión durante el ayuno de pantallas.

Yo te advertí sobre estas tendencias que tengo. Gente, nunca simulé tener una voluntad de hierro. Que todavía esté haciendo esto es un milagro. La amenaza de la humillación pública hace girar las ruedas de *Simple y Libre*, ya que muuuuchas personas saben lo que es esto. Aunque la firmeza y la determinación puedan fallarme, el intento por complacer a la gente siempre será un excelente motivador. **[Adivina lo que sé ahora que no sabía entonces. Soy número 3 en el Eneagrama, lo que significa que no solo me mueve el éxito sino también lo que todos piensen de mi éxito. ¡Qué sorpresa! La aprobación del público —y la desaprobación— es un poderoso motivador para mí. En caso de que seas nuevo en el Eneagrama, es el inventario de personalidades más amplio y completo que jamás usé, y me lee mis mensajes tan exactamente, que me convencí de que había cámaras ocultas en mi casa].**

¿Hay algo similar en la comunidad bíblica? ¿La voluntad colectiva y el cuidado de personas que piensan igual puede evitar que nos descarrilemos a veces? Innumerables veces me he sentido cansada, pero el poderoso respaldo de mi comunidad de fe encendió el fuego y pude seguir adelante.

Tal vez "decepcionar a mis queridos compañeros" no sea un mal razonamiento para continuar, después de todo. En mi círculo de seguidores de Cristo tomamos turnos para ser fuertes. Mientras uno de nosotros está triste, el resto sigue. Luego, intercambiamos roles. La ecuación siempre se equilibra al final. A veces una segunda oleada de esfuerzo impacta profundamente a otro creyente. No puedo contar todas las veces que pensé:

> Si ella puede hacerlo, yo también.
> Si él puede estar firme, entonces yo debería intentarlo.
> Si Dios los está manteniendo a flote, seguro hará lo mismo por mí.

Nuestras historias afectan a los demás, lo sepamos o no. A veces la obediencia no es para nosotros solamente, sino para otros. No sabemos cómo Dios mantiene el equilibro en el Reino o por qué mueve una pieza de ajedrez en un tiempo crucial; nunca veremos los resultados de su soberanía. Pero podemos confiar en cuando Él dice que perseveremos, que nos aferremos a la esperanza, que permanezcamos en el camino. Él siempre está obrando, aun si el hilo no se ve. Yo puedo ser una hebra de un color, pero soy parte de un tapiz elaborado que va más allá de mi percepción.

El poder de la Iglesia siempre ha estado en la multiplicidad de sus partes. En una cultura de adoración a los héroes y a los que hacen mucho dinero, este concepto lucha por abrirse paso, pero la historia del pueblo de Dios incluye un billón de pequeños momentos en los que un creyente común permaneció, siguió adelante y avanzó. Con la obediencia cotidiana, el Reino verdaderamente avanza.

Entonces, en esa área en la que estás cansado y considerando rendirte, recuerda esto:

> Por tanto, también nosotros, que estamos rodeados de una multitud tan grande de testigos, despojémonos del lastre que nos estorba, en especial del pecado que nos asedia, y corramos con perseverancia la carrera que tenemos por

delante. Fijemos la mirada en Jesús, el iniciador y perfeccionador de nuestra fe, quien, por el gozo que le esperaba, soportó la cruz, menospreciando la vergüenza que ella significaba, y ahora está sentado a la derecha del trono de Dios. Así, pues, consideren a aquel que perseveró frente a tanta oposición por parte de los pecadores, para que no se cansen ni pierdan el ánimo (Hebreos 12:1-3).

DÍA 30

¡Ufff! ¡Vaya, qué mes! Sé que en el plan general de las cosas, un ayuno de pantallas no es titular de un noticiero, pero debo decirte que tuve que cavar hondo esta última semana. Lo difícil no fue extrañar la tecnología, sino ser la única que sufría. La fiesta continuaba allá afuera, pero no había bienvenida para mí.

Pero la parte más sabia —léase "la más pequeña"— de mi cerebro interrumpió la celebración autocompasiva con una pregunta: ¿qué es lo que realmente extrañas? ¿La estúpida programación televisiva? ¿Los sitios web en los que te sumerges para perder el tiempo? ¿El enterarte por Facebook de que "alguien fue al mercado" o que "su hijo hizo caca como un niño grande por primera vez"? Esos fragmentos informativos no enriquecen mi vida en lo más mínimo. Lo que sí haces es robarme la energía que le dedico a mi casa y familia; así que ellos también sustituyen con pantallas el tiempo de calidad que podrían pasar conmigo. Todos perdemos en ese intercambio, y no volveremos a ser la familia conectada que éramos antes.

Disfruta este resumen de fin de mes de Brandon, de rivals.com:

Una de las primeras lecciones de liderazgo que Pedro aprendió de Jesús fue dejar ir. Él dijo que es más probable que las cosas a las que no nos aferramos tengan un impacto eterno que las cosas a las que nos aferramos. Cuando nos aferramos, perdemos perspectiva. Aunque Jesús estaba hablando del Reino en este pasaje [Mateo 16:19, 18:18], sus palabras ciertamente nos dan una visión de la naturaleza con la que fuimos creados.

Nos gustan nuestras cosas. Necesitamos nuestras cosas. Usualmente las cosas que pensamos que necesitamos se convierten en las mismas que debemos soltar. Ese fue el caso de la tecnología y las comunicaciones para mí.

Recuerdo cuando uno no esperaba recibir una llamada de respuesta sino en uno o dos días; ahora, si no es a los pocos minutos, la gente piensa que los estás "ignorando". La respuesta a una carta que podría haber tardado semanas, ha mutado en un correo electrónico cuya respuesta se espera recibir en pocas horas. La tecnología ha cambiado la forma en que interactuamos y cómo usamos nuestro tiempo. Nuestras normas sociales han cambiado. La presión está que arde todo el tiempo. Somos prisioneros, amenazados a punta de pistola por nuestras expectativas tecnológicas.

Lo que empezó como un avance para facilitar las comunicaciones se ha convertido en más objetos que acumular y consumir. El "ruido" de las redes está por todas partes, por lo que recuperar algo de perspectiva nos haría bien.

Este mes vino con un sorprendente nivel de preparación: actualicé mis redes sociales advirtiendo que me tomaría un descanso, exploré los eventos deportivos críticos del mes, planifiqué los proyectos recreativos sin pantallas antes de comenzar. En retrospectiva, todo esto fue factible porque yo sabía que sería tan solo un mes. Lo cierto es que la mayoría de nosotros se las arreglaría durante un mes, pero pocos podríamos seguir sin tecnología por más tiempo que eso. Así como es una ilusión esperar que mi papá aprenda a usar el *email* o que tenga un celular, es poco realista esperar que la sociedad reconfigure sus normas de acuerdo con los cambios que nosotros deseamos hacer.

Dicho esto, mientras que comenzar este mes de *Simple y Libre* fue más difícil para mí que comenzar los otros meses (y le di mucho trabajo a Jen), se volvió también una pausa refrescante. Todos respetaron —si no envidiaron— mi ayuno de Twitter y Facebook, a pocos les importó si vi o no la televisión, y navegar en internet ya había perdido la gracia para mí. Sinceramente, mi mayor temor al entrar en el mes de la tecnología era que el mundo se detuviera hasta que yo hubiera terminado este ejercicio de abstinencia, pero descubrí que los demás no me necesitaban tan conectada como yo pensaba. Mi mayor participación en las redes es simplemente acerca de mí (bla, bla).

Y esto rara vez es bueno.

En total, el mes de ayuno de pantallas me dio una buena perspectiva. Una vez alguien dijo: "Piensa en las cosas que más detestarías perder —fuera de tu familia— e identificarás tus ídolos". Estas no son solo las cosas que atesoramos sino sobre las que probablemente hayamos perdido la perspectiva. Las ubicamos en un pedestal que no fue construido para eso. Si no somos cuidadosos, la televisión se puede convertir en uno. Facebook y Twitter también. Incluso la presión razonable por responder de inmediato también se puede volver un ídolo.

La parte más peligrosa de nuestras redes sociales y nuestro mundo saturado de tecnología no es su existencia, sino de lo que nos distrae. Nosotros encontramos tiempo de calidad con la familia, atención plena en las conversaciones y creatividad al planear nuestras noches y los fines de semana (todos añadidos refrescantes a nuestro plan del mes). Y mientras que el clan Hatmaker diseñó un plan muy limitado de TV, videojuegos e internet, ciertamente obtuvimos una nueva visión respecto a esos distractores.

[Temía hacer una actualización sobre este mes de *Simple y Libre*. Desearía haber tenido mejores noticias para reportar. Esperaba mostrar una revolución familiar más permanente de nuestro uso de la tecnología. Pero diez años más tarde, incluso hay más variables para manejar. En el escrito original no había Instagram, Snapchat, TikTok, Musical.ly, Alexa, iPhone en miles de versiones disponibles, GIFs, Tinder/Match/Bumble/Hige, Google Nest, iPad, AirPods, Twitter, Voxer, Candy Crush, Uber, PayPal y otras toneladas de aplicaciones. Gente, todos teníamos 3G y ni siquiera sabíamos lo que nos faltaba.

Aunque algo de todo esto ha mejorado nuestra vida (¡te estoy mirando, Instacart!), lo que quiero decir es que el ancho de banda solo aumentó la posibilidad de ver nuestros celulares en todo lugar, en todo tiempo y por cualquier razón. Nunca experimentaremos una vuelta atrás en la tecnología, de manera que nuestra única esperanza es manejar el consumo en un mundo cada vez más reducido y acelerado por la automatización. Desearía tener una mejor dirección al respecto. Soy adicta a la conveniencia, a la velocidad, a la facilidad. Mi profesión se relaciona con internet; le debo gran parte de mi éxito. El papel del baño me llega justo a la puerta de mi casa gracias a eso.

A pesar de que considero el enfoque de "los buenos y viejos tiempos" como algo sentimental y poco práctico, dado que la tecnología llegó para quedarse y es un bien para el progreso global, de todos modos, el antiguo contacto físico humano no podrá reemplazarse. El descanso mental que viene al desconectarse no podrá reemplazarse. Experimentar el mundo a través de nuestros sentidos no podrá reemplazarse. Debemos ser los adultos en casa; nuestra tecnología no podrá criarnos ni gobernarnos, a nosotros ni a nuestros hijos. Es posible poner límites. El mundo seguirá girando. Es posible eliminar aplicaciones de nuestros teléfonos. Podemos declarar días completos o tiempos libres de pantallas. Podemos recargar la batería por la noche en otra habitación de la casa. Podemos limitar el uso de tecnología a nuestros hijos, sin importar lo que digan o hagan sus amigos. Esto será cada vez más contracultural, me temo, pero es nuestra responsabilidad mantenernos y mantener a nuestra familia conectada unos con otros, con las demás personas y con esta maravillosa tierra].

DESPERDICIOS

El lema de mi ciudad es "Que Austin siga siendo rara". Austin es maravillosamente extraña por nuestros músicos, *hippies,* amantes de la comida, intelectuales, fanáticos del ejercicio, liberales, locos y ambientalistas. En nuestro mejor restaurante de cinco estrellas podrás ver una pareja muy bien vestida junto a cinco chicos universitarios con gorras al revés. Nadie cree que esto sea raro. Pregúntale a cualquiera de por aquí por Leslie, un indigente travestido que una vez se postuló para alcalde [¡Descansa en paz, Leslie!]. Me encanta cómo es todo aquí. Planeo vivir aquí por siempre y que me entierren en el patio trasero. Cuando nos mudamos a Austin hace diez años, me hice dos preguntas:

¿Tengo que comenzar a entrenar para carreras?

¿Debemos comenzar a reciclar?

Parte del encanto de Austin es su obsesión verde, es decir, su conciencia por el medioambiente. Nuestra estricta ley de protección prohíbe a los residentes o empresas construir sobre más del 20% de su terreno, ya sabes, para salvar los árboles. (Un amigo que estaba de visita, mientras conducía por la autopista me preguntó: "¿Dónde está la ciudad?". Yo le

respondí: "Debajo de todos estos árboles. Observa mejor").
Austin está habitada por recicladores, restauradores y reu-
tilizadores.

Y luego estoy yo.

Soy menos Madre Tierra y más Madre Carga. ¡Dios!, no
puedo preocuparme por los contenedores de reciclaje, re-
colectar el agua de lluvia, recordar llevar mis bolsas reutilizables para las compras y abrazar a los árboles. Es decir,
solo es la tierra. Si la utilizamos y la arrojamos al olvido, se
regenerará, ¿verdad? Además, soy una escritora cristiana,
así que mi asunto es escribir cosas de la Biblia y los *hippies*
se pueden preocupar por la creación.

Espera un minuto.

¿Acaso "creación" tiene algo que ver con Dios, a quien
llamamos "Creador"? Oh, qué más da. Seguro que a Dios
no le preocupa la forma en que tratamos a su creación. Su
principal preocupación es hacer felices y prósperos a sus
seguidores, ¿verdad? Y si necesitamos consumir el resto de
su creación para ser felices, estoy segura de que a Dios no le
importa. Apuesto a que "creación" se refiere principalmente a nosotros, los humanos, y el suelo, los ríos, los animales,
los bosques, los océanos, la flora, el aire, la vegetación, los
recursos naturales, los lagos, las montañas y los arroyos son
puramente secundarios, hasta intrascendentes, diría.

Si me dejo llevar por la mayoría de los evangélicos en general, entonces solo los demócratas o los vagamente liberales se preocupan por la tierra. Es una gran conspiración para
distraernos del aborto y el tema de la homosexualidad, que
evidentemente son los únicos asuntos por los que vale la pena
preocuparse. La ecología es para los alarmistas que quieren
arruinarnos la vida y obsesionarnos con la lluvia ácida.

Comienzo a preguntarme si el consumo sin precedente
de los recursos naturales y la destrucción indiscriminada

de los activos de la Tierra es una cuestión espiritual además de ser ambiental. Como escribió Wendell Berry: "La enseñanza ecológica de la Biblia es simplemente inevitable: Dios hizo al mundo porque quería que fuese hecho. Él cree que el mundo es bueno y lo ama. Es su mundo, nunca ha renunciado a él. Y nunca ha anulado las condiciones de uso de este regalo que nos obliga a ser excelentes cuidadores y administradores. Si Dios ama al mundo, entonces, ¿cómo una persona de fe encuentra excusas para amarlo o se justifica para destruirlo?".[1]

Pueda que tenga razón.

Este mes, los Hatmaker harán su parte, dejarán de lado la apatía y respetarán a la Tierra que Dios creó y a la que ama, intentarán cuidarla de tal forma que sea significativa para nuestros hijos, sus hijos y los hijos de todos. Porque, déjame decirte algo: somos derrochadores. Somos consumidores. Definitivamente, somos parte del problema. Ya no pienso de qué forma mi consumo afecta a la Tierra o a quienes viven en ella, sino que pienso en convertirme en una entrenadora personal; no hay una categoría para eso en mi mente. (Por favor, revisen la introducción a *Simple y Libre*, donde declaro que el *arrepentimiento* es la principal motivación. Gracias).

Entonces, quinto mes = siete hábitos para una vida más ecológica, para dejar de creer que no soy parte de una Tierra integral; sobre todo, para ya no pretender que el sacrificio de hospedar a la humanidad lo hagan otras especies y no yo.

- Cultivar.
- Compostar.
- Conservar energía y agua.
- Reciclar (de todo).
- Utilizar un solo auto (por amor a la Tierra).

- Comprar en tiendas de caridad y de segunda mano.
- Comprar solo productos locales.

Si has implementado estos hábitos durante años, perdóname si alguna vez te llamé "*hippie* ambientalista". Normalmente no hacemos nada de esto, así que este es un gran punto de partida para salir del consumo despreocupado que no me exige nada. La tierra de Dios es como una de las obras de arte que hacen mis hijos:

Podría admirarla rápidamente y luego arrojarla tan pronto como se dan vuelta porque, *Dios mío*, no sé dónde poner tantos tesoros hechos a mano, pero, en lugar de eso, trato sus creaciones con respeto. Las exhibo con delicadeza y las declaro obras maestras mientras me doy cuenta de que, aunque parezca que ellos producirán para siempre, se acabarán a medida que vayan creciendo, entonces terminarán mis días de disfrutarlas. Por lo tanto, si no conservo sus creaciones ahora, un día tendré las paredes peladas por haber desperdiciado estas hermosas ofrendas cuando parecían abundantes.

No voy a llevarme el crédito por esta astuta observación que hicieron los escritores de twitter.com/xianity: "Hoy es el Día de la Tierra o, como le dicen los evangélicos conservadores, es jueves".

Ouch.

DÍA 1

Mis dedos están en carne viva.
Mi espalda está adolorida.
Mis pies pulsan por la hinchazón.
Mis hombros están ardiendo.

Luego de secarme el sudor, pero bastante húmeda como para sentir escalofríos y darme un poco de asco por lo sucia que estaba mi ropa, me senté a reflexionar sobre el primer día del mes verde o de ayuno de residuos.

El mes comenzó con un viaje al mercado agrícola de Sunset Valley con mis guías, Gavin y Sydney. Llevamos las herramientas necesarias: bolsas de tela reutilizables y dinero en efectivo. (¿Quieres que te miren mal en la comunidad gastronómica de Austin? Sal del mercado agrícola con quince bolsas plásticas. También podrías arrojar petróleo al Lago Austin o conducir una Hummer durante el desfile del Día de la Tierra).

Austin es una ciudad muy verde, así que muchos de los vendedores del mercado agrícola parecerían rondar los noventa y tantos años. Sin embargo, hay un gran contingente de personas *hippies*, lo que hace que la gente observe ("¡Mamá! ¡Esa señora está amamantando a su bebé *mientras camina!*").

Es el mes de julio, así que el mercado agrícola se ve muy pintoresco: tomates, pepinos europeos, moras, melones, duraznos, hermosos calabacines y habichuelas a granel. Otros vendedores locales tienen pan artesanal; aceite de oliva *gourmet*; harina recién molida; humus/salsa/pesto/pico de gallo, todo casero; huevos frescos; carnes y quesos orgánicos; y tamales frescos (felicidad). Nos devoramos unos tacos caseros y limonada exprimida a mano mientras una dulce y pequeña banda en sandalias tocaba un *bluegrass*.

Estaba en el paraíso de la comida.

Mis hijos, tan perfectos, mejoraron este nirvana al ponerse como locos con cada berenjena y tomate autóctono. No sé bien si era sincero o sarcástico, pero no importa. Cargamos bolsas llenas de productos recolectados en los últimos dos días, llenos de tierra, todos divinamente desarreglados y sin empaque.

Con vendedores como estos, ¿qué podría salir mal? Entre ellos se encontraban: *Acadian Family Farm, Fruitful Hill Farm, Full Quiver Farm, Engle Orchards, It's About Thyme Garden Center, Johnson's Backyard Garden, Kitchen Pride Mushrooms, Rocking B Ranch, Sandy Creek Farms.* La granja más lejana está a una hora de distancia, la mayoría están en los límites de la ciudad o justo por fuera de ellos.

Llevamos nuestros tesoros a casa y comimos la mitad enseguida. En el centro de Texas es época de duraznos, queridos lectores. Los duraznos de *Fredericksburg* duraron tres horas. Rebané los pepinos, las cebollas y los tomates y los sumergí en vinagre, azúcar, eneldo, sal y pimienta, para mañana ya no quedará nada. Todo lo demás lo piqué, lo pelé, lo corté en cubos o lo enjuagué para dejarlo listo para el consumo rápido.

Voy a contarlo en detalle mañana, pero hace dos meses plantamos una huerta para esta etapa de *Simple y Libre.*

Tengo mucho para decir acerca de esto.

Repito, mañana.

De todas maneras, hoy pusimos un cerco a nuestra huerta. Para lograrlo, cavamos, recogimos, refunfuñamos y levantamos tierra. Los dedos de mi mano derecha están tan lastimados que estoy eligiendo palabras que se escriban preferentemente con la mano izquierda en el teclado. (¿Mi némesis? Las letras *u, i,* y *m.* i-e d-ele — *ded-to!*). Soy tan inexperta en esto que no tengo las herramientas adecuadas, por lo tanto, las manos sin guantes actúan de pala, de azadón, de carretilla y de pinzas.

Con la huerta ya delimitada adecuadamente, entré a construir mi primera caja de compostaje. Pieza A, pieza B, encajamos, presionamos, deslizamos la parte superior... ¡ta-rán! Una caja plástica carísima. Teniendo en cuenta que la composta de mi mamá es una gran pila de putrefacción sobre el suelo (esto aquí tiene una buena connotación), nadie necesita gastar extra en un cajón plástico con "salidas de ventilación" (agujeros) para contener todo.

BRANDON: ¿Vas a armar todo eso adentro?

JEN: No, solo iba a desparramar las partes por todo el piso porque quería más cosas que recoger por toda la casa.

BRANDON: Ya entendí tu sarcasmo. ¿Estás segura de que va a pasar por la puerta trasera?

JEN: Eh, creo que puedo medir bastante bien a ojo el ancho de un cajón y determinar si puede pasar por la puerta.

Así que aquí estoy, escribiendo en la sala de estar junto a mi compostera, que no pasa por la puerta. Como sea. He pasado horas investigando acerca de compostaje y, aunque todos los sitios dicen: "¡Es lo más fácil del mundo!", la frase siguiente contiene fórmulas para el balance necesario de nitrógeno y carbono, para que no se convierta en un desastre viscoso, apestoso y podrido ni atraiga a todos los roedores y moscas de la fruta a diez millas a la redonda.

"Hojas = 60:1; heno de legumbres = 15:1; heno que no sea de legumbres = 30:1; aserrín = 400:1. En una pila de composta activa es deseable que haya un contenido de humedad de entre el 50 y el 60%". ¿Que qué? ¿Cómo sé si el heno ha perdido su leguminosidad? ¿Cómo se vería un contenido de humedad del 60%? ¿Algo intermedio entre la descomposición putrefacta y la podredumbre húmeda? Hay una gran posibilidad de que este proyecto se vuelva desagradable.

Así que, por ahora, solo patearé mi primera compostera y miraré un poco del canal Food Network (gracias al cielo que se terminó el mes de ayuno de pantallas).

DÍA 2

Soy inteligente para algunas cosas. Pude ayudar a mis hijos con su tarea de matemáticas hasta séptimo grado con muy pocos errores. Puedo hablar de *Las chicas Gilmore* con bastante conocimiento. Ahora soy una experta en adopción internacional (¿I-600 A? ¿USCIS? ¿DTE y RR? Sé lo que significa todo eso). Gracias a mi amiga Laura, ahora puedo "hacer como una tortuga" con mi cabeza para que mi cara se vea más delgada en las fotos. Entonces, es claro que tengo algunas habilidades.

Y la huerta no es una de ellas.

Casi no encontré una materia en la que sea más ignorante que esta. No tengo idea de cómo crecen tres cuartos de todos los productos agrícolas. No entiendo los ciclos de la vida ni dónde se encuentra algo en la naturaleza.

SYDNEY: Mamá, ¿podemos plantar sandía?
YO: Cariño, no sé si tenemos espacio para una sandía...
¿qué te parece un arbusto?

Nunca arranqué una berenjena de su vid/tallo/raíz (por favor, marca con un círculo el sistema que le da vida a las berenjenas). Hasta ahora, mis productos se originaban del mismo lugar donde todo siempre es de estación: el supermercado. Si era un vegetal de clima cálido o una fruta que necesitaba suelo arenoso, yo no tenía idea. No importa, porque podía ser recogida prematuramente, madurada de forma artificial y traída desde cualquier parte del mundo si la necesitara para mi pastel de ese día. Nunca había recogido algo de mi jardín y había alimentado a mi familia con eso.

Pensando en este mes, no pude deshacerme de la idea de armar la huerta, cultivar el respeto por la tierra y la forma milagrosa en que esta sostiene a la humanidad. No quiero criar pequeños consumidores ignorantes que piensen que la comida viene de la nevera y que los ángeles de los vegetales los depositan allí mágicamente. Apreciar la creación significa aprender lo que es capaz de producir. Quiero iniciar el ciclo semilla → planta → cosecha, como lo han hecho todas las generaciones anteriores a la mía.

Este es el momento indicado para mencionar que siempre se me mueren las plantas.

Mi suegra me regaló un cactus, que necesita agua una vez cada dos meses, y se murió gracias a mi constante abandono. Todas las plantas de mi casa son de plástico. Aún no sé cómo les di vida a unos niños humanos reales y no puedo recordar que debo echarle agua a una buganvilia. Mis intentos de hacer crecer cualquier cosa que no sea un *homo sapiens* son tristísimos. Para ser honesta, mientras pensaba en la idea de una huerta, las voces en mi cabeza me decían: "Sabes que en realidad no lo harás" y estaba convencida en un 95% de que tenían razón.

A continuación, les dejo lo mejor que le pasó al quinto mes. Un correo electrónico de mi amiga Amy:

> ¡Hola Jen! Tu mamá me contó que estabas investigando cosas de huertas pero que probablemente eras muy torpe para lograrlo. Yo soy igual de inepta, pero me interesé y acabo de encontrar una organización que es la respuesta para ayudar a los agricultores humanitarios.

Se llama proyecto *Karpophoreō* (se pronuncia car-pu-fu-rei-oh), una palabra griega que significa "dar fruto en toda buena obra". El proyecto KP da un fruto genuino, tanto en el suelo como en las vidas de la gente. Esta es su misión:

KP y el programa HOW trabajan con una comunidad de hombres, mujeres y familias que alguna vez sufrieron des- amparo crónico, y la mayoría experimentaron vivir al me- nos un año en la calle. Las marcas de esa carencia van más allá de lo que se puede abordar con solo la adquisición de un nuevo hogar. KP es un ambiente comunitario, que fo- menta un entorno para las interacciones saludables entre nosotros y es una contribución positiva para la ciudad.[2]

Los socios que están dispuestos ofrecen a KP su terre- no para hacer una huerta o una granja en su patio trasero (la granja incluye pollos y, lo siento, pero solo puedo arre- glármelas hasta cierto punto) y los compañeros de KP *construyen y planifican todo el jardín*. Su equipo cuenta con voluntarios regulares, con hombres y mujeres que alguna vez fueron indigentes.

Luego, llegan una vez por semana para podar, cuidar y cosechar. La mitad de los productos se los queda el dueño de la casa y la otra mitad se vende en el mercado agrícola o en cajas de compra por suscripción. Las personas que habían sido indigentes que trabajan en las huertas se llevan el 70% de las ganancias. ¡Pum! Ingresos sustentables generados a partir de productos orgánicos que crecieron en el vecinda- rio con casi cero gastos generales.

¡Genial!

¡Qué uso más creativo de los terrenos de la propiedad privada en lugar de comprometer la propiedad pública! Qué buena visión para conectar a los terratenientes privilegia- dos con los indigentes crónicos, construir relaciones y hacer algo hermoso juntos. KP acaba de plantar una huerta enor- me en el Centro Correccional del Condado de Travis, para continuar su gran misión de dar fruto en los lugares menos pensados con los agricultores menos pensados.

Hablando de agricultores menos pensados, yo tengo una huerta gracias al equipo de KP. Mañana voy a escribir acerca de la inauguración de la huerta, pero, si has prestado atención, has visto que me las ingenié para combinar la comida orgánica local (primer y quinto mes) con interacción y ayuda para los más desfavorecidos (todos los meses), donde otras personas llevan la carga pesada y yo me siento bien con eso en lugar de sentirme culpable.

Y deberías ver mis tomates.

DÍA 3

Quizá recuerdes que en el segundo mes, en medio de la caca del perro, un agricultor legítimo, Steven, fundador del proyecto KP, evaluó nuestro patio trasero. Excavó un poco, miró un poco el sol y observó la tierra. Más allá de la obvia situación del popó, nuestro espacio fue aprobado y fijamos una fecha para instalar nuestra huerta ahora que se acerca la primavera.

Nuestro jardín es bastante pequeño, así que planeamos una huerta de 15 pies cuadrados (1,40 m²). Compramos doscientos dólares de un rico suelo compostado, que fue arrojado de forma poco ceremoniosa por la puerta trasera. Veinte carretillas llenas y una pequeña hernia después, la trasladamos 20 pies (cerca de 6 m) al lugar definitivo de la huerta. (¿Es en serio, chico de la tierra?). Mantener vigilada la huerta nos hace sentir muy campesinos y eso es genial.

Mississippi fue uno de los compañeros de KP asignado al jardín de los Hatmaker y tranquilamente podría pasar por hermano de James Earl Jones. En la maratón del proceso de reubicación de la tierra, él tenía un mantra para las mujeres:

"Usen sus piernas, chicas. Usen sus piernas. Suave. Suaaaave...".

Quería usar mis piernas, Mississippi, pero eran necesarios los brazos para usar la pala setecientas mil veces pasando el compost a las carretillas. (Estos brazos no pudieron levantarse al día siguiente. Gracias por nada, piernas).

A esta altura, Steven sacó el rotocultor y lo volvió loco durante veinte minutos. Era como ver a un jinete sobre un toro fuera de control luchando por su vida. De este modo, el césped que habíamos puesto con tanto amor había pasado al olvido y reencarnado en su siguiente vida, donde produciría hermosas hojas de césped Bermuda.

Escuchaba un zumbido bajito, por lo que comencé a buscar una plaga de langostas o un tractor acercándose. El zumbido aumentó en volumen y definición. Nuestras cabezas estallaban al intentar identificar el *crescendo* y ocultar nuestro susto. El sonido se volvió molesto y chillón, causando en mí un impulso de luchar o huir, algo que no sentía desde hacía diez años en el ministerio de estudiantes. Luego descendieron:

Veinticinco adolescentes de Arlington en un viaje misionero.

Steven se había olvidado de mencionar que venían a "ayudar".

Jen, la coordinadora de KP (no yo, la autora, sino otra Jen, de KP), los escoltó con una mirada que podríamos describir como salvaje. Con una sonrisa fría y de estrés postraumático, dijo: "OK, no soy tan buena con adolescentes como pensaba". Evidentemente, la nuestra era la tercera huerta que armaban en el día y a este grupo de iglesia le asignaron la pesada labor de brindar una mejor opción para las vacaciones de primavera que la de protagonizar Girls Gone Wild South Padre [Chicas Salvajes en la isla South Padre].

Déjame resumir su participación: veintitrés de ellos coqueteaban entre sí mientras que los otros dos esporádicamente hacían a un lado puñados de pasto (que yo recuperaba y los colocaba en bolsas de basura). Durante el evento también se mojaron la cabeza con agua, las porristas practicaron sus movimientos en el trampolín y una chica se sentó en mi sala a tomar un té porque estaba *agotada*.

Recordé perfectamente el motivo por el que dejamos el ministerio juvenil.

Luego de treinta minutos se fueron y el resto de nosotros estallamos en carcajadas. (¿Acaso esto se parece a esos estadounidenses que van a viajes misioneros internacionales, hacen un gran lío allí y se van sintiéndose bien consigo mismos mientras que los lugareños sacuden su cabeza y limpian las secuelas? Oh, seguramente no. Nosotros sabemos lo que es mejor para todo el mundo, ¿verdad?).

De todos modos, con las instrucciones precisas de Steven, él, Jen, Mississippi, mi madre y un puñado de voluntarios plantamos los manjares; había calabazas, tomates, pimientos, maíz, albahaca, calabacines, habichuelas, rúcula y sandía. Colocamos semillas del tamaño de un átomo dos pulgadas bajo tierra. Sí, estaba 100% convencida de que esto no iba a funcionar. Predije una mala cosecha de inmediato. Instantáneamente me convertí en agricultora, tiré mi sombrero hacia atrás, miré al cielo y me rasqué la cabeza. Así como lavar el auto es un estímulo para que llueva, plantar una huerta garantiza una sequía. Esperaba que comenzara de una vez.

Cuando se fue el equipo, fue exactamente igual al momento en que me quedé a solas con mi bebé por primera vez. Cuando las madres experimentadas se marcharon, me quedé con un niño que nadie aseguraba que yo pudiera criar. (Es una ironía que prácticamente tengas que estar canonizada para pasar por el proceso de adopción, pero cualquier primeriza puede engendrar y tener un bebé).

Entonces tuve una pequeña confrontación con mi nueva huerta:

"¿Huerta? Voy a intentarlo con muchas ganas. Prometo ocuparme de ti, alimentarte con agua y ahuyentar a tus enemigos. No puedo hacer muchas promesas, porque una vez —según dicen las malas lenguas— maté a un cactus, pero me estoy convirtiendo en una nueva vid. Voy a estar para ti. Estas cinco palabras te juro. Cuando respires, quiero ser tu aire" [como dice la letra de "I'll be there for you", de Bon Jovi].

La huerta se quedó allí, lucía bastante rudimentaria, pero yo entendí la señal que estaba dando. Decía:

"Estoy muy asustada".

[Esta parte me hace reír mucho. Quiero que sepas algo mientras lees acerca de mis comienzos en el camino de la huerta: seguí cultivando durante cinco años después de esto, hasta que nos mudamos. Por favor, sorpréndete, querido lector].

DÍA 5

Noticias de la huerta: mis sandías no crecerán.

La última vez que dije esto fue en séptimo grado, con una angustia extrañamente similar.

Si entiendo este problema como me parece, la sandía está enferma de envidia, preguntándose por qué la planta del tomate está madura con frutos redondos y rellenos mientras que ella sigue plana como la carretera de Kansas, echando brotes desprolijos y desordenados, pero no las benditas y anheladas sandías. Apuesto a que se autoevalúa todas las mañanas, esperando y deseando algún tipo de desarrollo, al menos un capullo prometedor, pero descubre que su vid delgada se alargó en otra torpe dirección, imposible de maniobrar, sin ningún tipo de gracia.

Sigo diciéndole a mi planta de sandía que su día llegará, que todos nos desarrollamos de forma diferente, nada más. Es biología básica, no hay nada de qué preocuparse. Algunas vides brotan antes, necesitan alambres y cuerdas para sostener sus frutos enormes más temprano que otras. No te preocupes, planta de sandía, pronto necesitarás alambre y cuerdas, y tus frutos serán muuucho más grandes que los del tomate. Confía en mí.

Sé que la tomatera parece presumida, con toda su abundancia perfectamente redonda y admirada por todos mientras que tú eres solo un pequeño brote. Pero, créeme, el tomate será noticia pasada cuando crezca tu fruto tan dulce. He visto el acervo genético del que vienes; tu futuro va a ser brillante, sandía. Los de tu especie lo hacen a lo grande. (Si quieres, podemos conseguirte un alambre y una cuerda como a tus compañeros de huerta más desarrollados para que la albahaca deje de burlarse de ti; como si ella fuera tan genial, solo es un manojo de hojas).

Para criar mi huerta necesito mucha más energía de la que imaginaba. Era más fácil cuando solo había pequeñas semillas y lo único que necesitaban era agua. Sí, me ocupé de ellas en su infancia, y era más *simple*. Ahora está todo este drama y competencia: quién germinó, quién no, quién es independiente, quién es más —¿cómo lo digo amablemente?— ¿demandante? *Guau*. Qué bueno que no sepamos todo lo que implica criar una huerta cuando la concebimos por primera vez, o ninguno de nosotros daría fruto.

DÍA 8

Así que, un solo vehículo.

Me di cuenta de que 86% del mundo ni siquiera tiene un vehículo por el cual pelearse, pero nosotros hemos sido una pareja con dos automóviles desde que éramos novios, cuando mi cabello se apoderaba de toda la cabina de mi RX-7, un chico malo.

El año pasado, cuando mis amigas y yo estábamos en Manhattan en unas vacaciones de chicas, tomamos el transporte público para ir a todos lados, y fue algo tan estimulante como apestoso. Me gusta la idea del transporte público, su eficiencia, el encanto urbano. Junto con nuestra hipoteca, los vehículos y su mantenimiento son la porción más grande del pastel de nuestro presupuesto. Con gusto me despediría para siempre de las gasolineras, los cambios de aceite y los impuestos. Si nunca volviera a conducir por la I-35 con el tránsito atascado, podrías verme feliz y también se terminaría mi pequeño problemita de ira en la carretera.

Pero esas alternativas al tránsito urbano no son compatibles con los suburbios y vivimos en un subuerbio. Nuestro suburbio no se reduce a pequeñas bodegas y tiendas de moda a poca distancia. Tenemos cadenas de inmensos supermercados. Tenemos paisajes. Tenemos un restaurante Cracker Barrel. Usamos nuestro auto para un trayecto de ochocientas yardas (poco más de 700 m) hasta la piscina de nuestro vecindario, por el amor de Dios. El éxodo urbano estadounidense viene con un costo y los viajes diarios sin duda están en esa factura.

Técnicamente, trabajamos desde casa, así que debes pensar que tener un solo vehículo debería funcionar, pero estás equivocado. En especial porque es verano y estoy plenamente en modo mamá. Estoy hundida hasta el cuello en parques acuáticos, películas, piscinas, campamentos y destinos donde "los niños comen gratis". Tal vez, esto es obvio, pero nada queda cerca. El auto ha tenido mucha acción.

Además, y, otra vez, tal vez es obvio, pero el trabajo en casa se ve perjudicado si la descendencia está presente todo el tiempo. Cada verano le digo adiós a la productividad. Pero como los sermones del domingo y los plazos de entrega de los libros son casi inflexibles, desalojamos la casa para mantener nuestros pequeños trabajos y cumplirlos. Lo logramos alejándonos de casa. En nuestros vehículos.

Nuestra primera discusión fue gracias a mi itinerario de viaje. Yo me paso una buena cantidad de tiempo volando a otros lugares para dar charlas. No soy ajena al aeropuerto o a su primo menor, el parqueo que cuida a mi coche por diez dólares al día. Así que mientras empacaba para una convención en Orlando, dije: "Dios mío. Debes llevarme al aeropuerto. ¡Esto es genial para mí! Oh, lo siento por ti". No hay parqueo, no hay caminata bajo el sol hasta la terminal, no hay tarifa de veinte dólares para salir, no está el dilema para conseguir lugar, solo un esposo y tres caritas esperándome en la acera cuando baje del avión.

Sí, por favor.

Manejar menos, en teoría, es maravilloso para mí, sin embargo, también es un desafío. Para reducir nuestra dependencia de dos vehículos, necesitamos reconsiderar cómo y dónde vivimos. Debemos pensar como mi amiga Carson, que vive en el centro con su pequeña familia y van en bicicleta a todos lados. (Me encontré con Carson en el supermercado en Navidad, tenía mi canasta repleta de regalos. Le pregunté qué le iba a regalar a su hija y me respondió: "un delantal". Solo la miré asombrada en silencio, como una paloma).

O, tal vez, necesitamos reconsiderar nuestra disponibilidad y dejar de atravesar toda la ciudad para ir a almuerzos, reuniones, cafés y juntas. ¿Paso por ti? Sí. ¿Te llevo a tu lugar de la ciudad? Claro. ¿Nos encontramos a tomar un café en vez de hablar por teléfono? No hay problema. ¿Me necesitas? Ya voy. Esto nos ha hecho esclavos de dos vehículos. Por miedo a defraudar a alguien o por no sustituir una llamada de veinte minutos por un almuerzo de dos horas, distribuimos nuestro tiempo como dulces de Noche de Brujas, atravesando la ciudad y alimentando el odómetro.

¿Qué pasaría si decimos "Los miércoles son para reuniones y los otros días está prohibido"? Si dejamos de permitir que sea la cola la que mueva al perro, ¿podría funcionarnos la situación hipotética de tener un solo vehículo? Parece algo simple de planificar y una postura proactiva podría revolucionar la forma en que nos movemos, incluso hasta la forma en que vivimos.

Lo que me recuerda que necesito escribirle a Brandon; mañana vuelo de regreso a casa a las 2:35 y él va a recogerme. Seré la chica en el lugar de espera de los pasajeros, revisando informalmente mis correos y esperando sin prisa a mi chofer.

[Jen del 2010 tiene tres hijos de entre siete y once años. Jen de la actualidad tiene cinco hijos de ente catorce y veintidós años. Esto hace la gran suma de seis vehículos. ¡Maldición! Hemos retrocedido en esta iniciativa. No tenemos transporte público aquí, dos de estos chicos están en la universidad y el resto va a cuarenta lugares distintos por semana. Sueno muy a la defensiva, ¿no? Envíen ayuda].

DÍA 10

El Consejo está dividido respecto a los hábitos verdes; cinco realmente lo intentan y a una no le interesa (no debería dar nombres, pero dicha persona no solo no hace ningún esfuerzo por cuidar el planeta, sino que además miente acerca de eso). El resto divagamos entre el entusiasmo y la culpa, la diligencia y la hipocresía. Esta es la reflexión de Becky, acerca de ser ecológica:

Antes de mudarme a Austin no era ecológica en absoluto. Ni cerca. Desde entonces, he intentado vivir de una forma más responsable. Guardo bolsas para compras en el coche, reciclo, llevo las pilas viejas a Radio Shack (es decir, acumulo un montón de pilas tanto tiempo que mi esposo se cansa y las lleva por mí) y dono mis cartuchos de tinta vacíos. Hace poco, me uní al proyecto KP que se ocupa de mi huerta por la mitad de su producción. Por lo tanto, ahora cultivo.

Como trabajo en mi huerta (risas), decidí compostar. Me siento como Ma Ingalls enviando a mis hijas a tirar la parte superior de la caja de compostaje, que era un cubo de hielo que conseguí en Goodwill (es decir, un cubo de basura con perforaciones al costado). Me río cada vez que las niñas hacen un bailecito feliz al ver a las pequeñas criaturas de Dios haciendo su trabajo.

Aunque reciclo mucho, hay miles de formas en las que puedo vivir de una forma más verde. Algo es seguro: mi huella de carbono siempre te llevará de regreso al restaurante Sonic hasta que algún *hippie* fanático descubra un vehículo sin poliestileno para llevar la perfección helada de su refresco.

Perdón, planeta.

DÍA 11

¿Sabes lo que es una pausa para comprar productos locales en Austin? Cenar afuera. *No hay problema.* Austin es una mina de restaurantes locales independientes. Es una ciudad *gourmet,* así que elegir cenar en la cadena Olive Garden en lugar de ir a Carmelo's es como perderse un concierto de blues de Jonny Lang por uno de los Jonas Brothers, una falta de respeto. **[Me encanta el regreso de los Jonas Brothers y no me avergüenza decirlo].** Mientras hablábamos de un buen filete, un amigo dijo con total seriedad: "Es así, no puedes ganarle a Chili's", y hemos repetido esa frase a sus espaldas un millón de veces.

Al igual que la música, aquí en la capital nos tomamos la comida muy en serio. Muchos chefs reconocidos dicen que Austin es su hogar. Aquí es más probable que pases por restaurantes como Salt Lick, Magnolia Café, Iron Cactus o Matt's El Rancho que por una cadena reconocida como Applebee's. Esto nos da bastantes oportunidades de probar comida creativa e innovadora y creernos superiores. (Hay excepciones destacadas de este odio hacia las cadenas de restaurantes, como Chick-Fil-A, P.F. Chang's y Whole Foods. Un poco de hipocresía me sienta bien).

Así que aunque Sonic y Starbucks están fuera del menú aun puedo ir con mi pequeño automóvil —el único— a lugares como Leaf, Eastside Café y Moonshine. (Por favor, ven ya a Austin y visita estos restaurantes). Invertir mi dinero de vuelta en la economía de Austin podría verse como un acto de nobleza, pero es absolutamente preferencial.

DÍA 12

¿Por qué comprar productos locales?

Alimentos

- La mayoría de los productos se transportan en promedio unas mil quinientas millas (unos 2400 km) hasta tu tienda de alimentos y eso es solo para la producción nacional. Las distancias internacionales son mucho mayores.
- Podemos solventarlos gracias a los bajos precios de la energía artificial que disfrutamos actualmente y haciendo públicos los costos ambientales de un sistema tan derrochador.
- El petróleo barato no durará por siempre. La producción petrolera del mundo ya ha alcanzado su punto más alto y, si la demanda de energía continúa en aumento, los suministros pronto comenzarán a reducirse, y así, el precio de la energía se irá por las nubes. Entonces, nos veremos forzados a reevaluar nuestros sistemas de alimentos.
- Al subsidiar la agricultura masiva con apoyo financiero del gobierno:
  - Aceleramos la extinción de los pequeños productores y cultivos diversificados.
  - Facilitamos la agricultura que está destruyendo y contaminando nuestros suelos y aguas, debilitando nuestras comunidades y concentrando las riquezas y el poder en unas pocas manos.
- La producción industrial de alimentos depende totalmente de combustibles fósiles, que crean gases causantes del efecto invernadero y contribuyen grandemente al cambio climático. El mayor uso de

combustibles fósiles en la agricultura industrial no es para el transporte de alimentos o para abastecer maquinarias, son los químicos. El 40% de la energía utilizada en el sistema de alimentos está destinada a la producción de fertilizantes y pesticidas químicos.

- Los procesadores de alimento utilizan grandes cantidades de empaques de papel y plástico para evitar que los productos se echen a perder durante su transporte y almacenamiento por largos períodos de tiempo. Este empaque es difícil o imposible de reutilizar o reciclar.

- Estos sistemas de alimentos masivos y orientados a la industria agricultora van camino a fracasar a largo plazo, se hunden por su falta de sustentabilidad.

- Solo dieciocho centavos de cada dólar que gastamos en el supermercado va al productor. Los otros ochenta y dos centavos están destinados a distintos intermediarios innecesarios.[3]

- Los mercados de agricultores permiten a los productores conservar esos ochenta o noventa centavos de cada dólar que gasta el consumidor.

BIENES Y SERVICIOS

- Cuando compras en una empresa local e independiente, el doble del dinero que gastas vuelve a circular por la comunidad, duplicando el impacto positivo de la economía local.[4]

- Las organizaciones sin fines de lucro reciben en promedio 250% más apoyo de los dueños de las empresas pequeñas que de las empresas grandes.

- Nuestras empresas únicas en su especie son integrales al carácter distintivo de nuestras ciudades.

- El impacto ambiental se reduce en la medida que las empresas locales en general realizan más compras locales, que requieren menos transporte.
- Las pequeñas empresas locales son los mayores empleadores a nivel nacional y proveen más trabajos a los residentes de nuestras comunidades.
- Un mercado de miles y miles de pequeñas empresas asegura la innovación y los precios bajos a largo plazo. Una multitud de pequeñas empresas, cada una seleccionando productos que no se basen en un plan de ventas nacional sino en sus propios intereses y las necesidades de sus clientes locales, garantiza un rango mucho más amplio de elección de productos.
- Las empresas locales lideradas por personas que viven en la comunidad tienen menos probabilidades de dejar la ciudad y están más comprometidas con el futuro de la comunidad.[5]

DÍA 13

Tuvimos nuestra primera falta consciente a *Simple y Libre*. De acuerdo, en realidad tuvimos dos. En el mismo día.

La primera fue gracias a las compras para regresar a clases. Como todos los niños, los míos son mutantes que crecen en índices antinaturales. De la noche a la mañana, sus pantalones se acortaron y sus grandes pies dejaron de entrar en sus zapatos. Es ridículo. Aunque evaluamos la viabilidad del calzado del año anterior al final de cada verano, parecen las hermanastras de Cenicienta con sus dedos de martillo atascados en los diminutos zapatitos de cristal que parecían hechos para las muñecas repollo. De ninguna manera.

Esto generó todo un problema para "comprar productos locales".

Investigué, busqué, hice llamadas, busqué en internet, pero no pude encontrar tenis en negocios locales que no estuviesen hechas de cáñamo o paja. La única opción era Run Tex, una tienda local de corredores de alta gama, pero el día que gaste $110 en un par de tenis para mi hijo de ocho años será el día que alguien necesite abofetearme para sacarme de la perdición. Perdón. Ni siquiera por *Simple y Libre* voy a volverme así de loca.

Esperé hasta el último segundo, deseando resolver el problema, pero la escuela comenzaba en cuatro días, así que fui a la tienda Academy y les compré unos Nike. *Just do it* [solo hazlo], dice su eslogan, y lo hice.

El segundo fracaso fue el resultado de la falta de planificación. Me apunté para invitar no a una, sino a dos personas a cenar una noche. De algún modo, imaginé que las compras para la vuelta a clases, la preparación de enchilada de pollo con crema agria y el envío de alimentos podrían entrar en un margen de cuatro horas. En realidad podrían haberlo hecho si no fuese por esa condenada receta; el sitio www. cooks.com miente. Esas enchiladas toman "30 minutos de preparación" solo si Rachael Ray y Bobby Flay son mis ayudantes de cocina picando, moliendo, salteando y untando, mientras yo realizo los otros cuarenta y nueve pasos.

Una hora antes me di cuenta de que no llegaría a casa a tiempo a entregar el coche para que Brandon pudiera llevar a Caleb a su primer entrenamiento de fútbol americano. En mi afán de prepararlos para este inconveniente, les hice una pregunta tonta: "¿Pueden llegar veinte minutos tarde?"

Se hicieron tres segundos de un silencio de incredulidad mientras un hombre de treinta y ocho años y un niño de tercer grado intentaban comprender la blasfemia que yo acababa de pronunciar. Enseguida sus cerebros se recuperaron y se armó la gorda:

"¡Es mi primer entrenamiento!"

"¡Le van a dar su uniforme!"

"¡No me perdería ni cinco minutos!"

"¡Quiero asegurar su puesto en la defensa!"

"¡El entrenador pensará que soy un perezoso!"

"¡No vamos a ser esa familia que llega tarde!"

"¡Esto es fútbol americano, mamá! ¡No es como la escuela!"

"¡Esto es fútbol americano, Jen! ¡No es como la iglesia!"

Lector, déjame explicarte la seriedad que tiene el fútbol americano en Texas. Hay cosas que nos tomamos a la ligera aquí, como la educación y el fútbol *soccer*. De entre todos los estados, Texas está en el puesto cuarenta y nueve por los puntajes de sus estudiantes en los exámenes de admisión a la universidad, pero, ¿a quién le importa eso cuando la Universidad de Texas tiene el puesto número uno en reclutamiento de fútbol americano universitario del país? No importa que no sepa leer; nuestro nuevo jugador de línea ofensiva corrió 40 yardas en 5,10 en las pruebas. En Texas, el fútbol americano es lo primero. Si disminuimos en 86% el entusiasmo, ese restante 14% es el que le dedicamos a todos los otros deportes.

Por supuesto que lo sé, y hasta estoy de acuerdo. Tenemos pases de temporada en primera fila para el Darrell K. Royal-Texas Memorial Stadium, donde aparecemos en televisión de vez en cuando, en gran parte, debido a nuestro compañero canoso del asiento izquierdo, que sostiene letreros como "Bob Stoops conduce una miniván" y hace sonar una ruidosa vuvuzela después de cada jugada. Una vez rechacé una conferencia porque era durante el evento de penales Red River Shootout. Amo el fútbol americano así como a la mayoría de las chicas les gusta ir de compras. [¿Jen del 2010? Sydney va a estar en el equipo de Texas en diez años, será una *Longhorn*. Todos tus sueños se hicieron realidad. Desafortunadamente, nunca entenderá el fútbol americano, ya que dice que siente que los partidos "están llenos de gente", pero los ojos de Texas están sobre ella y, además de pagar por esos pases de temporada durante otra década, un día también enviarás la matrícula para la Universidad de Texas. ¡Toma todo nuestro dinero!].

Así que me hice cargo de mi locura temporal, le eché la culpa de mi error a los Nike y el estrés que me causaron. Prometí conducir como Danica Patrick para volver a tiempo. A mitad de camino hacia mi segundo trámite, los llamé y les dije que tomaran el otro auto para ir al entrenamiento; no iba a llegar a tiempo a menos que el mío se convirtiera en un DeLorean volador.

Y la familia de un solo vehículo ahora tenía dos.

Se podría argumentar que el entrenamiento de fútbol infantil no era un motivo suficiente para infringir *Simple y Libre*, pero me gustaría que vinieras y nos lo dijeras de frente. ¿Crees que la mamá de Vince Young lo hacía llegar tarde al entrenamiento mientras él terminaba su tarea de Lenguaje? Claramente no. Y todo el Estado se lo agradece. Algunas cosas son más importantes que otras. Cuando mi hijo trabaje en la NFL como ala cerrada, mostrando su lado fuerte y desarrollando un bolsillo más robusto, él señalará su crianza, elogiando los factores que conformaron su éxito y entre ellos estará este:

"Mi mamá se aseguró de que nunca llegara tarde a un entrenamiento".

DÍA 15

Me di cuenta de que la novedad del reciclaje desapareció cerca del año 1992, pero como yo llegué tarde a esa fiesta, por favor, déjenme sentir este entusiasmo. Decidimos reciclar todo lo posible este mes: vidrio, hojalata, cartón, plástico, pilas, cartuchos de tinta, papel y latas. Hasta nuestras sobras de comida se reciclan en la composta y el sobrante de agua va al cuenco de Lady. Tengo botes de basura para cada categoría pasando la puerta de la cochera. Noticia de última hora:

Casi que no tenemos basura.

Solíamos sacar nuestro bote de basura con la tapa entreabierta, gracias a las ocho bolsas de basura apiñadas dentro. Nuestra familia estaba manteniendo el negocio de los vertederos de basura en óptimas condiciones. ¿Vieron ese gran remolino de basura en el océano del que Oprah hizo un programa? Creo que reconocí nuestras cajas de cereal de las que corté los cupones antes de ascenderlas a su segundo empleo como contaminación.

Pero después de reubicar las cajas de espaguetis, los frascos de mermelada, las latas de café y las botellas de detergente en los botes de reciclaje, casi no queda nada. Pusimos una pequeña bolsa de basura para toda la semana.

Esto se ha convertido en una obsesión para mí. Examino el bote de basura todos los días para ver si se puede rescatar algo para reciclar. Cada vez que encuentro un envase de plástico o una caja de cartón, la familia recibe otra versión de "por qué esto ya no va más a la basura", cosa que *aman*. Estudio mis botes de reciclaje una vez al día, sorprendida por la cantidad de basura que generamos. *No* pienso hacer las cuentas de todo lo que hemos tirado que podríamos haber reutilizado.

Hablando de eso, los Estados Unidos tienen 3091 vertederos activos y más de diez mil basureros municipales antiguos. Los problemas ambientales que provocan abarcan desde los residuos peligrosos, pasando por las emisiones de gases tóxicos y los desechos radiactivos de bajo nivel, hasta las filtraciones en las aguas subterráneas y las de la superficie. Los peligros para la salud generan muchas protestas y controversias.

Además, hay un problema de volumen que hasta el sistema más sofisticado puede manejar solo por un tiempo. Los estadounidenses generan basura a un índice increíble de 4,6 libras (2 kg) por día por persona, 251 millones de toneladas al año.[6] Esto es el doble de basura por persona que tienen la mayoría de los demás países desarrollados. La producción de basura en los Estados Unidos casi se ha triplicado desde 1960, gracias a la compulsión por empaquetar todo lo que haya bajo el sol.

La basura se quedará en los vertederos tal cual como está, durante muchísimo tiempo. Se arroja en secciones (llamadas "celdas"), se compactan y quedan cubiertas de polvo antes de la siguiente vuelta. Por el poco oxígeno y la humedad, la basura no se descompone rápido; los vertederos no están pensados para descomponer la basura, solo para ocultarla. Cuando un vertedero cierra, porque ningún lugar puede alojar basura indefinidamente, debe ser monitoreado durante treinta años debido a la amenaza de contaminación.

Este es un problema sin precedente ya que nuestra sociedad es la primera en generar millones de toneladas de materiales desechables al año. Botellas de plástico, envases, paquetes, desechos tecnológicos... esto es el resultado del "progreso moderno". El queso no siempre vino en paquete de plástico con papeles separadores; la gente solía elaborar el suyo y luego comerlo.

Hace veinticinco años no se podía comprar una botella de agua, pero gracias a una industria astuta que envasa el agua del grifo y la vende a una sociedad por conveniencia como una opción superior, como si la recolectaran de las corrientes rocosas de Colorado, ahora consumimos 8,6 millones de galones de agua embotellada por año, a solo una minúscula suma de 240 a 10 000 veces más cara que el precio del agua del grifo.[7] Y luego termina en la basura, demasiados lujos. Por la mínima suma de un dólar, recibo dieciséis onzas de agua del grifo y ayudo a esta crisis de los desechos.

Pero justo cuando me estaba sintiendo muy contenta con el reciclaje, leo esto:

> La forma más efectiva de parar con esta tendencia es prevenir los desperdicios en primer lugar... Los desperdicios no se crean solo cuando los consumidores arrojan cosas. A lo largo del ciclo de vida de un producto, se generan desechos, desde la extracción de la materia prima, el transporte, las instalaciones de proceso y fabricación, la manufactura y hasta en el uso. Reutilizar productos o hacerlos con menos material disminuye dramáticamente el desperdicio. Finalmente, será menos el material que necesite ser reciclado o enviado a vertederos e instalaciones de combustión de residuos.[8]

En otras palabras, para el momento en el que pongo el vidrio en el cubo de reciclaje, ya ha generado la mayor parte del daño durante su elaboración y distribución. No creo que debamos hacer una fiesta por una botella de vino reciclada que fue moldeada comercialmente en una fábrica con sus pequeñas amigas y luego consumió 11 884 millas náuticas (unos 19 000 km) para ir de la planta procesadora de Brasil a Italia y luego a mi bodega. Reciclar en esa instancia es como ordenar un súper Combo de Big Mac extragrande y luego pedir: "Coca-Cola Light, por favor". Buen intento, hermana.

Para una verdadera reforma se necesita comprar menos materiales desechables en primer lugar, lo que puede lograrse adquiriendo productos al por mayor, en el mercado de agricultores y artículos de segunda mano que ya han perdido sus empaques. Los mejores hábitos son reutilizar envases una y otra vez o disminuir el consumo de esos materiales. Reciclar, probablemente, es una táctica de tercer nivel hacia la verdadera reducción de residuos para un impacto real.

La sociedad era mucho más amable con el planeta antes de este siglo. Es cierto que la tierra le generó problemas menores a la sociedad como la peste o la viruela, pero nosotros nos vengamos con la deforestación y el calentamiento global. ¿Podemos desaprender nuestros hábitos destructivos y volver a imaginar alguna forma de vivir más livianos en esta tierra? ¿Qué pasaría si cambiáramos nuestra etiqueta de "consumidores" a "administradores"? ¿Cambiaría la forma en que compramos? ¿Y la forma en que pensamos?

Obtengo mis lujos a expensas de algunas de las mejores obras de las manos de Dios: bosques, petróleo, aire puro y ecosistemas saludables. También devastamos los suelos de países vulnerables y les quitamos sus recursos para nuestro consumo. El mundo rico tiene una historia despreciable de colonización, sometiendo por la fuerza a pueblos indígenas, beneficiándose de sus recursos naturales y su mano de obra. Sí, África, tomaremos tus diamantes, tu oro y tu petróleo, pero puedes quedarte con tu pobreza devastadora y tus enfermedades.

¿Qué significa ser un consumidor piadoso? ¿Y si la creación de Dios es más que solo materia prima? Si reconociéramos lo sagrado de la creación, sospecho que cambiaríamos la forma como la tratamos. Estoy de acuerdo con Tracey Bianchi, autora de *Green Mama* [Mamá Verde]:

"En este mundo hay un número limitado de recursos y cuando tomamos más de lo que necesitamos, básicamente, estamos robándole a otros. Si saqueamos la tierra por más de lo que nos corresponde, desobedecemos el octavo mandamiento... Para mi angustia, me di cuenta de que aun en mi propio mundo bastante ecológico, estaba robándole a otras personas, del presente y del futuro. Resulta que le estoy robando constantemente a mis hijos (y a los tuyos). Estoy tomando beneficios como aire y agua puros mientras que millones de familias claman por un sorbo de agua y luchan contra las enfermedades. Estoy arrojando demasiados papeles y paquetes mientras que desaparecen los bosques pluviales. Soy cleptómana. Pero estoy determinada a enmendarme".[9]

Y yo también.

DÍA 17

La siguiente historia de Molly es real. He visto las botellas recicladas en fila junto a su bote de basura y, literalmente, tengo una fotografía de su esposo, Chris, caminando por su calle inundada al rescate de su bote de reciclaje mientras se iba flotando como el arca de Noé. Tal vez, el mes sin pantallas fue violento para ella, pero Molly es la Reina Verde.

Todo comenzó hace cuatro años, cuando mi hija tenía dos años y mi hijo tenía solo unos meses. Éramos la familia más consumista de los Estados Unidos. Los diminutos botes de basura de doscientos galones que nos daba la ciudad no eran suficientes para contener todas las cajas de pañales, los envoltorios de juguetes, las botellas de vino

—claramente los vecinos nos las tiraban a escondidas—, las latas de refrescos, las porquerías y cualquier otra cosa que solo usábamos y tirábamos.

Estaba arrojando nuestra basura a escondidas en el bote de al lado cuando me di cuenta de que los vecinos tenían un pequeño bote verde para el plástico, el vidrio, el cartón y las latas. Si me deshiciera de todo eso de mi bote microscópico de basura, ¡tendría muchísimo espacio! Ahí es cuando encontré en el garaje ese bote verde que nos había dado la ciudad. Adentro tenía una manguera y algunas luces del jardín. Lo limpié y comencé nuestra Iniciativa de Reciclaje Familiar de 2006.

Necesitaba más espacio para la basura, por eso comencé a reciclar.

Ya pasaron cuatro años. Mi esposo juega al póker una vez por semana y todos traen sus propias bebidas. Al final de cada noche de póker, busco en la basura las botellas o latas que tiraron equivocadamente en lugar de ponerlas con cuidado en la encimera para reciclarlas. Hace un par de semanas, me arrastré a la vereda de mi nuevo vecino, tomé algunas cajas enormes de su basura y las rompí para ponerlas en mi bote de reciclaje. A estas alturas creo que ya tengo un problema.

Comenzó como un acto egoísta y se ha convertido en una forma de vida. No soporto ver a alguien tirar nada que pertenezca a mi bote verde. Llevo mis propias bolsas a la tienda de alimentos, casi nunca uso bolsas descartables para los almuerzos de mis hijos y esta primavera ayudé a plantar una huerta enorme. Crecí en una casa donde el aire acondicionado siempre estaba a 67° F (19° C), la nuestra la tenemos en 73° F (22° C). Sé que eso sigue siendo frío, pero estoy progresando. Quizás el próximo año pueda soportar 74° F (23° C).

Hay áreas en las que aún podemos mejorar, pero esos pequeños cambios hacen que nuestras familias nos llamen *hippies*. Me pregunto de dónde hemos heredado esa indiferencia por la tierra.

DÍA 18

Buenas noticias, gente.

Mis sandías crecieron.

Sydney, nuestra residente fanática de la huerta, entró corriendo emocionada y me arrastró hacia afuera para que examinara la planta de floración tardía. Ver para creer, tenemos seis frutos preadolescentes que muestran el florecimiento firme y redondo de su juventud. Sí, solo tienen el tamaño de un puño por ahora. Esos bebés aún no han llegado al fin de su crecimiento. Te lo dije, planta de sandía. Mamá sabía que tus capullos crecerían. (¿Quién se ríe ahora, tomate?).

Como rito de iniciación, vestimos a la planta de sandía con alambres y cuerdas para sostener sus novedades. Ella se irguió de inmediato, emocionada por su admisión al club de las frutas.

La sandía fue la última de nuestros bebés de la huerta en crecer. Tenemos habichuelas, calabazas, calabacines, pimientos, tomates, melón, sandía y suficiente albahaca como para abastecer a toda el área de Austin. La huerta familiar está dando fruto a pesar de nuestra monumental ignorancia. Es un milagro. Trata a la tierra con cariño y te dará alimento.

Sydney se merece todo el crédito por el mantenimiento general de nuestra pequeña parcela. Se ha convertido en toda una agricultora a sus diez años, examina sus plantas y reporta sus progresos. Arranca los productos maduros del día, gritando sorprendida por cada vegetal con el mismo entusiasmo desenfrenado que si viera de cerca a Justin Bieber. Sydney y Steven, nuestro socio de KP, están totalmente confabulados. ("Steven me enseñó a detectar gusanos de calabaza". "Steven dice que corte la albahaca en al menos cinco segmentos desde la punta". "Steven dice que los tomates cherry están listos cuando están de color naranja brillante").

El equipo de KP cosecha una vez a la semana y hemos trabajado felices junto con los voluntarios y colaboradores que antes eran indigentes. Los residentes que se benefician con el proyecto KP viven en una comunidad de casas rodantes al este de Austin, que fue reubicada por medio de una iniciativa llamada "Community First!" [La comunidad primero]. Ellos trabajan con hombres y mujeres que no tienen hogar, les dan vehículos recreacionales y/o pequeños hogares y les brindan ayuda, una comunidad y medios de subsistencia.

El proyecto KP es un brazo de Community First!; los residentes tienen varias huertas comunitarias en el parque de casas rodantes además de las de los patios traseros que ayudan a mantener. Ellos disfrutan los desayunos todos los viernes por la mañana en el remolque comunitario del parque de casas rodantes, donde llevan productos frescos de sus huertas y cocinan juntos. Los socios de KP y los residentes se reúnen una vez por mes para cenar y cada uno aporta su producción. Steven and Jen, los innovadores apasionados del proyecto KP, se mudaron a vivir al parque, hicieron una transición extraña de *abogados* a *vecinos*.

El proyecto KP tiene algunos problemitas por resolver, por supuesto. Como en cualquier emprendimiento, algunas cosas son cuestión de prueba y error. Pero estoy muy agradecida de ser parte de este año inaugural. He aprendido mucho acerca del suelo, de la producción y de amar a mi prójimo. Hay algo muy saludable en el hecho de trabajar la tierra juntos, haciendo a un lado las barreras culturales que normalmente nos dividen. El concepto de dar frutos buenos puede tener muchas facetas, en la agricultura, en los corazones o en la comunidad. Sirve tanto para el ser humano como para los calabacines.

Algunos de nosotros estábamos en las calles hace tres meses, otros tenemos maestrías, muchos otros estamos luchando con adicciones y todos hemos fallado, pero el suelo se nivela cuando removemos la tierra juntos, plantamos las semillas, cortamos las hojas o arrancamos un tomate perfecto; todos aprendemos las mismas prácticas antiguas que han sostenido a la humanidad desde el Edén. La tierra nos une; es un suelo común que se convierte en suelo santo.

DÍA 22

Cuando tenía diez años, vi la película *Sybil* en una pijamada y no se lo conté a mis padres. Esa película estaba terminantemente prohibida, pero mi amiga tenía HBO y MTV, dos frutos prohibidos que devoré con un desenfreno imprudente ya que teníamos una consola de televisión con control manual para cambiar a cualquiera de los cuatro canales. Oh, cable, sirena engañosa.

Sybil me asustó mucho. Era la historia real de una mujer que desarrolló personalidades múltiples para lidiar con el trauma psicológico causado por su madre esquizofrénica, que abusaba de ella en formas que no tenían ningún tipo de sentido para mi cerebro de cuarto grado. La aparición de las dieciséis personalidades de Sybil me causó una pena infinita.

Durante meses temí que mis personalidades alternativas se estuviesen preparando para aparecer. Examinaba mi cerebro a diario buscando señales de alguna división o pistas de alguna patología inminente. Si mi preadolescencia hubiera sucumbido a un momento de histeria, me hubiera sentado de piernas cruzadas en el piso para cantar un mantra: "Sybil, no puedes adueñarte de mí" (yo unifiqué los conceptos de "trastorno de personalidad múltiple" con "posesión demoníaca". Era una bautista legalista del sur que miraba HBO. Gracias por entender). Cada vez que tenía un pensamiento rebelde, me preguntaba: ¿Soy yo? ¿O es mi alter ego Savannah?

Amigos, mi miedo al trastorno disociativo resultó manifestarse ahora que estoy cómoda en mis treintas. Y no fue provocado por un abuso sino por *Simple y Libre*, una creación propia. Después de cinco meses de perfeccionar mis pensamientos, ahora tengo voces que compiten en mi cabeza luchando para tener el dominio mientras que yo intento comprar como un ser humano responsable.

A veces, aparece mi personalidad orgánica, Sage Moonjava, y mi mayor prioridad es comprar comida real con ingredientes saludables. Sage Moonjava no titubea al gastar $11,99 por una libra (453 gr) de castañas orgánicas a granel, porque fueron cosechadas con responsabilidad y no rociadas con aceite parcialmente hidrogenada. Las cadenas de supermercados son la desgracia de la existencia de Sage Moonjava; sus productos están cubiertos de aceite vegetal, cera de abejas y resinas de laca; en los pasillos hay diez mil combinaciones de jarabe de maíz, grasas refinadas y químicos con altos contenidos de fructosa; y las carnes están modificadas genéticamente e inyectadas con antibióticos. Abandoné un carrito lleno por la mitad y salí completamente derrotada.

Sin embargo, en otras ocasiones se materializa mi personalidad que compra productos locales, Ryvre. Ella intenta apoyar la economía local y reducir el gran impacto ecológico de importar bienes, esta pareciera ser la mirada ganadora. Comprar en cadenas corporativas es pagarle a los poderosos; me gusta lo pequeño, el comercio familiar, el dueño creativo de una pequeña empresa. Prefiero subsidiar a un vendedor local que preserva la propiedad creativa y así alimentar a nuestra economía local. Ryvre tiene la filosofía de "si vives aquí, invierte aquí". Comprar en Walmart consolida mi lugar en el rebaño, contribuye con una cuestionable cadena de suministros y cada año lleva a miles de comerciantes locales a la quiebra.

Sin embargo, mi tercer alter ego, Freedom Shakra, a quien conocerás un poco más el próximo mes, intenta desprenderse de la máquina consumista para lo que no ayudan todas las compras compulsivas. Freedom Shakra intenta gastar menos, *mucho* menos. Este es un sorteo donde los ganadores son productos genéricos sin marca, imitaciones y bienes usados. Ella entiende que las marcas de renombre y las etiquetas elegantes son el invento de publicidad de la gente que nos vende cosas que no necesitamos. No hay ninguna buena razón para comprar agua de diseñador, espaguetis carísimos o dos ramitos de albahaca por $3,99 cuando puedo disfrutar de un crecimiento fértil en mi propia huerta en oferta a $0,25. Ocuparse de nuestro exagerado y vergonzoso consumo es, en general, el punto de *Simple y Libre,* y Freedom Shakra está recortando el presupuesto al comprar menos cosas, más chiquitas y más baratas.

El problema es este.

Ryvre encontró un suéter de abrigo hermoso color chocolate en una tienda de moda local, llamada Red Door, justo aquí en nuestra pequeña ciudad. ¡Hablando de invertir en negocios locales! Queda a solo cinco minutos en el centro histórico Buda y la dueña vive por esta misma calle. Adiós, centro comercial. ¡Ryvre no compra en Gap! Ella apoya a las chicas locales.

Pero aparece Freedom Shakra y dice: "¡Espera un momento, Ryvre!". (Pone los ojos en blanco y pronuncia *Ryvre* sarcásticamente para dejar en claro que mentalmente lo está pronunciando "River"). Ese suéter cuesta $49 y a mi cuenta bancaria no le interesa si ese dinero va a Red Door o directamente al bolsillo de Sam Walton. Todo lo que Freedom Shakra sabe es que está gastando cincuenta dólares en un suéter con dos años de vida útil y no me importa de dónde vino, es patético. Muchas veces, comprar productos locales es sinónimo de *gastar de más*.

Freedom Shakra va ganando al día de hoy, así que se dirige a la tienda de alimentos donde divisa una docena de huevos por $0,99. ¡Viva! Menos de ocho centavos cada huevo, es una compra victoriosa para esta mamá ahorradora. Súmale $2,99 de un paquete de tocino y $1,69 de una lata de galletas, y hablamos de un desayuno para cinco personas por menos de $6. ¡Supera eso, Dave Ramsey!

Pero aparece Sage Moonjava, que lee detenidamente los ingredientes de las galletas. Todos los veintinueve ingredientes. Ella recuerda las terribles prácticas de las granjas que produjeron esos huevos inyectados con hormonas y cargados de antibióticos. Sage Moonjava regañó a Freedom Shakra por ir detrás de este tocino procesado y lleno de aditivos como si fuese el flautista de Hamelín:

> "La la la, dice mi canción,
> ¡La comida chatarra se ganó mi corazón!
> ¿Quién necesita lo orgánico?
> ¡Me inunda el pánico!
> Los productos GM son unos más del montón...".

Sage Moonjava compraría los huevos de $3,50 de gallinas libres alimentadas de césped, el tocino orgánico de $5,99 de cerdos criados responsablemente y el día en que alimente a su familia con galletas procesadas y enlatadas será el día en que se entregue a sí misma a las autoridades locales.

Sprouts es una tienda de alimentos orgánicos, pero no son locales.

El Mercado Central es una tienda local gourmet, pero no es económica.

H-E-B es la tienda más económica, pero los alimentos no son orgánicos.

Entonces Ryvre se horroriza porque Freeedom Shakra prioriza comprar barato, y Freedom Shakra se burla por completo de Sage Moonjava y Ryvre por gastar más en cosas "locales" y "orgánicas" (ella hace comillas en el aire con los dedos cuando dice esto). Las voces compitiendo me confunden y no tengo claro qué personalidad debería predominar. Esto me mete en un lío muchas veces y termino sintiéndome culpable de alguna forma, sin importar qué priorice al comprar ese día. He gastado más, he comprado basura barata procesada y he subsidiado la industria de talleres clandestinos. Evidentemente, simplificar puede ser complicado. ¡Dios!

Sybil, ¡no puedes apoderarte de mí!

DÍA 23

Este mes de *Simple y Libre* realmente se ha metido en mi sangre. Pienso en mis elecciones constantemente, rescato los objetos reciclables y cuestiono casi todo lo que consumimos. Todos mis hábitos están abiertos a debate.

El último aspecto que atrae la atención de los reflectores en el escenario del quinto mes son los almuerzos escolares.

Como la escuela acaba de comenzar, me vi confrontada por mi dependencia de las bolsas de plástico y de la comida empacada, dos grandes problemas para la vida ecológica. Esto me pone entre la espada y la pared todas las mañanas. Puede que Susana haya descubierto la solución:

No importa la basura congelada, llena de sodio y procesada con que el sistema de almuerzos escolares alimenta a nuestros niños. Resulta que incluso aquellos que alimentamos a nuestros hijos con cosas buenas le estamos haciendo un gran daño al medioambiente. Entre el jugo orgánico y los paquetes individuales de frijoles de soja con Bob Esponja, sin mencionar las bolsas de plástico con bastones de zanahoria y almendras —¡lo sé! ¡bien por mí!—, mis tres hijos están arrojando cerca de doscientas libras (noventa kilos) de desechos de paquetes al año. (Oh, espera, muy mal por mí).

Genial, ahora siento culpa.

Entonces, como yo mejoré su menú del almuerzo cambiando el agua azucarada y los Cheetos por las opciones realmente saludables, este año decidí mejorar la situación del empaque.

Primer paso: no más bolsas con cierre. Las utilizaba todo el tiempo. Prometí un año libre de estas bolsas para mis hijos. Di el salto e invertí veinte dólares en Container Store para comprar tres loncheras geniales con "una barrera protectora central", como dice mi peculiar niño de seis años, yo le digo "la cosita que separa", esto te permite tener tres compartimentos separados que puedes llenar con comidas distintas sin que se entremezclen. Todo se cierra junto casi herméticamente y, oye esto, es apta para lavavajillas. Vendidas. Hasta Adrian Monk las aprobaría.

El próximo paso: la comida empacada. Soy fanática de las tiras de queso y las cajas de jugos. Casualmente, a mis hijos les gusta el queso Colby-Jack casi tanto como el queso mozzarella. Así que ahora compro el trozo de dos libras (cerca de un kilo), saco la cortadora de queso y ¡tarán! Problema resuelto. Aún sigo trabajando en resolver el problema de las cajas de jugos. Es que me gustan tanto (es una cuestión de privaciones de la infancia, no pregunten). Es tonto, porque a mis hijos les dieron botellas de agua sin BPA junto con las loncheras, así que todo lo que tengo que hacer es llenarlas. De acuerdo, bien. Lo haré. Y luego, el paso final... servilletas de tela. Sí. Bueno... Odio lavar la ropa. Tendremos que revisar este último paso.

El beneficio es que este sistema es mucho más económico. Comprar al por mayor es ahorrar el dinero de mi familia. Las grandes corporaciones de alimentos están eliminando los paquetes del tamaño de un almuerzo. Las tiras de queso envueltas individualmente rondan los $9 por libra y yo compro mi Colby-Jack a unos $4 por libra. No es mucha ciencia. Las cajas de jugos están entre $0,50 y $0,70 cada una, y el agua es gratis, oh sí. Todo parece cuadrar bastante bien.

Si los almuerzos escolares sin desperdicios fuesen un problema, como lo son algunas cosas para cuidar el medioambiente, me quejaría. Pero esto es bastante fácil. También es una lección que estoy enseñando a mis hijos, la generación del futuro. Y esa debe ser la parte más importante de esta ecuación".

DÍA 25

Perfecto.

Necesito comentar un poco antes de decir lo que tengo para decir. Así que, ¡oigan! Gracias por llegar hasta aquí conmigo. ¡Guao! Cinco meses de todo esto. Mis niños ya regresaron a clases, así que si mis palabras suenan más coherentes últimamente es por eso. Si no es así, ignoren la oración anterior. ¿Qué más? Ah, esto es muy importante. ¡Acabamos de entregar nuestro expediente a Etiopía! ¡Hurra! Ahora estamos oficialmente a la espera de nuestro llamado de derivación y he comenzado a soñar con nuestros hijos africanos como cuando estaba embarazada. La semana pasada soñé que traíamos a nuestra bebé (?) desde Etiopía, pero que teníamos que recogerla en la zona donde se entrega el equipaje. Otra mamá también estaba esperando a su bebé y quedé petrificada porque estaba por tomar a la mía, así que la saqué de allí. Al final, mi bebé vino por la cinta y tenía un gran peinado afro. El nombre que escogimos para ella era Kyla.

Durante el mes verde, compramos una *Suburban* usada.

De acuerdo. Ya lo he dicho, pero vienen mejores noticias, así que sigue leyendo. Seguramente recuerdes que utilizamos un solo vehículo este mes, cosa que no fue tan desafiante como esperaba. Sin embargo, ahora estamos en el aviso oficial de adopción, lo que significa que dentro de poco tiempo tendremos cinco hijos. Para esto necesitaremos un vehículo grande. Fin. Me arranqué los pelos, me apretujé las manos y sacudí mi cabeza de un lado al otro, pero no había forma de evitarlo. Una familia de siete no solo *llega* a su destino, sino que *invade* el lugar.

Buscamos camionetas.

Buscamos híbridos.

Buscamos camionetas reformadas.

Buscamos vehículos familiares.

Activé mis múltiples personalidades e hicimos malabares con las prioridades en competencia: espacio, precio, rendimiento de la gasolina, consumo de combustible y emisiones.

Priorizar el consumo de combustible anula al espacio. Elegir las emisiones ecológicas puede aumentar dramáticamente el precio. Seleccionar el precio puede destrozar el rendimiento de la gasolina. Como el espacio no era algo negociable para nuestra familia, por más que me encante un Tahoe híbrido grande, si hubiésemos gastado $45 mil en un vehículo, Freedom Shakra me hubiese asesinado mientras dormía.

Hicimos las matemáticas.

Sacamos las cuentas.

Buscamos hasta el último detalle en internet.

Compramos una *Suburban* de ocho años que funciona con... ¡combustible flexible!

Con un precio accesible de cuatro dígitos, fue la mejor opción para apaciguar todas las voces. Déjame resumir para ti la investigación sobre combustibles alternativos: en lugar de funcionar con gasolina pura, los vehículos de combustible flexible [FFVs, por sus siglas en inglés] funcionan con un 85% de etanol (combinado con un 15% de gasolina), lo que la Agencia de Protección Ambiental considera un combustible alternativo. El etanol se produce dentro del país a partir del maíz, esto reduce la dependencia del petróleo extranjero y produce menos emisiones de gases de efecto invernadero.[10] ¡Viva el combustible alternativo! Cada vez estamos más cerca del DeLorean de Doc en el futuro.

Desventaja: los vehículos de combustible flexible rinden menos millas por galón. Ventaja: el galón de combustible flexible cuesta unos treinta centavos menos, así que el costo por milla no es un gran aumento. Conducir nuestra *Suburban* con combustible flexible nos costará unos cuatrocientos dólares más al año. *Ouch.* A Freedom Shakra no le agrada esto, pero Ryvre y Sage Moonjava están muy contentas porque al tener un 85% de etanol utiliza solo una parte de la gasolina y podremos ahorrar aproximadamente

735 galones (2 780 litros) de gasolina al año, diecisiete barriles menos. Si comparamos una *Suburban* común con la nuestra de combustible flexible, la huella de carbono (que mide el impacto de un vehículo en el cambio climático en toneladas de dióxido de carbono emitidas anualmente) disminuye de 13,3 a 9,6; los gases de efecto invernadero no emitidos son de 4 820 libras al año.[11]

No es un Prius indudablemente, pero utilizar solo 15% de la gasolina que utilizaríamos de otra forma es un gran avance. Según los cálculos del dueño de una *Suburban*: "El precio del E85 (85% de etanol) en mi área no justifica el E85 solo por su valor, pero sí se justifica por el hecho de disminuir la dependencia del petróleo y tener un aire más limpio. Mira el millaje solo por el consumo de gasolina: al rendir 360 millas por tanque utilizando solo 4,8 galones de combustible (85% de etanol y 15% de gasolina), mi millaje de gasolina es superior a 75 millas por galón (1 200 km/4 lts). Esto es mejor que los híbridos".[12]

¿Me sigues con todos estos números? En resumen: la camioneta es un poco más cara para funcionar, pero mucho mejor para la tierra. Esto es un buen comienzo, gente. ¿Y cómo es para la providencia? Austin tiene solo *tres* estaciones para cargar etanol: una está justo al sur de nuestra casa en Kyle, a 6,7 millas (10 km) de puerta a puerta, y otra está dentro de mi código postal en Buda, a 3,8 millas (6 km) desde la entrada de casa. Cuando Dios cierra una puerta, abre una ventana. O algo así.

Dicho así suena mal: Jen compró una *Suburban* durante el mes verde.

Pero dicho así suena muy bien: utiliza menos gasolina que un coche económico.

[Lector, tengo una pequeña victoria para compartir relacionada con nuestros vehículos: nuestros hijos conducen pequeños automóviles económicos y ahora que solo uno de ellos anda conmigo regularmente, he achicado mi coche por primera vez en quince años. Me he salido del mundo de los SUV. Nunca creí que este día llegaría. ¡Ahora solo me ocupo de mí en mi propio vehículo! ¡Puedo escuchar *Hamilton* todo lo que quiera en mi pequeño automóvil!]

DÍA 27

Oye, ¿qué tan divertido es www.groupon.com para comprar cosas locales?

Entras tu código postal y Groupon te envía un correo electrónico diario con cupones para algunos servicios, restaurantes o productos locales. Tienes que comprar el Groupon ese día (no es necesario utilizarlo), pero acabo de comprar una comida de $20 en Mama Fu a solo $10.

Ese es dinero gratis en un restaurante local al que voy una vez por semana de todos modos. Groupon hace menos dolorosas algunas opciones locales más caras:

- $12 por una comida de $25 en Hyde Park Grill (sus papas fritas y su "salsa especial" te cambiarán la vida).
- $8 por una suscripción anual de $24 a la revista Austin Monthly.
- $69 por cuatro semanas ilimitadas de entrenamiento en Boot Camp 512, valuadas en $150 (voy omitir y comer las papas fritas de Hyde Park Grill en su lugar, gracias).
- $65 por una sesión de fotos de una hora e imágenes en DVD de Silver Bee Fotografía, precio normal: $320.

Esta es una gran forma de mantener tu dinero en negocios locales sin colapsar el banco. No podríamos comer en un Pizza Hut por menos de $12, pero gracias a Groupon podemos tener una cita intelectual con el presupuesto de una comida rápida. Y, créeme, somos personas inteligentes. Mis testigos son mis pantalones de chándal cortados y la camiseta de "Beach Week 2002" que llevo puesta y que también tenía puesta ayer. Y a dormir.

DÍA 28

Hoy pasé por la casa de un vecino en el día de la basura. No los conozco. Vi una caja de cartón enorme de pañales sobresaliendo de su bote. Me detuve. Retrocedí. La saqué de su bote de basura, la rompí y la puse en nuestro bote de reciclaje. Tal vez sea lo más extraño que haya hecho.

DÍA 29

A veces parezco más un hombre que una mujer. Claro, me aliso el pelo, uso pañuelos y pendientes, pero no quiero hablar de eso cuando estoy enojada. Soy terrible para dar regalos y me encanta el humor estúpido y las películas tontas.

Mis genes de compras también quedaron fuera de mi ADN no tan femenino. Preferiría que mi saliva se transformara en orina para siempre antes que pasar mucho tiempo en el centro comercial. Simplemente no me gusta comprar. No me resulta divertido. Es por esto que mi ropa es del supermercado Target; voy a comprar marcadores, y supongo que compraré esta camisa que está junto al pasillo. Si no me entra, no la devolveré nunca.

Por eso, durante este mes de *Simple y Libre*, "comprar solo productos locales o de segunda mano" no fue tan difícil como podría serlo para una verdadera chica. No ir a tiendas de ropa como Express, Kohl's, entre otras, no es solo un principio de *Simple y Libre* sino algo que practico durante toda mi vida. Bueno, sí es un desafío cuando necesitamos algo de verdad y no está disponible de inmediato en las tiendas locales o en las de rebajas, pero como debes recordar, excedimos ese límite para comprar los tenis. Bueno, y las mochilas. (Mi amiga dijo: "Podrías haber cosido sus mochilas con sudaderas viejas". Yo: "¿A qué te refieres con *coser*? No entiendo las palabras que salen de tu boca").

Dicho esto, di un paseo por Goodwill en honor al mes verde. No soy una compradora de segunda mano consagrada, es decir, nunca lo hice. Me agobio fácilmente en una tienda regular organizada por género, color y precio, así que con un poco de desorden y cincuenta estantes juntos podría empezar a tararear de forma maniática y a golpearme en la cabeza.

Este fue mi evaluación de Goodwill: en la categoría de la organización, le doy un 90% de aprobación. (El otro 10% fue a consecuencia de ser una tienda). Los artículos hasta estaban organizados por color, eso es de mucha ayuda para una anticompradora como yo. El tema de las tallas también ha mejorado. Los zapatos estaban sobre la pared del fondo. Los muebles a la derecha. Todo muy limpio y ordenado. Bien hecho, Goodwill.

Gracias a las subcategorías de color y género, hasta una escéptica como yo pudo lograrlo. Mi sofisticado proceso de pensamientos fue algo así:

Demasiadas cosas.

¡No puedo respirar!

(¡Intenta no sonar como un mono histérico!)

Respira.

Me gustan las camisas.

Me gusta el marrón.

Me gusta el amarillo.

Aquí hay camisas marrones.

Aquí hay camisas amarillas.

Compré un suéter marrón de punto trenzado y una camiseta con escote en V en color amarillo mantequilla que será el fondo perfecto para mi collar largo de África. Ambos estilos irrumpieron en escena este año, los vi por todos lados, y por todos lados me refiero a los comerciales. Salen en $8,45.

Además, el equipo de Goodwill tiene una actitud agradable y despreocupada que me encanta. No hay empleados con una sonrisa irritante, ni promotores molestos que digan: "Trabajo a comisión", ni cajeros prejuiciosos siguiéndome por todos lados porque mi atuendo parece decir: "Puse cosas en mi bolso". De hecho, mientras me acercaba a la caja con mis dos pequeños tesoros extraídos de las masas, las cajeras estaban terminando una conversación durante unos quince segundos antes de atender mi compra:

"Es un tonto".

"Te lo dije".

"Su madre no lo educó así".

"Él dejó de ir a la iglesia hace cinco años. Eso debe decirte algo".

"No va a regresar a la iglesia a menos que creen una zona para fumadores".

"Déjalo. Rhonda puede tener tus lamentables sobras".

[Me ven].

"Oh, hola, querida. Perdón por esto. Solo estábamos hablando de lo miserables que son los hombres".

Yo: "No, por favor, desde ya, continúen. Cualquier hombre que haya abandonado la iglesia no anda en nada bueno.

Un día deja de ir a la iglesia y al día siguiente está pegado a un sofá reclinable gritándote que le lleves una cerveza".

"Chica, todo lo que dices es cierto. La próxima vez ven más temprano, querida. Puedes sentarte aquí y disfrutar de *todos* nuestros chismes".

Tal vez lo haga.

DÍA 30

¡Cielos, este mes se ha metido en lo más profundo de mí para siempre!

Sigo pensando en nuestra obsesión con la salud. Hemos inmunizado a nuestros niños, los controlamos, los vacunamos, los evaluamos y examinamos desde el día en que nacen. Si se cortan, le ponemos crema antibacterial y apósitos. Si se tuercen el tobillo, les ponemos hielo. Si tienen una infección en la garganta, les damos antibióticos. Alimentamos nuestro cuerpo con buena comida, bebemos suficiente agua y leche para mantenernos en movimiento. Me aseguro de que mis padres tengan controles médicos anuales y visitamos al dentista dos veces al año. Estoy atenta a los lunares extraños y a los bultos. Examino los nódulos linfáticos de mis hijos y utilizamos protector solar. Tenemos un armario con píldoras en caso de que algo se salga de control y puedo recoger una receta una hora después de un diagnóstico.

¿Por qué?

Porque Dios nos dio cuerpos espectaculares y los valoramos.

Pero así como es cierto que Dios creó al hombre a su imagen, primero creó la tierra. Con el mismo cuidado con el que diseñó sesenta mil millas (96 000 km) de vasos sanguíneos en el cuerpo humano, también creó con sus manos las hortensias, las corrientes de agua dulce y los colibríes. Él balanceó los ecosistemas saludables con precisión y estableció los climas y la belleza. Él integró los colores, los aromas y los sonidos que sorprenderían a la humanidad. Los detalles que tuvo en cuenta mientras creaba la tierra son tan extraordinarios que no es de extrañar que haya utilizado cuatro de los seis días de la creación para dedicarse a ella.

Entonces, ¿por qué no nos ocupamos de la tierra de la misma forma en que nos ocupamos de nuestro cuerpo? ¿Por qué no nos escandalizamos, no examinamos y no administramos la creación con la misma tenacidad? ¿Por qué no nos negamos a ser cómplices de la devastación de nuestro planeta? ¿Por qué no decidimos dejar de saquear los recursos de la tierra como salvajes? ¿Por qué nos burlamos de los ambientalistas y obstaculizamos su pasión conservacionista? ¿Nos consideramos tan superiores al resto de la creación que estamos dispuestos a agotar la tierra para proveernos lujos? Si es así, bien seremos la última generación con ese privilegio.

"No siempre habrá más", explica Steven Bouma-Prediger en su libro *For the Beauty of the Earth* [Por la belleza de la Tierra]. "Salvo por nuestra ingesta de energía proveniente del sol, el mundo es finito. La cantidad de organismos individuales puede parecer ilimitada, pero no lo es. Puedes pensar que las especies son incontables, pero son una cantidad limitada. Tal vez parezca que puedes abusar de nuestros sistemas de soporte vital, pero hay límites de lo que pueden soportar. Te guste o no, somos criaturas finitas viviendo en un mundo finito".[13]

He estado consumiendo los bienes, haciendo un gran desastre, asumiendo que alguien más lo limpiará y se hará cargo de pagar la cuenta. Pero, déjame decirte que este mes le puso un freno a eso. No puedo creer cómo Dios me ha cautivado para cuidar de la creación. Cuentan conmigo para todo: reciclar, usar menos, sembrar, compostar, conservar, comprar productos locales, reutilizar en lugar de reemplazar. Los efectos inmediatos de un estilo de vida más consciente son evidentes en el bote de basura casi vacío y en la disminución de la factura de electricidad.

¡Tierra mía, tenemos mucho por recorrer! Mis hipocresías son demasiadas como para contarlas, pero este mes le dio paso a algo indudable: ya no podemos separar la ecología de la teología y fingir que no nacieron de la misma fuente.

> Del Señor es la tierra y todo cuanto hay en ella,
> el mundo y cuantos lo habitan;
> porque él la afirmó sobre los mares,
> la estableció sobre los ríos (Salmos 24:1-2).

Un amigo dijo: "No sé por qué lo intentas. Da igual. A nadie más le importa". A eso, le responderé con esta pizca de sabiduría de Steven Bouma-Prediger:

> Si Dios realmente está en el centro de todo y el buen futuro de Dios es la realidad más certera, entonces el rumbo de accionar verdaderamente realista es derribar la ética consecuencialista dominante de nuestra era —que dice que deberíamos actuar solo si es más probable que nuestras acciones tengan buenas consecuencias— y, simplemente, como somos personas que encarnan la virtud de la esperanza, hacer lo correcto. Si creemos que reciclar es parte de nuestra tarea como guardianes de la tierra, entonces deberíamos reciclar, sin importar si eso cambiará el mundo o no. Solo hacer lo correcto. Si pensamos que utilizar menos vehículos y caminar más es una parte integral de nuestra obediencia ecológica, entonces eso es lo que deberíamos

hacer. Lo correcto. Deberíamos cumplir nuestro llamado a ser cuidadores de la tierra sin importar si el calentamiento global es real, si hay hoyos en la capa de ozono o si se extinguen tres especies no humanas por día. Nuestra vocación no es condicional a los resultados o el estado del planeta. Nuestro llamado simplemente depende de nuestra identidad como humanos portadores de la imagen de Dios y dispuestos a obedecerle".[14]

Hagamos lo correcto.

[Cuando escribí esto originalmente, la sueca Greta Thunberg tenía siete años y nunca había recibido las burlas del Presidente de los Estados Unidos por luchar contra el cambio climático. (¡Greta! La revista *Time* te nombrará Persona del Año en 2019. Disfruta de tercer grado. Tu vida pronto se volverá una locura). Como mencioné antes, el cambio climático y la conservación ahora son temas de conversación que están en el centro de atención.

La Organización Meteorológica Mundial (OMM) dice: "El mundo está aproximadamente un grado Celsius más caliente que antes de que se esparciera la industrialización. Los veinte años más cálidos que se han registrado fueron en los últimos veintidós años, los cuatro primeros son los años del 2015 al 2018. En todo el mundo, el nivel del mar aumentó un promedio de 3,6 mm al año entre 2005 y 2015.[15]

El cambio en la temperatura de la superficie global entre 1850 y finales del Siglo XXI posiblemente sea mayor a 1,5°F, según dicen la mayoría de las simulaciones. La OMM dice que si la tendencia actual del calentamiento continúa igual, las temperaturas podrían aumentar de 3° a 5°F para finales de este siglo. A los aumentos de temperatura de 2 °C durante mucho tiempo se los había considerado como la puerta de entrada al calentamiento peligroso. Recientemente, los científicos y legisladores han argumentado que disminuir estos aumentos a 1,5°F es más seguro. Un reporte del Panel Intergubernamental del Cambio Climático en 2018 sugirió que ajustarse el objetivo de 1,5°F demandaría cambios rápidos, trascendentales y sin precedente en todos los aspectos de la sociedad".

Todo esto es muy real. Me comprometo nuevamente a hacer lo correcto. Estoy examinándolo todo: nuestro consumo de carne, nuestra huella de carbono, nuestros desperdicios, nuestros productos desechables, nuestros viajes y nuestras fuentes de recursos. Quiero tener una respuesta para mis nietos cuando me pregunten qué hice para revertir el calentamiento global. No es demasiado tarde. Pero este será el legado de nuestra generación... ya sea para bien o para mal].

GASTOS

Había una vez, una chica que calculaba en cuántos lugares distintos al mes gastaba el dinero su familia. Ella llevaba el registro de las cuentas bancarias del año anterior y el promedio era de sesenta y seis vendedores al mes, sin contar los gastos repetidos. Quería vomitar. Fin.

Cuando Brandon y yo nos casamos estábamos en la universidad y nuestros ingresos anuales en conjunto eran de $11,270. Éramos tan pobres que los beneficiarios de los subsidios estatales nos daban *a nosotros* queso y mantequilla de maní. **[Oye, ¿Jen del 2010? Esto no es agradable. Estás intentando ser graciosa, pero no dirías esto dentro de una década. Resulta que la pobreza no es material de chistes].** Esta situación continuó durante los primeros días del ministerio juvenil y los días de escasez con un solo ingreso, bebés y niños pequeños. Recuerdo que Brandon me daba veinte dólares para alimentarnos durante una semana. La nevera y la despensa estaban vacías, tenía un preescolar en la mesa, un niño más pequeño en mi pierna y un bebé en mi cadera. Me sentaba en el medio de nuestra cocina y lloraba desconsoladamente.

En ese entonces no solo controlábamos cada centavo; escudriñábamos, contábamos, revolvíamos y exprimíamos hasta el último de ellos. Sonic [restaurante de comida rápida] era una extravagancia absoluta. Fieles a nuestra generación, cavamos un pozo profundo y oscuro de deudas para comprar el estilo de vida que no podíamos costear pero que, por alguna razón, sentíamos que nos correspondía. Negándonos a vivir de acuerdo con nuestros medios, vivíamos cheque a cheque, con el dinero en el aire y asintiendo con cortesía cuando las personas adineradas de la iglesia nos hablaban de sus vacaciones y sus autos nuevos, preguntándonos con quién había que enredarse para adquirir esos lujos (los bancos Chase y Capital One estaban felices de colaborar).

Avanzamos unos pocos años y aquí estamos. Ya no lleno mi tanque de gasolina por la mitad ni alimento a mi familia con veinte dólares a la semana. Hemos superado esa deuda y —agárrate— hasta tenemos una cuenta con ahorros. Te aseguro que no utilizamos a Benjamin Franklin como papel de baño ni nada de eso. Créeme, "autora cristiana adinerada" es un oxímoron. Lo mismo para los ingresos de mi esposo como "pastor principal". Los pastores principales son como los agricultores, solo unos pocos están subvencionados por las grandes riquezas, mientras que los pequeños productores orgánicos solo oran por una cosecha e intentan mantener las luces encendidas.

De todos modos, una vez que le perdí el pánico a que mi tarjeta de débito fuera rechazada (lo que me llevó *años* superar en la intimidad), el péndulo se balanceó hacia el otro lado. Ahora soy completamente descuidada. Y despistada. Cualquiera que gaste dinero en sesenta y seis lugares por mes es el tipo de consumidor más atroz. Si me hubieses pedido un estimativo, no hubiese adivinado ni la mitad de lo que realmente malgastamos.

Soy la clase de consumidora que ni el mundo pobre, ni el responsable, ni el mundo en sí puede sostener por mucho tiempo. ¿Cómo voy a responder por mis decisiones cuando Dios me confronte? Con todos estos fondos invertidos en restaurantes, zapaterías y cines, dudo que Jesús acepte mis excusas por descuidar a los pobres teniendo en cuenta mis movimientos de caja.

Hablando de eso, este mes solo llevamos dinero gastado en siete lugares, apenas una pequeña reducción de consumo (sarcasmo): el 89% menos de vendedores en un mes, por amor a Moisés. Estos son los vendedores que se llevan nuestro dinero:

- Mercado agrícola de Sunset Valley
- Gasolinera H-E-B (¡combustible flexible!)
- Pago de cuentas en línea
- Escuela de los niños
- Fondo para viajes limitado
- Urgencias médicas
- Tiendas Target

Target está siempre en mi lista para cualquier propósito, porque siempre existe la —mínima— posibilidad de que cambie el clima y los pantalones de mis hijos no cierren el botón ni cubran sus tobillos. Y, para otra decena de problemas técnicos, como papel higiénico o detergente, Target siempre está allí para mí, para garantizar que no envíe a mi hijo a un cumpleaños con col rizada del mercado agrícola. Sin embargo, intentamos suplir nuestras necesidades de cualquier otra forma antes de pasearnos por Target, ya que podríamos pasar toda nuestra vida allí sin dudarlo.

Esto significa que no hay restaurantes, cines, ni comida de Chick-fil-A, ni Coca-Cola con nachos en el juego de UT o UCLA —ni aparcamiento—, no hay libros de Kindle, Barnes y Noble, Amazon.com, Borders, ni de mitad de precio para alimentar mi hábito, ni almuerzos afuera luego de la iglesia, ni juegos de fútbol americano de la escuela secundaria Hays —a menos que mi madre, la directora, nos dé entradas gratis—, ni accesorios de cacería (Brandon), ni Call of Duty 4 (Gavin), ni iTunes (Sydney), ni gusanos de pesca (Caleb) y tampoco hay filete mongol picante sobre arroz integral con un arrollado de curry de Mama Fu (*moi*).

Cuando pedí su participación, el Consejo me dijo la frase proverbial "ya veremos" (o su pariente cristiana "vamos a estar orando por eso"). Seamos sinceros, el sexto mes duele. Reducir aún más los gastos moderados a siete opciones es muy poco estadounidense. Becky lo resume muy bien en este correo electrónico:

> Pensaba en esto mientras estaba sentada cenando sola en el aparcamiento de Chick-fil-A. Había salido del trabajo temprano y estaba yendo a casa. Pero pensé: "¿Realmente quiero participar de esa especie de cena con nachos y salsa de manzana que Marcus preparó a las niñas?". No. "¿Quiero cocinar la cena solo para mí?". No. Gastar dinero innecesariamente es divertido y me gusta. Lo siento.

Realmente se arrepentirá si vuelve a mencionar a Chick-fil-A este mes.

DÍA 1

Permíteme comenzar con una advertencia, debido a que ya gasté dinero sin aprobación.

Ejem.

Por eso, hagamos una distinción entre *gastar* y *ofrendar*. La bestia con la que estamos batallando es el consumismo, definido como "tendencia inmoderada a adquirir, gastar o consumir bienes".[1] Estamos limitando estrictamente la compra de bienes y servicios para nosotros. Las cosas que comemos, compramos, usamos y nos gustan *a nosotros*. Este consumismo se ha vuelto tan común a tal punto que es imperceptible.

Ofrendar, sin embargo, es algo muy distinto. Seguimos financiando a Arun y Aruna, unos huérfanos en India; seguimos financiando a Givemore, un orfanato en Zimbabue que ya tiene quince años, y seguimos diezmando. Aquí estamos cubriéndonos con el espíritu de la ley en lugar de hacer lo que dice exactamente. Esto motivó la "cláusula de la ofrenda" por medio del Consejo, la cual exime el gasto caritativo.

¿De acuerdo? Así que yo felizmente financié dos eventos esta semana: una parrillada con nuestro grupo de restauración para las personas sin hogar y una recaudación de fondos para la Fundación ABBA de nuestra iglesia para la adopción. Estos son gastos aprobados por Jesús, gente. Los beneficiarios no son solo mi barriga, mis pies, ni mi vida consentida sino aquellos que Jesús nos pidió que cuidáramos. Como diez mil veces.

Si no te gusta que demos dinero a los pobres este mes, agárratelas con Jesucristo y su papá, Dios.

DÍA 2

Molly entró a mi casa y dejó un envase de queso pimiento de Central Market en mi refrigerador. Si alguna vez vuelvo a decir algo sarcástico acerca de sus tres DVD o su hoja de cálculo para ver televisión organizada por canal y día con veinticuatro programas semanales identificados por color y espacio para estrenos a mitad de temporada, que una catástrofe caiga sobre mi casa.

DÍA 3

Molly se ofreció a traer un *sándwich de pollo gratis* de Chick-fil-A. (Nuestro nuevo CFA está regalando desayunos todos los miércoles de este mes). Si esta es una campaña para convertirse en mejor amiga, claramente está ganando. *Claramente.*

DÍA 5

Tengo dos opciones para comprar en el mercado agrícola con descuento: los sábados por la mañana en el mercado y mi "caja semanal" de ASC de Johnson's Backyard Garden, una granja orgánica de setenta acres ubicada cinco millas al este de Austin. Comprar estos productos me hace locamente feliz. Está totalmente alejado del sistema de alimentos industrializados y es algo tan deliciosamente local que cada semana acerco los productos sucios sin envase a mi nariz y respiro hondo para deleitarme.

¿Qué significa ASC? Agricultura Sostenida por la Comunidad, una forma popular en la que los consumidores compran alimentos locales de temporada directamente a un agricultor. Básicamente, un agricultor ofrece "acciones" por una tarifa mensual, semanal o anual. La acción es una caja de productos recogidos esa semana, y obtienes lo que se ha cosechado. Esto me lleva a escarbar en internet para buscar recetas para preparar berenjena, col china, acelga, entre

otros vegetales exquisitos que nunca compré porque no sabía qué eran. Mi caja incluye una docena de huevos de sus
gallinas libres y una libra de café orgánico de libre comercio.

Johnson's Backyard Garden comenzó literalmente
como una huerta trasera en la zona urbana de Austin, abas-
teciendo a treinta familias por semana con productos orgánicos. Luego se volvió una huerta trasera lateral y frontal,
gracias a los comentarios de los clientes entusiasmados.
Con el apoyo de la creciente comunidad, los Johnson compraron veinte acres justo al este de Austin, luego cuarenta
más, luego otros diez, y ahora dirigen una empresa de ASC
de mil miembros. De hecho, hasta me sé los nombres de mis
agricultores. ¡Sus hijos están corriendo detrás del tractor en
la foto del sitio web, por favor!

No puedo explicar lo feliz que me hace invertir mi dinero
de consumidora en esta oferta de alimentos. Sí, es más caro
que los productos de baja calidad del supermercado. No, no
está disponible como nuestra tienda de conveniencia 24/7.
Sí, mis hijos se quejan de que no tenemos comida. Sí, recibo
productos que no compraría de otra manera, pero ¡estoy encantada con esta aventura de alimentos! Los miembros de
ASC suben recetas en línea y hemos descubierto algunos
tesoros. (Sí, hablo de ustedes, calabaza kabocha y filete de
curry de coco).

Tenemos menos comida, pero lo que hay es nutritivo,
local, maravilloso y perfecto. Hoy envié a los niños a la escuela con sopa casera en sus termos, pepinos ingleses, los
últimos duraznos de Texas y los pimientos amarillos más
deliciosos que hayas comido en la historia del universo. Hay
un gran cajón vacío en el almacén, donde solían estar los tu-
bos de papas Pringles y los paquetes de cientos de calorías,
pero digamos que es un buen paso, sin importar lo que mis
hijos hayan dicho.

Como explica Michael Pollan, tres veces al día estoy eligiendo con mi tenedor una provisión de alimentos saludables. Sé que mi dólar insignificante es como escupir al viento, pero si todos comenzamos a escupir, los ejecutivos que controlan la industria de alimentos escucharán, no porque se interesen por la salud, sino porque sin duda se interesan por el dinero. El Gran Negocio de los Alimentos seguirá al dólar, persuadido por un mercado orgánico en crecimiento que recaudó 26,6 mil millones de dólares el año pasado, el 5,3% más que el año anterior.[2]

Y cuando me desaliento apenas un poquito porque mi enojo contra la maquinaria capitalista es tonto, recuerdo que estoy tomando decisiones más saludables para mi familia, estoy redescubriendo el sistema directo del campo a la mesa que Dios creó, y eso tiene valor. Cuando veo los recursos de nuestra tierra y todos los humanos que se necesitan para sostenerla, adopto una perspectiva sobre la responsabilidad relacionada con el versículo "pero yo y mi casa".

La administración es así. No voy a responder por la forma en que otros cristianos manejen su dinero. No voy a cargar con el consumo irresponsable de otra persona, ni voy a llevarme el crédito por la forma en que otra comunidad de fe comparta o sacrifique sus lujos por los marginados.

Solo responderé por mis decisiones.

No va a importar que diga: "Pero la iglesia...", "Pero ellos..." o "¿Qué hay de esos que...?", excusándonos por la forma en que administramos nuestro dinero, nuestra parte de la tierra. Al fin y al cabo no se esfumará esa actitud que nuestra generación ama, de pensar "mi voto no es tan importante, así que ¿por qué molestarme?".

El sentido común también me respalda. Pensemos en esto: aerosol de queso y salsa de guacamole sin aguacate contra zanahorias y patatas extraídas ayer de la tierra; ¿hay necesidad de preguntarse qué haría Jesús? (¡Hola, Jesús! ¿Qué opinas del montón de baba de cerdo enlatado con la etiqueta de Spam? ¿Quién no querría un bocado de Jell-O con sabor a carne?).

Pero yo y mi casa intentaremos no comprar más Oreos.

DÍA 8

"El solo hecho de poder tenerlo no significa que debería comprarlo".

Escuché esto hace poco y se me quedó grabado. El contraataque a esta perspectiva incluye una lista de objeciones al alcance de cualquier consumidor común estadounidense:

- No es nada del otro mundo.
- Puedo pagarlo.
- Trabajo duro para conseguir mi dinero, así que puedo gastarlo como quiera.
- Quiero esto, quítate.
- Me lo merezco.
- Otras personas gastan mucho más.*
- Aún tengo dinero en el banco.

(*La excusa favorita de Jen)

Así que gastamos y gastamos; acumulamos y acumulamos; nos consentimos con cosas y cosas, cada vez hacemos oídos más sordos a Jesús, quien nos muestra una vida simple marcada por la generosidad y el bajo consumo. Con el tiempo, se desarrolla un nuevo compartimento para nuestros hábitos de gastos, bien distanciados de otros cajones como el "discipulado" y la "mayordomía" (que se reducen provechosamente al *diezmo*).

Y, oye, yo soy la primera en la fila. No creas que mi vida se ha caracterizado por la simpleza financiera. Desearía haber devuelto tantas compras innecesarias; hay algunas específicas que me apenan constantemente. Los gastos irresponsables, egoístas y superficiales que he realizado son abrumadores, desearía no saber nunca la cantidad real para no hundirme debajo de ellos. Ahora estoy así, hasta el cuello. Este no es el manifiesto de un sabio, sino el arrepentimiento de un pecador.

Yo solía decir: "Pero nosotros diezmamos y ese dinero se destina para las cosas importantes para Jesús". Solo que muchas iglesias lo utilizan para pisos de mármol, edificios brillantes, videos geniales, publicidad costosa, lindos paisajes, equipos de sonido sofisticados y, en un caso reciente, un increíble avión privado de varios millones de dólares.

Ven conmigo rápidamente a hablar sobre un tema nuevo, solo por un momento: ¿cómo hemos permitido que la Iglesia se deteriore así? ¿Cómo es que esto está bien? ¿Cómo podemos apoyar estos gastos? ¿Cuándo fue que esto se convirtió en el protocolo normal de la Novia de Cristo? Hemos construido un complejo proceso de dos pasos para justificar este indignante gasto *en nosotros mismos*. Estamos muy lejos de la versión original de Jesús; todos nuestros proyectos serían irreconocibles para los Padres de la Iglesia primitiva. La tierra está gimiendo y nosotros estamos poniendo barras de café en nuestros santuarios de $35 millones de dólares. Solo porque podamos tenerlo no significa que debamos comprarlo. Me sorprende lo fuera de lugar que se sentiría el simple y humilde Jesús en las iglesias estadounidenses de hoy en día.

Pero, por ahora, hablemos de nuestra parte en esto, ya que tú no controlas la chequera de tu Iglesia (aunque *sí* eliges una congregación que administre el dinero de los diezmos para el bien mayor, pero aquí voy de nuevo). Ocupémonos de esa objeción anterior: "Pero yo doy mi diezmo". Esta obediencia básica exime el resto de nuestros gastos, aliviando nuestra conciencia y marcando como deber cumplido la casilla de la administración. Con ese cajón cómodamente cerrado, los otros pueden abrirse a nuestro antojo.

Pero ya conoces a Jesús, con sus respuestas rápidas:

> Cuando Jesús terminó de hablar, un fariseo lo invitó a comer con él; así que entró en la casa y se sentó a la mesa. Pero el fariseo se sorprendió al ver que Jesús no había cumplido con el rito de lavarse antes de comer.
>
> —Resulta que ustedes los fariseos —les dijo el Señor— limpian el vaso y el plato por fuera, pero por dentro están ustedes llenos de codicia y de maldad. ¡Necios! ¿Acaso el que hizo lo de afuera no hizo también lo de adentro? Den más bien a los pobres de lo que está dentro, y así *todo* quedará limpio para ustedes.
>
> ¡Ay de ustedes, fariseos!, que dan la décima parte de la menta, de la ruda y de toda clase de legumbres, pero descuidan la justicia y el amor de Dios. Debían haber practicado esto, sin dejar de hacer aquello (Lucas 11:37-42).

Me gusta este mensaje, con esa capacidad de "darte una patada en los dientes" que siempre tenía Jesús. "Por dentro están llenos de codicia" es la forma políticamente incorrecta en la que lo dice Jesús. Y aquí le pega también a la excusa de "pero yo doy mi diezmo". Así como se los señaló a los fariseos, ellos nunca, nunca, dejaron de poner ni un centavo en sus diezmos, pero descaradamente pasaron por alto la justicia y perdieron el sentido por completo. Por fuera estaban relucientes, mientras que por dentro eran un desastre, pero, para su suerte, Jesús tenía el remedio: "Den más bien a los pobres de lo que está dentro, y así *todo* quedará limpio para ustedes".

Grillos.

Comienzo a preguntarme si Jesús en realidad quiso decir eso. ¿Estaba hablando en serio acerca de la santificación mediante la generosidad extrema? ¿De verdad está promoviendo la redistribución? No sé si Él lo sabe, pero esto significaría reorganizar por completo la forma en que vivimos y gastamos el dinero.

Últimas noticias, Jesús: casi ninguna persona que conozco vive así. Me siento más segura con el pensamiento colectivo de la prosperidad que con el plan ridículo de Jesús. La justificación de la comunidad cristiana está encantada de complacerme. (Esta es una declaración reciente luego de mostrar una compra muy lujosa con los fondos de la iglesia: "Actuamos de una forma digna del llamado de Cristo y no nos arrepentimos". Oh, ¿Jesús respalda esto? Continúen entonces).

¿Y si estamos comprando una bolsa de engaños? ¿Y si las riquezas y los lujos están puliendo a las personas por fuera, pero pudriéndolas por dentro sin siquiera saberlo? ¿Existe una razón por la que Jesús llamó ciegos, sordos y necios a los ricos? Jesús nunca pronuncia palabras positivas acerca de las riquezas, solo montones de parábolas con nosotros como remate y esta observación: es muy difícil que recibamos su Reino, más difícil que pasar un camello por el ojo de una aguja. *Eso es realmente difícil.* Si esto es así, entonces más que temerle a la pobreza o a la sencillez, debemos temerle a la prosperidad.

¿Podemos dejar de imaginar que estos ricos tristes y lamentables pertenecen a otro grupo demográfico? Un creyente valiente admitiría: "Está hablando de mí". Mira nuestras casas, autos, armarios, nuestros lujos; si nosotros no somos ricos, entonces nadie más lo es. Si no estamos siendo arrastrados por los privilegios, los lujos y la extravagancia, entonces Jesús es un tonto y podemos regresar a nuestro estilo de vida. Si diezmar lo mínimo y consumir el resto está bien, entonces podemos desestimar las ideas de Jesús y obsesionarnos con otras cosas que haya dicho.

Pero, ¿y si...?

¿Y si en realidad estuviéramos llamados a una vida radical? ¿Y si Jesús sabía que nuestra cultura cristiana diseñaría un modelo de vida encantadora, llena de todos los privilegios y las excepciones que deseemos pero, aun con esa amplia aprobación, sigue esperando que los que tienen oídos para oír y ojos para ver sean radicales en sencillez, generosidad y obediencia?

¿Y si somos los camellos, de este lado de la aguja, peligrosamente conformes con nuestro falso evangelio y evitando la verdadera vida cristiana que describen las Escrituras? ¿Y si la cantidad de seguidores de Jesús es solo una parte de aquellos que dicen serlo? ¿Y si solo algunos tienen oídos para oír y ojos para ver, y Jesús no estaba exagerando cuando predijo que pocos elegirían el camino angosto y muchos se sorprenderían en el día del juicio?

Estoy exhausta de pensar en todo esto. Santiago, el hermano de Jesús, tenía algunas ideas similares, pero estoy muy alterada como para profundizarlas. La obediencia literal requeriría una gran reforma radical; mi cabeza me está matando. Las ramificaciones son abrumadoras. Hoy es un buen día para mantenerse al margen de David Platt, la Madre Teresa, Francis Chan o Martin Luther King Jr., y de cualquier cosa que haya dicho Jesús. Y los profetas. Y los discípulos. O Dios.

[Estas palabras aún me ponen nerviosa. Desde que lo escribí, la comunidad evangélica estadounidense se ha vuelto irreconocible para mí. Lo que una vez apartábamos tranquilamente (la protección y la prosperidad de nuestras propias vidas privilegiadas), ahora se ha convertido en un mantra del que se enorgullecen. Los trabajadores pobres, inmigrantes y refugiados son víctimas de constantes injusticias y del racismo, son familias desesperadas, y la mayoría de los evangélicos blancos usan su poder y su influencia para votar por seguir privando de derechos a estos grupos. Se les caracteriza de formas erróneas y se les deshumaniza, *todo en el nombre de Dios*. Estamos del lado equivocado de la aguja.

Este ha sido el mayor sufrimiento.

Ni hablar de la acusación que aún representa este pasaje para mí en lo personal. Ahora tenemos más de lo que teníamos en ese entonces y, aunque damos mucho y vivimos de forma bastante modesta, aun no estoy segura de que estemos haciendo lo correcto. Cuando el 0,1% más rico de los estadounidenses recibe 196 veces más que todo el otro 99,9% junto, ¿qué diablos está sucediendo? ¿Dónde encajo en esta tragedia de la desigualdad en los ingresos? Todo es muy confuso y parece estar al revés].

DÍA 10

La ANC no está tan encapsulada solo en los domingos, sino que está más representada en los grupos llamados Restaura. El 95% de los asistentes están en estos grupos porque, de no ser así, pensarían "¿qué es lo que hace esta iglesia?", ya que somos muy relajados con el programa (casi no hay) o con costumbres como los Domingos Divertidos (casi no hay). Tenemos algunos eventos para toda la congregación como los domingos de servicio a Austin y... mmhh... la iglesia dominical, pero casi todos los proyectos y los estudios bíblicos se realizan a través de los grupos Restaura.

Nuestro propio grupo pasó de ser una tropa a ser cuatro gracias a una estrategia sólida para alcanzar al vecindario, que se realizó mediante el concepto innovador de "ser un buen vecino" (¡Gracias por la idea, Jesús!). Así que, tres grupos nos reunimos una vez al mes, llevamos nuestras parrillas al centro de la ciudad y alimentamos a los indigentes debajo del puente en la I-35 y la Séptima Calle.

Hay cosas muy graciosas para contar acerca de estas noches, incluyendo lo absolutamente normal que es esto para todos nuestros hijos. Como hoy, que los niños de Molly –de cuatro y seis años— andaban por ahí, brincando de un lado al otro de un hombre que dormía sobre una caja de cartón, ajenos a las barreras sociales o al miedo. Están rodeados de hombres sucios que insultan y cantan, debajo de un puente que huele a orina y si los vieras creerías que están retozando en SeaWorld. Los niños tienen muchas ganas de ayudar (entregando servilletas, barras de granola, bananas, agua), tenemos que sostenerlos físicamente para que no molesten a nuestros amigos sin hogar. Tuvimos que detener tres peleas porque los niños estaban empujándose por ocupar uno de los lugares de servicio.

Esto es precioso, por supuesto. Esa cercanía está transformando a nuestros niños. No están afectados por las convenciones sociales, esquivan cuidadosamente el montón de razones por las que los adultos evitamos precisamente estas intervenciones. Ellos reparten abrazos, conversaciones e infinitos apretones de manos con tal despreocupación que se lamen las manos al segundo y se preguntan por qué las mamás les quitan los dedos de la boca. **[Jen del 2010, ¿te parece que esto suena bien? ¿Esta oración te parece digna? ¿Estás haciendo una broma con su falta de agua limpia y de un baño? Niña, todavía tenías un largo camino por recorrer].** Un hombre indigente una vez me aclaró esto: "¿Sabes? Hemos perdido tantas cosas: la dignidad, la seguridad, nuestros matrimonios, nuestros trabajos. Pero una cosa que todos perdimos es a nuestros niños". Existe una red de seguridad más estricta en torno a los niños sin hogar; la sociedad no tolera su desamparo, por eso los envían a hogares de acogida y dejan a sus padres en las calles. "Pero ustedes siempre traen a sus niños aquí y eso nos hace felices. Es un destello de luz en nuestra vida sombría".

Los niños le traen alegría a la gente sin hogar por las mismas razones que nos traen alegría a nosotros. Hay algo tan preciado en una pequeña voz cantando, o en un moño tierno sobre un peinado, o en ver niños jugando al fútbol con absoluta inocencia, bailando o haciendo reír a todos. Además, a nuestros niños no los ahuyenta la pobreza, lo que genera una bienvenida diferente al disgusto y la apatía que los indigentes reciben a diario.

Yo les dije a mis hijos: "Que estén aquí es un regalo maravilloso. Su presencia es la mayor ofrenda, su dulce, divertida y adorable presencia". Sí, hemos tenido que explicarles por qué ese hombre está hablando solo o por qué esa mujer está gritando. Nuestros niños están teniendo una educación en la calle, pero también están desarrollando un corazón por la gente e incluso poniéndose exigentes al respecto. Por ejemplo, hace poco, Sydney hizo este comentario: "¿Mamá? ¡Estos perros calientes son calorías baratas! ¡Decimos que nos importan, pero no les estamos sirviendo comida sana! La próxima vez tenemos que traer comida casera". A *alguien* le lavaron el cerebro.

Así que, después de nuestro tiempo juntos, mientras los hombres se iban al Ejército de Salvación a hacer la fila para asignarles una cama, nuestro grupo de familias planeaba salir a cenar juntos, como lo hacemos siempre. Cuando todos se amontonaron en los autos gritando instrucciones, yo llevé a los niños a un lado y les recordé que no íbamos a gastar dinero en restaurantes. Mis amigas —pensando que yo *nunca* permitiría que nuestros niños se perdieran la salida— todas se ofrecieron a pagar, pero este era un momento de enseñanza importante para *Simple y Libre*.

Si un ayuno no implica sacrificios, entonces no es un ayuno. Es en esta incomodidad donde sucede la magia. La vida avanza muy rápido, de forma desenfrenada y automática. Seguimos con nuestro estilo de vida por defecto, disfrutando nuestros privilegios, pero un ayuno interrumpe ese trayecto rutinario. Jesús obtiene una nueva oportunidad de actuar en el espacio vacío donde residía la satisfacción. Es como el jean que te pones todos los días sin pensarlo, pero si te lo quitas y sales a caminar, te volverás muy consciente de su ausencia. Me imagino que no pasarías por alto que estás sin pantalón, ya que este olvido sería algo muy evidente. Si bien la metáfora está en un territorio teológico inestable, es básicamente el resultado de un ayuno. Nos vuelve muchos más conscientes y sensibles al Espíritu.

De manera que, mientras nuestros amigos se iban a cenar, los niños y nosotros regresábamos a casa, hablando de *Simple y Libre* y esforzándonos por entender el concepto de abnegación. A la generación de mis hijos nunca les han dicho "no". Es algo difícil de vender. Como no tienen la edad suficiente para comprender la obediencia a Jesús en una cultura egoísta, los niños hicieron una lista de los resultados tangibles de *Simple y Libre* hasta ahora, que incluía:

- Estamos comiendo 100% más sano.
- Donamos un montón de cosas a personas que lo necesitaban.
- Mantuvimos varias de las reformas del mes de las pantallas.
- Nuestra huella de carbono se redujo a la mitad.
- Aprendimos a cultivar y nos encanta.

- Redujimos a lo esencial nuestras habitaciones, nuestros cajones, nuestros armarios y nuestras pertenencias.
- Estamos pensando en las personas que sufren, orando por ellos, compartiendo cosas y pasando tiempo con ellos.
- Estamos apadrinando a un nuevo niño a través del programa *Ayuda a terminar con la pobreza local* con dinero que reasignamos.
- Muchos de nuestros amigos se han unido a nosotros.
- Nuestras oraciones están cambiando.

Elaboramos esta lista y luego agregamos algunas cosas más, seleccionando lo que aprendimos de *Simple y Libre* hasta ahora. Hablamos acerca de cómo el ayuno nos ayuda a pensar diferente. Recordamos el estilo de vida de los niños en Etiopía, algo que nos enfoca de inmediato. Validé su tristeza por haberse perdido la cena, contándoles también de mis momentos más difíciles de *Simple y Libre*.

Como siempre, Sydney estaba más comprometida, mi niña con espíritu sensible y corazón generoso. Algún día vivirá en Haití, adoptará diez hijos o traducirá la Biblia a un idioma desconocido. Ella tiene los sentimientos a flor de piel y los manifiesta a la mínima provocación. Tiene pensamientos profundos, se interesa sinceramente, se preocupa por los indigentes en las noches frías, llora por la muerte de las ardillas (bueno, la ardilla debería haber visto a ambos lados antes de cruzar).

Luego están mis niños. Me preocupa desesperadamente que ellos tengan que mantener a su familia algún día. Así como los principios de las Escrituras y las aspiraciones en la vida están muy presentes en la mente de Sydney, en los varones hay un agujero negro, ocupado por fútbol americano,

Nintendo y cualquier cosa que brille frente a sus ojos. Solo puedo llevarlos a un territorio profundo por unos cuarenta y tres segundos.

Luego de una charla de veinte minutos acerca del ayuno, noté que los tres niños miraban por la ventana reflexionando y analizando sus ideas. Decidí indagar en sus conclusiones para mostrarle a mis lectores lo bien que los criaba con este experimento. "Oigan, niños, ¿en qué están pensando?"

Sydney: ¿Sabes? Solo nos perdimos una cena afuera con amigos. ¿Y qué? Piensa en cuántas comidas se deben haber perdido las personas sin hogar, mamá. En lugar de sentir pena, esta noche voy a pensar en ellos. Al menos tenemos un hogar al que ir y alimento en nuestra cocina para comer.

Caleb: ¿Mamá? Si pudiera elegir un superpoder, elegiría la teletransportación.

Increíble.

DÍA 13

Mi amiga Stephanie me llamó por teléfono:

STEPH: ¿Quieres que nos encontremos para almorzar en Torchy's Tacos?
JEN: No puedo este mes. *Simple y Libre.*
STEPH: Oh, cierto. Yo pago.
JEN: Te veo al mediodía.

DÍA 17

El Karpophoreō Project, nuestros socios de huerta mediante Community First!, lanzaron el concepto de "cena familiar", una reunión mensual de residentes (exindigentes) y voluntarios de KP para hacer una gran comida. Los anfitriones del jardín trasero preparan una comida en el remolque comunitario para compartir con los residentes, idealmente utilizando productos frescos de nuestras huertas.

Para la primera "cena familiar", me ofrecí como ayudante de cocina junto con mis amigas Amy y Lynde. Armamos un menú de minestrón (¡gracias, Pioneer Woman!), pan francés crujiente, ensalada verde repleta de manjares y tarta casera de frambuesa. Reunimos nuestra generosa producción y fuimos hasta el remolque comunitario, a solo un paso del aeropuerto, donde los aviones *insistían* en despegar y aterrizar constantemente.

El centro comunitario es un remolque de FEMA renovado con una hermosa plataforma de madera de 300 ft^2 (27,87 m^2) construida por mi adorable, alto y hermoso hermano, Drew. Mientras picábamos, cocinábamos, horneábamos y asábamos, los residentes nos daban conversación con vasos de té dulce porque eso es lo que bebemos en Texas, amén.

La mayoría de los residentes ha trabajado en nuestras huertas, así que forman parte de nuestra vida desde hace un año. Esta era una reunión de amigos: Gordy, Brooke y Robin, la Sra. Rosa, Jimmy, Gary, Avon, Kenneth y James.

Y luego estaba Ben.

Ben tiene lo que llamamos "un pequeño problema con el alcohol". Esa noche, de hecho, había consumido un poco, lo suficiente como para tranquilizar a un elefante. Después de haberle mostrado a mis niños el truco de magia del dedo quebrado doce veces, noté sus risas forzadas y los rescaté, lo que me convirtió en su nuevo punto de atención. El elemento de discordia que escogió fue mi ridículo plan de adopción.

JEN: Vamos a adoptar dos niños de Etiopía.

BEN: Disculpe, señora. Disculpe, con todo el debido respeto, ¿dijo que van a adoptar? ¿A adoptar?

JEN: Sí, Ben.

BEN: Disculpe, señora, señora, con todo respeto, ¿está #$%y loca? ¿Van a adoptar niños que no son como ustedes y llevarlos a su hogar? Voy a sonar como el hombre más estúpido del mundo, pero es la peor idea que he escuchado. ¿Saben lo que están haciendo? ¿Lo saben? ¡Yo soy puertorriqueño! [No sé qué relevancia tiene esto, pero lo dijo muchas veces].

JEN: Están en un orfanato, Ben. Vamos a ser su familia.

BEN: Disculpe, señora, con todo respeto, pero ¡usted es una ingenua! Es como adoptarme *a mí*. ¿Entiende eso? ¡Es como llevarme *a mí* a su casa y esperar que eso funcione!

JEN: Sería exactamente así, Ben, si fuésemos a adoptar a un puertorriqueño de mediana edad y alcohólico, pero estos son niños de jardín de infantes.

BEN: Señora, con todo respeto, y voy a sonar como el hombre más estúpido del mundo, pero se va a *#@! la vida.

Después de media hora de diálogo, a Ben lo acompañaron —léase: lo llevaron por la fuerza— a su remolque a dormir. Después de una gran regañada a la mañana siguiente, Ben no podía recordar nada, pero estaba muy avergonzado y arrepentido, y esto es algo que quiero que sepan. Ben es un ser humano, capaz de tener emociones regulares y modificarlas, al igual que todos nosotros. Yo también me levanté al día siguiente pensando: "Dios mío, ¿en verdad dije eso?" Su traspié social no fue distinto a las veces que yo me arrepentí por haber tomado malas decisiones o haber tenido poco discernimiento. Ben me envió sus más sinceras disculpas, la respuesta más noble a cualquier falta. Él se equivocó y luego pidió perdón, es la canción más antigua de la humanidad, una que todos hemos cantado.

Jen y Steven, los directores de KP, dijeron que la "cena familiar" fue un gran fracaso. (El *email* de Jen decía: "Estoy muy avergonzada. Sentí como si mis hijos se estuviesen portando mal. No tengo idea de cómo cumplir el papel de madre con los residentes a la temprana edad de veintiséis").

¿Un fracaso? No estoy para nada de acuerdo.

Primero que nada, una "cena familiar" *supone* cierta disfuncionalidad. Tomemos como testimonio miles de cenas de Acción de Gracias, por ejemplo, llenas de drama y disputas internas; apenas se mantiene la unión por un pavo asado. Las familias muestran su parte más extraña allí, eso es lo que hacen las familias. Ya es de *esperarse* que el tío Albert tome mucho ron con Coca-Cola y comience a contar sus historias alocadas. Las familias se defienden con este comportamiento, balanceando así las concesiones y los regaños. Oh, ¡tío Albert! ¡Tú no inventaste Facebook, viejo loco! ¡Deja de decirle eso a la gente! Dios, amo al tío Albert.

Community First! les enseña a las personas sin hogar, heridas por su vida en las calles, cómo vivir juntos de forma respetuosa y responsable. En la práctica, los vuelven a educar mediante modales, estabilidad fiscal, rehabilitación, vivienda propia y hábitos saludables. Este es un proceso largo y complicado para el que se necesita tener gracia y paciencia. Si los padres se dieran por vencidos con sus hijos al primer fracaso, ningún niño podría lograr algo después de los quince meses.

Como la comunidad no toleraría ese comportamiento, Ben aprendió una lección: se perdió la "cena familiar". Para el año que viene, ¿quién sabe cómo afectarán los modelos y los límites firmes en la adicción de Ben? Él es miembro de una comunidad sana por primera vez en su vida adulta, seamos pacientes mientras Dios trabaja en su transformación.

Los otros residentes fueron absolutamente encantadores. Las conversaciones en la cena fueron totalmente agradables del otro lado de la mesa. Fueron agradecidos y amables, halagaron a los chefs y protegieron el espíritu de comunidad. Mis hijos se sentaron afuera con los fumadores, entretuvieron a los hombres y les advirtieron de los peligros de la nicotina. (Todo gracias a la Campaña del Lazo Rojo de su escuela pública). Gordy, que tiene la capacidad mental de un niño de nueve años, disfrutó lamentándose junto con Caleb por las *reglas irritantes* de sus madres; eran dos hermanos intentando sobrevivir a la opresión maternal. La Sra. Rosa se maravilló por el conocimiento de la Biblia que tenía Sydney, quien dio una clase de escuela bíblica improvisada. Dame esa religión de los viejos tiempos; es suficientemente buena para mí.

Los niños corrían por la calle trepándose a los árboles, sus risas se asomaban por la ventana, los hombres se daban palmadas en sus barrigas llenas y salían a la plataforma de madera con la tarta, mientras que las mujeres empacaban las sobras y limpiaban la cocina, y yo pensaba: *sin dudas, una cena familiar.*

DÍA 18

Simple y Libre ocasionó el peor trauma que recuerdo hasta el día de hoy. Comenzó con un problema llamado "mi hijo mayor necesita un corte de cabello porque parece un hippie fumón". Su cabello rubio y desgreñado se ha apoderado de su cabeza. Brandon, como si se le hubiesen caído escamas de los ojos como a Saulo, miró a Gavin, lanzó a un lado su libro y dijo: "Ya está. Sube al auto. Vamos a cortarte el cabello".

Espera un minuto.

La peluquería no es una de las cosas aprobadas de la lista. Como guardiana de los principios de *Simple y Libre*, le puse un freno a este desvío, pero Brandon tenía una misión. Él bajó las escaleras con unas tijeras, seguro de que podía hacerlo él mismo. Según Brandon, no hacía falta dejárselo a los profesionales. ¿No hay dinero? ¡No hay problema! Gavin se resistió, por supuesto, pero con la presión de Brandon se dirigieron al porche para una rasurada.

Diez minutos después, todos los sentimientos buenos desaparecieron.

Tenía el cabello cuarenta veces más corto de lo que quería y lucía disparejo. Gavin pasó de ser un genial futbolista desgreñado a ser parte de un campamento militar. No es posible exagerar sobre lo enojado que estaba. Salió gritando, asegurándonos que ni utilizando cada gramo de nuestro poder, ni amenazándolo con desmembrarlo, ni mediante la fuerza bruta, podríamos llevarlo a la escuela al día siguiente. Lo convencimos de que entrara, pero estuvo tres horas sin hablarnos. La expresión en su rostro era tan cruel como una bolsa de gatitos muertos.

Mientras él estaba agachado en el patio trasero, amenazamos a nuestros otros hijos con su propia vida si decían una sola palabra acerca de su cabello; es más, si hacían apenas un gesto, los mandaríamos a prisión. Le envié un mensaje a mi amiga, que llevaría a Gavin al entrenamiento de fútbol americano más tarde, para que fingiera estar ciega, como si no pudiera ver su corte de cabello, pero milagrosamente solo pudiera ver para manejar.

Este fue un fracaso épico; un mal corte de cabello para un niño de séptimo grado es como el fin del mundo. Gavin está convencido de que todos piensan en él durante 72% del día. Le expliqué esto a Brandon, que no tiene paciencia para el drama, especialmente porque el cabello de Gavin se veía bien; solo que estaba demasiado corto para su gusto. No existe una forma de razonar con un preadolescente en picada. Solo déjalo que se retire por su cuenta.

Y así fue. De pronto, Gavin se disculpó con Brandon por actuar como un psicópata (parafraseándolo). Le mostré productos para el cabello, lindos gorros e imágenes de hombres guapos con cabello corto como David Beckham, Ashton Kutcher y George Clooney. ("¡Mamá! ¡Él es un abuelo!". Cállate, niño). Lo halagamos, lo persuadimos, e intentamos ver si ya podíamos hacer bromas al respecto (no). Él lo perdonó, pero, créeme, no lo olvidará. Él juega en serio.

Así que Gavin probablemente reducirá *Simple y Libre* a una frase: "Mis papás no quisieron pagar un corte de cabello y papá me esquiló como a una oveja".

DÍA 20

Guao. Gastamos mucho dinero. Revisando un año de resúmenes del banco, puedo ver que no tenemos recibos de grandes montos; cavamos nuestra tumba de centavo en centavo. Gastamos en casi todo lo que hacemos y, honestamente, apenas puedo dar cuenta de la mitad de los gastos.

Por eso es que el gasto se ha ido fuera de mi radar; es sutil, gradual, aparentemente intrascendente. Esto pequeño por aquí, eso otro por allí. No tengo ganas de cocinar; pidamos esto. Por separado no es nada extravagante, pero si sumamos todos los gastos, equivalen a una cifra que asusta.

No es algo irrelevante, ¿no? ¿De veras tengo que preocuparme por este costoso lápiz labial? ¿Lastimo a alguien si me compro estos vaqueros o ayudo a alguien si no lo hago? Digamos que dejé de gastar y comencé a intentar consumir menos. ¿Y qué? ¿Hay alguna oportunidad de que mis decisiones sean trascendentes?

Creo que quizá sí.

Imaginemos que somos todo un grupo, tal vez miles o hasta millones, que decidimos desafiar un sistema económico injusto con este tipo de discrepancias:

- Gasto anual de Estados Unidos en cosméticos: $8 mil millones.
- Educación básica para los niños del mundo: $6 mil millones.
- Gasto anual de Estados Unidos y Europa en perfumes: $ 2 mil millones.
- Agua y saneamiento para todos los ciudadanos del mundo: $9 mil millones.
- Gasto anual de Estados Unidos y Europa en alimento para mascotas: $17 mil millones.
- Salud reproductiva para todas las mujeres: $12 mil millones.[3]

Mira este informe de las Naciones Unidas:

El consumo actual está socavando la base de recursos ambientales. Exacerba las desigualdades. Y se está acelerando la dinámica del nexo consumo-pobreza-desigualdad-medioambiente. Si se mantienen las tendencias inalteradas, sin redistribuir de los consumidores de elevado ingreso a los de bajo ingreso, sin cambiar de bienes y tecnologías de producción contaminantes a otros más limpios, sin fomentar bienes que potencien a los productores pobres, sin cambiar las prioridades del consumo para pasar de la exhibición conspicua a la satisfacción de necesidades básicas, los actuales problemas de consumo y desarrollo humano se agravarán.

El problema auténtico no es el consumo en sí mismo, sino sus pautas y efectos. Las desigualdades del consumo son brutalmente claras. A escala mundial, el 20% de los habitantes de los países de mayor ingreso hacen el 86% del total de los gastos en consumo privado, y el 20% más pobre, un minúsculo 1,3%".[4]

Esos somos nosotros: ese 20% con mayores ingresos comprando el 86% de los productos. Así que no, tal vez una sola persona que disminuya sus gastos no es tan importante. Pero si cientos, miles y luego millones de nosotros desafiamos el paradigma y decimos "no" por cada dos veces que decimos "sí", si reconocemos el poder de nuestros dólares consumistas —ya sea para combatir la desigualdad o para reforzarla—, entonces nuestra generación podría cambiar el curso del barco.

Se me ocurren tres cambios fáciles que podemos hacer, a partir de hoy:

Uno, consumir menos

Esto es lo más simple y lo más difícil. Se necesita verdadero coraje para enfrentarse a esta máquina. Podríamos ser lo suficientemente contraculturales como para decir: "No vamos a comprar eso. No lo necesitamos. Lo haremos con lo que tenemos. Utilizaremos lo que ya tenemos". Si esto te genera ansiedad, estoy contigo, créeme. ¿Quién más hace eso? ¿Quién domina sus ganas? ¿Quién usa cosas viejas cuando puede comprar nuevas? ¿Quién cose parches en unos vaqueros o usa las mochilas del año pasado? ¿Quién dice "no" cuando puede permitirse decir "sí"?

Nosotros pudimos. Pudimos discernir con sabiduría las necesidades de los deseos y, sinceramente, al menos la mitad de los elementos de la lista están mal catalogados. Tomemos el consejo de Matthew Sleeth en *Serve God, Save the Planet* [Sirve a Dios, salva el planeta]: "Mi abuela tiene cientos de axiomas. Uno de ellos es: 'Si piensas que quieres algo, espera un mes'. Si sigues este sabio consejo, sucederá una de estas tres cosas: uno, te olvidarás. Dos, ya no lo necesitarás. O tres, lo necesitarás más. La mayoría de las veces, sucederán las dos primeras".[5]

Simplemente, podemos dejar de gastar tanto, usar lo que tenemos, pedir prestado lo que necesitamos, reutilizar las posesiones en lugar de reemplazarlas y —sorpresa— vivir con menos. Como Benjamin Barber dice en *Consumed*: "El desafío es demostrar que como consumidores podemos saber lo que queremos y querer solo lo que necesitamos; y que, con el resto de nuestra vida, podemos intentar ser amantes, artistas, aprendices o ciudadanos en una vida abundante en la que el consumo no necesita desempeñar ningún papel principal".[6]

Dos, darle otro destino a todo ese dinero ahorrado

Sígueme la corriente: ¿qué pasaría si viviésemos con el 75% de nuestros ingresos y ofrendáramos el resto de forma estratégica? ¿Y si lo recortáramos al 50%, resignificando el mandamiento de Jesús de "ama a tu prójimo como a ti mismo"? Salir de un mercado desequilibrado es una cosa; redistribuir las riquezas a los vulnerables del mundo está completamente a otro nivel. ¿Alguien sabe de microcréditos? Ve a www.kiva.org para aprender sobre la microfinanciación para pequeñas empresas, por apenas veinticinco dólares. La tasa de devolución es de un 98%. Increíble. Potenciar a los pueblos indígenas para que transformen sus propias comunidades es el arma más efectiva contra la pobreza global.

Tu generosidad puede hacer un cambio extraordinario. Elige una necesidad, un país, un grupo de personas, una organización enfocada en el fortalecimiento y la independencia sustentable. Tú puedes ser la respuesta a infinitas oraciones. A los pobres no les falta ambición, imaginación o inteligencia, simplemente les faltan recursos. Nosotros tenemos lo que a ellos le hace falta y más de lo que necesitamos. Podemos compartir.

Tres, convertirnos en consumidores más inteligentes
Debemos elegir nuestros proveedores. Es fácil descubrir si los productos están hechos con integridad, a costa de esclavos o explotación infantil. Con organismos de control como Not For Sale, Free2Work, Change.org, entre otros, ahora que los consumidores están denunciando el tráfico humano y el trabajo esclavo, no hay excusa para respaldar en ignorancia a las cadenas corruptas de suministros. Una playera cuesta cuatro dólares porque a un trabajador le pagaron diez centavos para hacerla; la insistencia en tener los precios más bajos se construye a expensas de la libertad o del salario mínimo de un trabajador.

Boicotear a comerciantes que se resisten a la contabilidad pública y ocultan los registros de sus cadenas de tiendas es una herramienta de demanda que tenemos los ciudadanos responsables. Este consumismo cívico necesita compradores conscientes que utilicen su potencial de consumidor para determinar qué se vende y cómo. Unirse a organismos de control, firmar peticiones en internet, hacer llamadas de veinte segundos a los senadores, comprar a productores responsables... son pasos simples que podrían resultar en una gran reforma. Si se ejecuta de forma estratégica, este poder que tenemos los del lado de la demanda podrá afectar a los productores del lado de la oferta, haciendo hincapié en que "la responsabilidad empresarial en la que los productores se visten de ciudadanos para manejar sus empresas aleja a las compañías de los abusos obvios y el egoísmo lucrativo del estilo de Enron, y las acerca a decisiones responsables que benefician a la sociedad y a los accionistas".[7]

Lo positivo de esto es que hay compañías maravillosas que no solo garantizan productos libres de esclavitud, sino también una ventaja económica para algunos de los trabajadores más vulnerables. Tu dinero puede lograr mucho más que solo enriquecer a los ricos; puede ayudar a organizaciones sindicales libres, empresas con salarios mínimos, productores del tercer mundo o compañías con conciencia.

Si bien es fácil paralizarse ante el sufrimiento del mundo y la desigualdad que causan la corrupción y la codicia, en realidad tenemos un gran poder para realizar el cambio, simplemente gracias a nuestra riqueza e independencia económica y gracias a que podemos decidir dónde poner nuestro dinero. Nunca ha habido tanta riqueza concentrada en un solo lugar, nuestra prosperidad no tiene precedentes. Si varios de nosotros decidimos compartir, desataremos un torrente de justicia que acabaría con la desigualdad, la pobreza extrema y la desesperanza.

El mundo está a la expectativa. Nuestros niños están observando. Estamos perdiendo el tiempo.

¿Estamos dispuestos?

[En 2015, Brandon y yo fundamos la comunidad Legacy Collective con la idea de que un grupo de personas normales puedan reunir modestas sumas de dinero al mes, ponerlo todo en un pozo común y subvencionar fondos alrededor de todo el mundo; una solución sustentable para los problemas del sistema. La gente pone un mínimo de $35 y un máximo de $250 y, todos juntos, hemos invertido más de $3 millones de dólares en iniciativas que cambian el mundo. Lo cierto es que el hecho de direccionar nuestro dinero hacia organizaciones confiables y aprobadas cambia vidas. Esto es importante y tiene valor.

¿No sabes qué hacer? ¿Por dónde empezar? ¿En quién confiar? ¡Únete a Legacy Collective! Es el proyecto más grande que hemos tenido en nuestras manos. Entérate más en legacycollective.org (en inglés)].

DÍA 25

Soy una chica de palabras. Me gusta la literatura, las artes del lenguaje, la escritura creativa y la historia. Soy puro hemisferio derecho; el izquierdo es una celda inactiva donde están el teorema de Pitágoras y algo acerca de los isótopos que olvidé hace veinte años, tres segundos después de aprenderlo. Corrijo los errores de ortografía en los mensajes de texto. Cuando el PowerPoint tiene un error gramatical durante la alabanza, tengo que cerrar mis ojos para eludir esa falla lingüística. Si no pudiese acceder a un diccionario de sinónimos, sin duda dejaría de escribir.

Por consiguiente, las palabras me movilizan. Dios y yo hacemos nuestro mejor trabajo en la Biblia y las historias han cambiado mi vida. Una oración bien elaborada puede alimentarme por semanas. Como esta que cantamos el domingo en nuestra iglesia:

> "Dios, ayúdanos a enfocarnos en las cosas pequeñas, a ser un pueblo que encuentre el equilibrio entre el ayuno y el banquete".

Me volví loca.

Esa oración resume toda mi tensión y mis esperanzas para los seguidores de Cristo de este país, para la Iglesia de esta nación, para mí misma. Como Iglesia, con buenas intenciones, pero con una teología errónea, ocupamos la mayoría de nuestro tiempo, energía, recursos, oraciones, programas, sermones, conferencias, estudios bíblicos y atención en los deleites, nuestros deleites, para ser exactos.

Ahora, ciertamente hay un banquete en el que podemos deleitarnos, y gracias a Dios por eso. Una vez que el quebrantamiento y el hambre nos consumieron, Dios nos prepara una nueva mesa:

> Tu amor, Señor, llega hasta los cielos;
> tu fidelidad alcanza las nubes.
> Tu justicia es como las altas montañas;
> tus juicios, como el gran océano.
> Tú, Señor, cuidas de hombres y animales;
> ¡cuán precioso, oh Dios, es tu gran amor!
> Todo ser humano halla refugio
> a la sombra de tus alas.
> Se sacian de la abundancia de tu casa;
> les das a beber de tu río de deleites.
> Porque en ti está la fuente de la vida,
> y en tu luz podemos ver la luz.
> (Salmos 36:5-9)

Este es el banquete de los redimidos; Jesús permite que los desdichados compartan la mesa con el Altísimo, sin ofender su santidad ni comprometer su justicia. En aquellos que somos adoptados por gracia y fe, Él ya no ve nuestras faltas u omisiones, solo ve la justicia con la que Jesús nos cubre. Podemos estar seguros detrás de Cristo, somos hechos perfectos y blancos como la nieve por su reemplazo en la cruz.

La salvación incluye bendiciones, redención, plenitud, paz, sanidad, sustento, perdón y esperanza. Es el mayor premio espiritual. Hay nuevas misericordias cada mañana para aquellos a quienes Jesús rescató del pozo. Nos vemos desbordados con facilidad por las bondades de Dios, que no conocen límites. El Evangelio es muy liberador; Él es digno de ser adorado a cada segundo de cada hora del día, por siempre. Nunca seremos los mismos. De hecho, este es el banquete, y celebrarlo es algo totalmente cristiano.

Pero el banquete tiene un compañero en el ritmo del Evangelio: el ayuno.

Su práctica es inconfundible en las Escrituras. Cientos de veces vemos reducciones, abstinencias, restricciones. Encontramos que nuestros héroes de la Biblia ayunaron de alimentos, como David, Ester, Nehemías o Jesús. Vemos a la iglesia de Filipos ayunar de su autoprotección, al enviarle dinero a Pablo a pesar de su propia pobreza, un verdadero sacrificio. Juan el Bautista dice que, si tenemos dos abrigos, uno les pertenece a los pobres. La Iglesia primitiva vendía sus posesiones y vivía en comunidad, preocupándose el uno por el otro y por las personas quebrantadas de sus ciudades. Vemos que Dios explica su idea de un ayuno: justicia, libertad, comida para los hambrientos y ropa para los desnudos. Este equilibrio es un hecho en las Escrituras.

Si ignoramos el marco actual de la Iglesia y en su lugar abrimos la Biblia para obtener una definición, encontraremos que los seguidores de Cristo adoptaban el ayuno en simultáneo con el banquete. No vemos a la Iglesia del Nuevo Testamento acaparando el banquete para ellos solos, dándose atracones, engordando y pidiendo cada vez más. Ahora estamos pidiendo más estudios bíblicos, más sermones, más programas, más clases, más entrenamiento, más conferencias, más información o más banquetes para nosotros mismos.

En algún punto, la Iglesia dejó de vivir la Biblia y decidió solo estudiarla, seleccionando las partes del banquete y ocultando las partes del ayuno. Somos adictos al bufé y hábiles para descartar el costoso discipulado que es necesario después de alimentarnos. Se supone que el banquete sostiene el ayuno, pero nosotros regresamos por segunda vez, por tercera y por cuarta, llenos hasta el tope y engordados por la inactividad. Todo esto es para mí. Para mis bondades, mis bendiciones, mis privilegios, mi felicidad, mi éxito. Solo un plato más.

No sucedía esto con la Iglesia primitiva, que aturdía a sus vecinos y a los líderes romanos con generosidad, conteniendo su propio apetito para la misión de Jesús. Constantemente ponían en práctica la abnegación para aliviar la miseria humana. En *El pastor de Hermas*, una respetada obra literaria cristiana de principios del siglo II, se les enseñaba a los creyentes a ayunar un día a la semana:

Habiendo cumplido lo que está escrito, en el día en que ayunes no probarás sino pan y agua; y contarás el importe de lo que habrías gastado en la comida aquel día, y lo darás a una viuda o a un huérfano, o a uno que tenga necesidad, y así pondrás en humildad tu alma, para que el que ha recibido de tu humildad pueda satisfacer su propia alma, y pueda orar por ti al Señor.

A principios del siglo III, Tertuliano anunció que los cristianos tenían un fondo común voluntario al que contribuían mensualmente. Ese fondo se utilizaba para ayudar a viudas, inválidos, huérfanos, enfermos, ancianos, náufragos, prisioneros, maestros, funerales para los pobres y hasta para liberar esclavos.[8]

La diferencia entre los romanos y los cristianos en cuanto a la caridad era muy reconocida por los incrédulos. El satírico pagano Luciano (130-200 a.c.) se burló de la bondad cristiana: "La honestidad con la que las personas de esta religión se ayudan entre sí en sus necesidades es increíble. No escatiman nada para este fin. Su primer legislador les metió en la cabeza que eran todos hermanos".

Estos cristianos tampoco limitaron su ayuda a los miembros de su propia subcultura. El emperador Juliano, quien intentó llevar al imperio romano de vuelta hacia el paganismo, se vio frustrado por la gran compasión que mostraban los cristianos, especialmente cuando se trataba de intervenir por el sufrimiento. Él hizo esta famosa declaración: "Los impíos galileos alimentan a los suyos, desde luego, y además a los nuestros... No deshonremos nuestra causa con nuestra indiferencia".[9]

¿Qué pensarían los miembros de la Iglesia primitiva si hoy entraran a algunos de nuestros edificios, miraran los sitios web de nuestras iglesias o hablaran con un asistente promedio? ¿Estarían confundidos? ¿Se preguntarían por qué todos tenemos cuartos vacíos y comida sin tocar en nuestros botes de basura? ¿Contemplarían con asombro nuestras riquezas acumuladas? ¿Observarían el número de huérfanos con desconfianza, ya que los cristianos superan en número a los huérfanos siete veces? ¿Se sorprenderían de que la mayoría de nosotros no alimente a los hambrientos, visite a los prisioneros, cuide a los enfermos o proteja a las viudas? ¿Verían el gasto en los edificios de las iglesias y a nosotros mismos como derrochadores extravagantes, mientras que veinticinco mil personas mueren en un día por inanición?

Pienso que apenas nos identificarían como hermanos y hermanas. Si les dijéramos que la iglesia es los domingos y que tenemos una banda increíble, estarían desconcertados. Creo que recibiríamos miradas atónitas si habláramos de los que van de iglesia en iglesia, porque muchos ni siquiera nos saludamos cuando nos vemos en la entrada una hora a la semana. Si supieran que un sexto de la población mundial se proclama cristiano, no sé si podrían conciliar el sufrimiento que sucede bajo nuestro cuidado mientras vivimos con excesos. Se preguntarían si hemos leído la Biblia o pensarían que fue alterada desde sus tiempos.

Pero, oye, Iglesia primitiva, tenemos un evento al mes llamado Chicas Moca. Tenemos ensayo del coro todos los miércoles. Organizamos retiros y sorteamos premios con la entrada. Estamos recaudando tres millones de dólares para un anfiteatro al aire libre. Tenemos camisetas llamativas. No fumamos ni insultamos. Vamos al estudio bíblico cada semestre. (*¿Y luego qué, Iglesia estadounidense?*). Bueno, nos vamos a otra. Estamos aprendiendo mucho.

Creo que la Iglesia primitiva se cubriría la cabeza de cenizas y lloraría por la disolución de la visión hermosa de comunidad que tenía Jesús. Hemos llevado su plan A de misericordia a un planeta herido y perdido, y lo hemos reducido a una serie ingeniosa de sermones y un club de costura en el salón social, sirviendo a los salvos. Si la Iglesia moderna se atuviera a su definición bíblica, nos convertiríamos en la respuesta a todo lo que aflige a la sociedad. No tendríamos que utilizar un lenguaje infantil, engatusar ni persuadir a las personas para que entren a nuestros santuarios mediante mensajes ocurrentes o anuncios estratégicos; ellos correrían hacia nosotros. La Iglesia local sería el corazón de la ciudad, sería innegable para nuestros críticos más acérrimos.

En lugar de eso, la Iglesia estadounidense está muriendo. Estamos perdiendo terreno en proporciones inmensas. Nuestro país es un cementerio de iglesias muertas en camino a la desaparición. Aceptamos que las personas no hicieran nada y aun así se llamaran cristianas, y no hay forma de sostener esa visión tan débil. El año pasado, 94% de las iglesias evangélicas reportaron que sus comunidades disminuyeron o no tuvieron crecimiento. Casi cuatro mil cierran sus puertas cada año. Estamos perdiendo tres millones de personas al año, que se van por la puerta trasera y nunca regresan. La próxima generación se niega rotundamente a acercarse.

Irónicamente, este es el resultado de una Iglesia que solo realiza banquetes.

Cuando se omiten el ayuno, la muerte y el sacrificio del Evangelio en la vida cristiana, entonces de cristiana no tiene nada. No solo eso, sino que es aburrida. Si yo solo quiero sentirme bien o recibir consejos de autoayuda, voy a la librería, me gasto doce dólares en un libro y me anoto en un gimnasio. La Iglesia que describe la Biblia es apasionante, intrépida y muy sacrificada. A los creyentes les costaba todo, *y aun así seguían llegando.* Eran buenas noticias para los pobres y dejaba perplejos a sus enemigos. La Iglesia seguía el modelo de un Salvador que no tenía dónde reposar su cabeza y se entregó voluntariamente a una muerte brutal, aun sabiendo que rebajaríamos el Evangelio a un programa egoísta de superación personal donde se alienta a la gente a hacer una tregua con su Creador, dejar de pecar y unirse a la Iglesia, cuando en realidad el Evangelio no nos llama a hacer una tregua sino a rendirnos por completo.

Jesús dijo que el Reino era como un tesoro escondido en un campo y cuando alguien realmente lo encuentre, venderá feliz todo lo que tiene para poseer ese terreno, una descripción perfecta del ayuno y el banquete. Le costará todo, pero tendrá un tesoro y un gozo incomparable. Este es el equilibrio del Reino: para vivir hay que morir, para ser levantados hay que postrarse, para ganar hay que perder. No hay una definición alternativa, ni un camino de menos resistencia, no hay un tesoro en el campo si primero no se sacrifica todo lo demás.

Oh, Señor, ayúdanos a concentrarnos en las cosas pequeñas, a ser una comunidad que encuentre el equilibrio entre el ayuno y el banquete.

DÍA 30

Este. Mes. Fue. *Difícil. Pero bueno.* Fue uno de esos. *Difíciles, pero buenos.*

El consumo masivo es tan común que su ausencia fue sorprendente. No me daba cuenta con cuánta naturalidad cotidiana iba a "buscar el almuerzo" o "pasear por la librería" o "recoger esa pequeña pañoleta". Lo admito: tengo una obsesión por comprar algo en donde sea. Mi antojo no es algo específico; solo implica estar en un negocio o en un restaurante y entregar mi tarjeta de débito para obtener algo a cambio.

En concreto, nunca he cocinado mucho. Sin restaurantes en la lista, este mes me he pasado cuarenta mil horas en la cocina y ya estoy un poco harta. Así es, la chica que ama los ingredientes frescos, los libros de cocina y las sartenes, quiere salsa de Chick-fil-A en un sándwich frito. *No* quiero saber qué hacer con las coles gallegas. Quiero llamar a Pizza Hut. Quiero sentarme en Serranos con mis amigas y disfrutar este clima delicioso con una ingesta masiva de patatas fritas con salsa.

Extraño las ventajas del consumismo, pero más extraño la camaradería. Las *compras* y la *conexión* se han convertido en hermanos gemelos para mí. Pasar tiempo con otro ser humano significa comer en un restaurante o comprar un café de cuatro dólares. Mis amigas y yo solemos vincularnos comiendo en nuestros lugares favoritos. La comida nos reúne con facilidad.

Durante la primera semana me refugié en mi casa, rechazando invitaciones como una ermitaña neurótica. No se me ocurrió sugerir un lugar de conexión alternativo. Soy lenta. Finalmente, entendí que el verdadero precio era el *tiempo juntas*, no los $5,99 del almuerzo. Cosas para hacer el resto del mes:

- Desayuno en casa de Jenny con cuatro amigas.
- Almuerzo con mi amiga Stevie Jo. Tomé un sándwich de mi bolso.
- *Brunch* en casa con Amy, Lynde y Alissa.
- Horas de caminatas con Jenny y Shonna (estamos "entrenando" para una media maratón. Es el próximo fin de semana. No quiero hablar de eso).
- Fiesta *Glee* el martes por la noche en casa de Molly. Ya sabes que lo tiene grabado.
- *Brunch* recíproco en casa de Amy con Lynde y Alissa. Yo nos invité.
- Noche Nacional con mis vecinos.
- Cena compartida con mi querido grupo Restaura.
- Torneo familiar de cuatro cuadras ("alguien" es un tramposo, y su nombre rima con *Paleb*).
- Fiesta de fútbol de los Longhorn en nuestra terraza. Estamos sacándole brillo a la frase "año de reconstrucción".

De modo que, sí, comer sigue siendo un jugador importante, pero estar en la casa de cada una, cocinar y compartir juntas los alimentos es encantador. Comer en un restaurante es una cosa, pero tener a tus amigas en pantuflas en tu cocina, picando zanahorias para la sopa o tomando su café en tu terraza es otra comodidad completamente distinta. Esto elimina el interés propio del consumismo y nos introduce en el terreno de la hospitalidad.

Hay algo muy nutritivo en compartir el espacio en el que vives con las personas, cuando ven la pila de correo basura sobre tu mesa, el cronograma de fútbol americano infantil sobre la nevera y el montón de zapatos en la puerta de entrada. Abrir las puertas de tu casa dice: "Eres bienvenido a mi vida real". En este espacio es donde reímos, tenemos reuniones familiares, hacemos palomitas de maíz caseras y trabajamos las crisis. Esta es la barandilla que nuestros niños arrancaron de la pared. Este es el papel higiénico que preferimos. Aquí están las fotografías que enmarcamos, los libros que leemos y los proyectos que llevamos a cabo, la materia prima de nuestra familia. Real y sin filtro. Te invitamos a este lugar íntimo, empapado del carácter de nuestra familia.

Tal vez es por esto que la hospitalidad era tan importante para la Iglesia primitiva. Tener la experiencia de la vida juntos en los espacios sagrados de nuestros hogares es muy unificador. Cuando nuestros precursores cristianos eran perseguidos e incomprendidos, cuando creer en Jesús era peligroso y los aislaba, ellos se tenían unos a otros. Cenaban alrededor de la mesa. Compartían juntos el Shabat. Tenían lugares cómodos donde parar cuando viajaban. Allí, seguros en el hogar de un hermano seguidor de Jesús, podían respirar, orar y descansar. ¡Qué gran regalo!

Entonces, aquí, al final del mes, tengo algunos hermosos recuerdos, la mayoría en mi hogar o en el de mis amigas. Hay historias divertidísimas que se contaron alrededor de mi mesa, historias que me llevaré conmigo a la tumba bajo amenaza de muerte. Una mañana, les permití a mis amigas que inspeccionaran todas mis repisas y estanterías, esto es como ir al trabajo desnudo. La gente hurgó en mi alacena y utilizó mi tabla de picar. Examiné el jardín de Amy y me recosté en su sofá después de cinco tazas de café, disfrutando de nuestra obsesión con el canal Casa de Café de la radio satelital. Perdí siete libras (3.5 kilogramos), gracias a la ausencia de comida de restaurantes y las caminatas con mis amigas. Mi pequeña tribu disfrutó doblemente de las noches alrededor de la mesa, riéndonos de las cosas buenas y de los problemas. (Caleb: mi problema es que en este momento mis pies apestan). Pusimos mucho dinero en los ahorros para la adopción y donamos otros cientos, porque, adivinen qué: cuando no gastas dinero, a fin de mes tienes más. Esta magia financiera es presentada a usted sin cargo.

He descubierto que reducir el consumo no equivale a reducir la comunión ni la satisfacción. Hay algo liberador en desenchufarnos para descubrir que el latido de la vida sigue teniendo ritmo. Tal vez no necesitamos todos esos cables después de todo. Tal vez somos más sanos de lo que imaginamos si nos desprendemos del consumo como soporte vital. ¿Existe un camino menos transitado en nuestra cultura de egoísmo que es más arriesgado y satisfactorio que el que tanto recorremos? ¿Existe un camino que no sacrifique ninguna de las partes buenas de la historia, pero que nos inspire a eliminar las heridas que nos están desangrando a todos y rediseñar nuestra vida?

Creo que tal vez sí existe.

No es casualidad que, a pesar de que se gastan millones de dólares que se gastan en decirnos que somos naturalmente consumidores, y esa es toda la historia que podríamos necesitar, miles y hasta millones de personas están frustradas y buscan una historia mejor. Y aquí está. ¿Acaso es de extrañar que siempre te entren gusanos en la boca, si vives tu vida como un pichón con la boca abierta? La gente intentará disfrazar tu gusano y convencerte de que esta vez es muy delicioso, pero sigue siendo un gusano. Y la historia de los consumidores sigue siendo aburrida.

Si queremos convertirnos en algo mejor que eso, tendremos que participar, salir y buscar nuevas fuentes, nuevos recursos y nuevas opciones; tendremos que reemplazar muchas cosas de las que consumimos por rituales para no consumir; tendremos que escribir una historia diferente y convincente con nuestra vida. La buena noticia es que es mucho más divertido ser un ciudadano que ser un consumidor, y los rituales para no consumir son tan satisfactorios como salir de compras. Otra buena noticia es que allí afuera hay mejores historias por vivir y los hechos están conspirando para que nuestro tiempo siga siendo entretenido. Otra buena noticia es que podemos conseguir algo mejor que gusanos.[10]

[De todos los meses, este fue el más difícil, por mucho. Dentro de los límites de *Simple y Libre*, básicamente no gastamos nada de dinero que no fuera para satisfacer nuestras necesidades. Lo que me sorprende cuando lo pienso es esto: ni siquiera estaba comprando todo por internet todavía. Amazon era apenas una fracción de lo que es hoy. La mayoría de los supermercados y los restaurantes no tenían envíos a domicilio. Las suscripciones recién estaban apareciendo. Mientras escribo esto, literalmente puedo recibir cualquier cosa en casa. Y puedo hacer cualquier cosa. Si pensaba que este mes fue un desafío allá por el 2010, hoy sería totalmente traumático.

Cuando fue el lanzamiento de mi libro 7, la gente me escribía y me decía: "¡Suspendimos el cable, Jen Hatmaker! ¿Cómo te atreves?" Primero que nada, *nunca les pedí que lo hicieran*. El Señor sabe que no fue así. Pero, en segundo lugar, me indigna, porque esto sigue hiriendo mis propios sentimientos diez años después. "¡No te metas con mis servicios de entregas, Jen Hatmaker!" De hecho, estoy tomando la decisión consciente de no investigar el impacto ecológico de los servicios de entregas en este momento; no me interesa el impacto adicional de los conductores, los camiones, la gasolina, el empaquetado, el transporte y el desperdicio. *Bla bla bla. Probablemente es lo mismo.*

Asqueroso].

ESTRÉS

- Conferencias y retiros.

- Aeropuertos.

- Conferencias telefónicas.

- Entrevistas radiales.

- Conocer a la maestra.

- *Jersey Boys.*

- Café (toneladas).

- Citas para almorzar (cantidades).

- Brunches (muchos).

- Pintar el banco de alimentos del condado de Hays.

- Noche de juegos en el arroyo Garlic.

- Reuniones de la escuela secundaria Wyldlife.

- Entrenamientos/ fotografías/juegos de fútbol infantil.

- Liga inferior de fútbol de séptimo grado.

- Exhibición de Elm Grove.

- Velada de adopción.

- Parrilladas para los indigentes.

- "Entrenamiento" para la maratón.

- Reunión de padres de quinto grado.

- Programa para mantenimiento del jardín de KP.

- Martes de grupo Restaura.

- Noche Nacional Vecinal.

- Noche de chicas ANC.

- Enviar comida a nuestros amigos enfermos que acaban de ser padres o que están de duelo.

- Cenas festivas.

- Espaguetis cargados de carbohidratos para el equipo de la maratón.

- Shabat con amigos.

- Media maratón.

- Retirar los productos de ASC los viernes.

- Fiestas de cumpleaños.

- Noche Nacional Vecinal.

- Fin de semana en casa con amigos de la universidad.

- Cita con el ortodoncista.

- Cenas festivas.

- Club ninja (no preguntes).

- Shabat con amigos.

- Grupo juvenil.

- Visita al huerto de calabazas.

- Diez mil horas de correspondencia.

Revisé mi calendario de los últimos dos meses y armé esta lista. Conté cinco espacios en blanco en ocho semanas. Esto no incluye la labor diaria que evita que nuestros niños suspendan sus clases, como el bosquejo de Sydney sobre la Madre Teresa con vestuario hecho a mano y con mucha biografía, o el informe de Gavin de la historia de las monedas estadounidenses (bostezo). En la lista tampoco está el tiempo dedicado al matrimonio para evitar que tu pareja se convierta solo en tu compañero de cuarto. Sinceramente, se necesita un poco de alta temperatura para que él esté de acuerdo en hacer concesiones por mi forma impulsiva de vivir olvidando todo. A cambio, yo actúo amablemente cuando nuestra grabadora se llena de setenta episodios de The Unit y Monstruos de río.

Añade liderar una iglesia.

Añade *Simple y Libre*.

Añade el primer libro de Brandon, previsto para el próximo lunes.

Añade este manuscrito, que debe estar listo en cinco semanas.

Añade una hija cuyo lenguaje del amor es el tiempo de calidad.

Añade unos hijos que necesitan supervisión para no morir.

Añade acostarse a la medianoche y despertarse a las 6:00 a.m.

Somos la atracción principal del espectáculo de fenómenos del circo. Damas y caballeros, niños y niñas, ¡pónganse de pie! Sorpréndanse con la familia haciendo malabares con bastones de fuego mientras conducen un monociclo sobre una cuerda floja con sus cabezas metidas en la boca de un león. ¡Sin red! ¡Ta, ta, ta ra ra ra ra, ta ta ra!

Por el amor de Barnum y Bailey, ¡tenemos demasiadas cosas que hacer! Estamos malhumorados, estresados, sobrepasados e inquietos. Este ritmo es imposible de sostener y me niego a desgastarme por lograrlo. Esta etapa de la vida está pasando desapercibida para mí, con una aceleración al máximo, sin límite de velocidad. Solo intento no soltar el volante y estar presente para vivir el momento; trato de terminar una tarea mientras pienso en todo lo que me queda por hacer. A mis hijos y a mi esposo les respondo a medias y el contacto visual es un juego de azar. Todos los días podría

304 SIMPLE Y LIBRE

tomar una siesta de dos horas, ya que a la una del mediodía ya me siento muy agotada. He pensado en abandonar mi carrera por la cantidad de correos electrónicos que recibo.

Así de ridícula es la vida estadounidense. Todos mis amigos tienen una historia similar. Ninguno está feliz con eso; sin embargo, continuamos llenando nuestros calendarios. Sí, cuenta conmigo; nos apuntaremos; lo haré. Corremos de una actividad a otra, enseñando a nuestros hijos a llegar al límite y estresarse. Gran legado.

El concepto bíblico del descanso me susurra: "Estás ignorándome". Y es así. No solo *no* me tomo en serio el mandamiento de Dios de descansar, sino que actúo como si no estuviera en la Biblia. Ah, Shabat. Tan tierno y arcaico. Es adorable ver cómo los hebreos lo obedecían. Bien por ellos.

Obviamente creo que mi labor es más extensa que la que tenían en la antigüedad, con sus pequeños cultivos de tierra, cosechando su propia comida, preparando sus suministros, criando un montón de hijos, viajando a festivales, adorando en el templo, esquivando a sus enemigos, siendo capturados, liberados y todo eso. ¡Oh, ustedes, israelitas, no tienen idea de lo que es estar ocupado! ¡Tengo treinta y un correos sin responder de ayer! Tal vez ustedes puedan descansar entre la cosecha de primavera y la guerra inminente, pero yo hoy tengo que escribir tres mil palabras y encontrarme con alguien durante el almuerzo. No intento ser arrogante, pero Dios esperaba más de ustedes por su falta de disciplina y su pequeño problemita con la idolatría.

Ejem.

> Trabajarán ustedes durante seis días, pero el séptimo día es de reposo, es un día de fiesta solemne en mi honor, en el que no harán ningún trabajo. Dondequiera que ustedes vivan, será sábado consagrado al Señor (Levítico 23:3).

Bueno, ese es el Antiguo Testamento. Esa ley no se aplica a nosotros. O algo así.

> Por consiguiente, queda todavía un reposo especial para el pueblo de Dios; porque el que entra en el reposo de Dios descansa también de sus obras, así como Dios descansó de las suyas. Esforcémonos, pues, por entrar en ese reposo, para que nadie caiga al seguir aquel ejemplo de desobediencia (Hebreos 4:9-11).

Oh. Pero, ¡oye! Jesús siempre estaba rompiendo el Shabat con sanidades y todo eso.

JESÚS: El Hijo del hombre es el Señor del Shabat (ver Mateo 12:8).
JEN: ¿Y?
JESÚS: ¿Eres tú el Señor del Shabat, Jen?
JEN: No estoy segura.
JESÚS: No lo eres.
JEN: De acuerdo, entonces.

Evidentemente, esto aún sigue vigente. Y, tal vez sea por una buena razón. Quizás, esto no es solo otra tarea espiritual para desgastarnos. Tal vez Dios lo haya diseñado como un obsequio, no como una obligación. ¿Y si Dios entendía nuestra tendencia a trabajar demasiado y descansar poco, y por eso obligó a los creyentes a *respirar... hacer una pausa... y relajarse* una vez por semana? Tal vez, Jesús hablaba en serio cuando dijo: "El sábado se hizo para el hombre, y no el hombre para el sábado" (Marcos 2:27). Dios decretó el Shabat *para* nosotros, no como algo más que pide *de* nosotros.

Luego de seis meses de *Simple y Libre*, estoy lista para afrontar el descanso y la oración. En el séptimo día Dios descansó y, en el séptimo mes, nosotros también lo haremos. Los niños están emocionados, entendiendo instintivamente que ayunar de una vida rápida es algo maravilloso por donde se vea. Además, no interfiere con sus *Gameboys* ni con el menú de los miércoles en Double Dave's Pizzaworks.

Seguiremos a los ancestros, a los monjes y a los contemplativos en la práctica de honrar las horas haciendo siete pausas al día para orar: a la medianoche, al amanecer, a media mañana, al mediodía, a media tarde, al atardecer y a la noche. Estos hombres tan humildes como para hacer una pausa, y tocar la gracia del momento del día, han santificado estos ritmos durante siglos. Algunos vienen de tradiciones e incluso de idiomas externos a la típica experiencia evangélica, pero se caracterizan definidamente por la práctica del descanso ante Dios, que es algo que pocas veces se cultiva entre los escritores y predicadores evangélicos de hoy. Estos momentos del día, que se mencionan en las Escrituras, han sido actualizados y ampliados de muchas maneras, y se los conoce con varios nombres: las horas canónicas, el oficio divino, la liturgia de las horas o las horas divinas.

Para el séptimo mes, nuestra guía será el libro *Las siete pausas sagradas*, de Macrina Wiederkehr, miembro de la comunidad del Monasterio de Santa Escolástica, cuya sabiduría es tan profunda que terminé subrayando casi todas las oraciones del libro. Ella cita a Pius Parsch, que describe las pausas como "respirar hechizos para el alma", un oasis para recordar lo sagrado de la vida, quiénes somos, cómo ofrecer a Dios el increíble regalo de nuestra vida y aprender a *ser* en medio de tanto *hacer*.[1] Nos detendremos para orar siete veces al día:

La guardia nocturna (medianoche).
La hora de despertar (amanecer).

La hora de la bendición (media mañana).

La hora de la iluminación (mediodía).

La hora de la sabiduría (media tarde).

La hora del crepúsculo (atardecer).

El gran silencio (hora de acostarse).

Cada pausa tiene un enfoque y, como explica Wieder-kehr: "Cada día se nos llama a ser creadores del momento presente. Los artistas conocen el valor del espacio en blanco... Quizás estás siendo llamado a la práctica espiritual de traer un poco de espacio en blanco, de *nada*, a tu día laboral. Allí, en ese espacio en blanco, encontrarás tu alma esperándote. Deja que la unción del ritmo de las horas te toque y te enseñe cada día".[2]

Además de estas pausas diarias, los Hatmaker guardarán el Shabat desde la puesta de sol del sábado hasta la puesta de sol del domingo. Tradicionalmente, el Shabat comienza la noche del viernes, pero nos estamos adhiriendo al espíritu de ese día, que nos llama a una adoración colectiva y al descanso familiar y, para nosotros, eso es el domingo (a menos que el país quisiera cambiar los servicios dominicales a los sábados y pasar todos los juegos, torneos, cumpleaños y eventos de la comunidad al domingo). Además, el sábado a veces es un día laboral en nuestra familia, ya que lo requiere el ministerio. Tenemos una vida extraña. Para nosotros, el día de descanso es el domingo, donde nos reunimos con los santos, recogemos el trabajo de la semana y reclamamos el tesoro del Shabat.

Estamos cerrando el circo, gente. Por este mes, más que Barnum y Bailey, seremos la atracción de bajo presupuesto de la feria, sin una gran producción y con solo una parte del poder de una estrella. Hemos sido un grupo lamentable de payasos, correteando como idiotas, apiñándonos en vehículos, conduciendo en círculos sin llegar a ningún lado. Estamos exhaustos (y sospechamos que los elefantes están planeando un golpe de Estado). Es hora de respirar, orar, aprender a calmarnos y descansar. Ahora *eso* suena como el mejor espectáculo de la tierra.

[Estoy *tan* feliz de tener buenas noticias para contar. Este mes realmente nos marcó. Diez años después, seguimos siendo muy proactivos en honrar el Shabat. Se me dificulta pensar en muchas excepciones. Cerramos filas el sábado por la noche y los domingos son una zona completamente restringida. Remy Hatmaker diría que me tomo una siesta virtual todos los domingos por la tarde y nos reunimos con nuestros mejores amigos en el pórtico casi todos los fines de semana, en lo que llamamos "iglesia de domingo por la noche". Amé todo lo que este mes nos enseñó. Sin dudas, fue mi favorito].

DÍA 1

OH, PEREGRINOS DE LAS HORAS

Cada mañana
la cortina de la noche
abre paso a un nuevo día.
Estás invitado
a unirte a la gran apertura.
Recibe el regalo
de las siete pausas sagradas.
Practica despertando
siete veces al día.
—MACRINA WIEEDERKEHR[3]

Voy a admitir algo: no soy buena para orar, ¿de acuerdo? Nunca lo he sido. Amo la Palabra; conecto naturalmente por ese medio. Me gustan las palabras en papel. Me gusta un pasaje tangible. Me gusta enfocarme en el lenguaje real. Yo proceso las cosas mediante la escritura. Es mediante las Escrituras que yo conozco a Dios y me siento conocida por Él.

Para mí la oración es más difícil. No sé si es por una debilidad en la comunicación o por tener una mente indisciplinada, pero tengo que esforzarme para orar concentrada y ser consistente. Mis oraciones incluyen pensamientos aislados entre paréntesis: (¡Qué hambre! / Olvidé pedir libros para el evento. / ¿Por qué estos pantalones me quedan tan ajustados? / ¿Cuándo fui por última vez al dentista?). Soy una pensadora concreta, así que ordenar mis pensamientos sin un ancla es todo un tema. Este último mes de *Simple y Libre* es necesario para mí.

La estructura de *Las siete pausas sagradas* es perfecta para una mente dispersa como la mía. Cada oración tiene un ritmo, un enfoque y, ¡viva!, plegarias, salmos y lecturas escritas. El lenguaje me servirá de tutor. Esto es lo básico de cada pausa de oración:

LA GUARDIA NOCTURNA

En toda la noche no pego los ojos,
para meditar en tu promesa.
(Salmos 119:148)

Esta pausa, que también se la llama vigilia, *me encanta*; es cerca de la medianoche. "Como Jesús, que estuvo en vela antes de morir, yo mantengo la vigilia con los que esperan solos".[4] Esta es una oración profunda y hasta oscura de espera e intercesión, estar en vela con Cristo, que nunca duerme y nos guarda en nuestras horas más oscuras (Isaías 40:28). La guardia nocturna aboga por quienes están en una noche oscura del alma: los que sufren, los abandonados, los oprimidos y los solitarios. "Quizás alguna noche, cuando te levantes para orar, algo se revuelva en el corazón de alguien y encuentre su voz debido a tu pequeña oración... Tal vez nuestra espera en la oscuridad le da esperanza a un peregrino desconocido que lucha".[5] A veces, las vigilias son para esperar, cuando ya has expresado tu dificultad y la mano de Dios no se ha movido. La guardia nocturna es un tiempo para decir: "Esperaré por ti, Jesús".

Aunque hay oraciones y salmos hermosos para usar, esta pausa también es poderosa cuando observamos en silencio, cuando tenemos una conexión simple y silenciosa con Jesús, nos desvelamos juntos para ponerle el hombro al sufrimiento que aflige a este planeta y a nuestro corazón. "Espero en silencio delante de Dios" (Salmos 62:1, NTV). Es como sentarse juntos en silencio en una sala de espera mientras la vida de un ser querido pende de un hilo en la sala de emergencias; no hacen falta palabras, pero hay algo poderoso en tu presencia, en tu atención, en la vigilia que tú y Jesús están realizando.

LECTURAS
Salmo 42
Salmo 63
Salmos 119:145-152

La hora de despertar

Sácianos de tu amor por la mañana,
y toda nuestra vida cantaremos de alegría.
(Salmos 90:14)

Cuando amanece es hora de comenzar nuestro día en gloria, recordando las bondades de Dios. Aun después de la noche más oscura, el sol se levantará. La hora de despertar es tiempo para los agradecimientos por un nuevo día, una página en blanco. Es el momento para orar por la resurrección: ¿qué necesitamos que surja hoy en nosotros? ¿Necesitamos despertarnos al gozo? ¿Al perdón? ¿Deberíamos orar para que en nuestro corazón resucite el amor por nuestro cónyuge o nuestros hijos? Pidamos por un amanecer en nuestra propia alma:

La luz brilla en la oscuridad para los justos;
son generosos, compasivos y rectos.
(Salmos 112:4 NTV)

Comenzamos un nuevo día donde nuestra vida puede convertirse en una alabanza. Nuestro deseo de vivir bien este día, para la gloria de Jesús, es una ofrenda. Después de la guardia nocturna, este momento celebra la intervención de Dios, su redención. No tenemos que ir muy lejos para ver lo que Él ha restaurado y a quién ha transformado. Las vigilias son para esperar e interceder; la hora de despertar es para alabar y celebrar. "Este día es tuyo, Jesús. Despierta el amor en mi corazón en esta hora para que hoy sea una vasija de luz".

LECTURAS
Salmo 19
Salmo 95
Salmo 147

LA HORA DE LA BENDICIÓN

Que el favor del Señor nuestro Dios
esté sobre nosotros.
Confirma en nosotros la obra de nuestras manos;
sí confirma la obra de nuestras manos.
(Salmos 90:17)

Esta pausa a media mañana hace hincapié en dos cosas. La primera es ser conscientes de la presencia viva del Espíritu. Cuando la Iglesia primitiva conmemoró por primera vez la venida del Espíritu, era la hora tercia de la media mañana, o la "tercera hora", esto se convirtió en un horario fijo de oración en casi todas las liturgias cristianas.

A esta hora, las oportunidades aún son infinitas, por lo tanto, es el tiempo perfecto para invitar al Espíritu a despertar nuestra alma. Esta pausa puede convertir nuestro recorrido matutino de "eficiente" a "inspirado". Invitamos apasionadamente a que el Espíritu Santo venga antes de que el día se nos escape.

En segundo lugar, la hora de la bendición habla de lo sagrado de nuestras manos y nuestro trabajo. Sin importar cuál sea nuestro trabajo (en una oficina, criar hijos, trabajar desde casa, un aula, un ministerio, etc.) le pedimos al Espíritu que nos bendiga con creatividad, autocontrol, inspiración y amor. Kahlil Gibran dijo: "El trabajo es el amor hecho visible"; ¿y si tomamos a nuestro trabajo como una oportunidad de demostrar amor? A nuestros compañeros, a quienes servimos, a nuestros hijos, a nuestros alumnos... el amor visible es posible si trabajamos a conciencia, como portadores del dulce Espíritu de Cristo.

Qué momento encantador para compartir mediante una taza de café con un compañero cristiano o con un bocadillo a media mañana junto a nuestros niños. Juntos, le pedimos a Jesús que bendiga nuestras manos y nos revele lo sagrado de nuestro trabajo, invitando al Espíritu a soplar un viento fresco sobre nuestras tareas. Llevamos nuestros afectos al Espíritu, para recibir el afecto que Él siente por nosotros.

LECTURAS
Salmo 67
Salmo 84
Salmo 121

LA HORA DE LA ILUMINACIÓN

Ustedes son la sal de la tierra... Ustedes son la luz del mundo.
(Mateo 5:13-14)

Cuando llegamos a la mitad del día, hacemos una pausa para pensar en el momento en el que Jesús abrazó la cruz. Pensemos en que nosotros tenemos el llamado para hacer lo mismo: entregar nuestra vida. En este gran acto de sacrificio, Jesús demuestra su poder y su liderazgo mediante el servicio. En el espíritu de esta hora, prometemos brillar, convertirnos en la esperanza para quienes no la tienen y ser luz en la oscuridad.

Durante la hora de la iluminación, le pedimos a Jesús que ilumine nuestro corazón con tanta intensidad que se abra de par en par, para tomar las decisiones que den paz, que nos conduzcan de la muerte a la vida, de la decepción a la verdad, de la desesperación a la esperanza y del odio al amor. Aquí examinamos nuestro corazón en busca de la violencia que elegimos albergar, hacia nosotros mismos, nuestra pareja, familiares, compañeros, nuestra comunidad, hacia aquellos que son diferentes o hacia cualquier parte de la creación. Le pedimos a Dios su amor para iluminar las piezas de nuestra alma que están oscurecidas con amargura, ira, falta de perdón o apatía.

Intenta por todos los medios disfrutar esta pausa al aire libre con el sol iluminando tu rostro. Oremos para ser hijos e hijas de la luz, que traigan alegría a un mundo oscuro. Oremos en contra de la oscuridad que consume, roba y daña. Brindemos nuestras manos y nuestras palabras como agentes de cambio y justicia. Como dijo Ghandi: "Sé el cambio que esperas ver en el mundo". Esta oración a mitad del día es nuestro compromiso de derramar nuestra vida, como lo hizo Jesús a un costo mayor.

LECTURAS
Salmo 24
Salmo 33
Salmo 34

LA HORA DE LA SABIDURÍA

Porque para mí el vivir es Cristo y el morir es ganancia.
(Filipenses 1:21)

A media tarde, la hora de la sabiduría incluye los temas de la entrega, el perdón, la sabiduría y lo efímero de esta vida, como el envejecimiento, la madurez y la muerte. Es la hora a la que murió Jesús y rindió su espíritu (Marcos 15:34). Esta oración reconoce que todas las cosas pasan, no de una forma macabra sino con ánimos de sabiduría, reconociendo que esta vida es temporal y debemos tenerlo presente. Sinceramente, ¿a quién le gustaría que este día no terminara, que esta temporada no pasara o que nunca sucedan cosas más grandes?

En esta hora es la oración para pedir la sabiduría que nos ayude a vivir como si estuviésemos muriendo, porque es así. Pensemos en los riesgos que tomaríamos, el amor que compartiríamos, el perdón que brindaríamos y los sueños que perseguiríamos. Visualicemos la amargura que liberaríamos, los complejos que soltaríamos y la belleza que crearíamos.

Con la llegada de la noche, oramos por *perspectiva* para este día corto y fugaz, por esta vida breve y efímera, por lo tanto, perdonamos, liberamos nuestros rencores y ofrecemos nuestros dones al mundo, entendiendo que solo tenemos unos pocos años para compartirlos o se desperdiciarán.

Lecturas
Salmo 71
Salmo 90
Salmo 138

La hora del crepúsculo

También llamada vísperas, es la oración nocturna más amada. Se ha realizado durante siglos al final del día de trabajo, mientras se acerca el anochecer. Los temas principales son la gratitud y la serenidad, mientras las lámparas de la noche se encienden. Invitemos a la paz de Dios en el momento en que dejamos el trabajo y vamos camino a la cena, la familia, el hogar y el descanso. Para entrenar nuestra mente hacia la tranquilidad, Wiederkehr plantea algunas preguntas que podemos hacernos: ¿cuál es la bendición más grande de este día? ¿Por qué puedo sonreír específicamente? ¿Qué es eso que falta terminar que puedo dejar tranquilamente para mañana? ¿Hay alguien con quien necesite hacer las paces? La hora del crepúsculo es para exhalar, calmar la mente y hacer la transición hacia la noche.

Un tema principal de las vísperas es la gratitud. Sin importar el caos del día, Wiederkehr nos recuerda: "Si buscas razones para ser agradecido, te sorprenderás al descubrir que tu habitación de gratitud está rebosando".[6] Aquí acostumbramos a ser agradecidos por los regalos del día o el encanto de la estación en la que nos encontramos. Aun con el desorden de esta hora, decimos "gracias" por el empleo, por los niños y por el hogar, por nuestros dones. Decimos "gracias" por el mañana, un lugar de aterrizaje perfecto para nuestras tareas pendientes. Decimos "gracias" por las manos para trabajar y para amar, y le pedimos gracia para la obra de la noche que se avecina.

LECTURAS
Salmo 34
Salmo 139
Salmo 145

EL GRAN SILENCIO

Esta es la oración al Dios de mi vida: que de día el Señor
mande su amor, y de noche su canto me acompañe.
(Salmos 42:8)

Esta oración culmina el día; un hermoso momento para orar con nuestros hijos mientras los arropamos para dormir, con un cónyuge o con un amigo antes de dormir. También se la llama completas, que viene del latín *completorium*, y comienza con una ligera evaluación del día. El enfoque está en la conciencia para analizar las debilidades, las fortalezas y los logros del día. El gran silencio nos enseña a ser pecadores sanos, que no viven negando su pecado, pero que tampoco se desesperan por él. Dios nos recuerda que somos pecadores amados. Aprendemos a vivir con más integridad y obediencia que el día anterior, mientras que juntos, en oración, examinamos el día.

El segundo tema es la oscuridad, la protección frente a situaciones, y la aceptación de otras. Le pedimos al Espíritu que nos guarde de nuestro enemigo, que proteja nuestro fervor y nuestra inocencia en Cristo. Oramos para que nuestros hijos estén resguardados bajo las alas de Dios. Como el pecado es una oscuridad que nos envuelve desde adentro, en esta oración confesamos y nos arrepentimos de los tentáculos que nos atan. Intercedemos por los que están cautivos en la oscuridad, el sufrimiento, la enfermedad, la muerte y el dolor. Oramos por nuestros hermanos y hermanas que necesitan desesperadamente nuestra intervención.

Por otro lado, le damos la bienvenida a esa oscuridad suave que es hermosa y sanadora. Dios atenúa las luces de nuestro cuerpo cansado, le prepara el camino al sueño y nos permite ver las estrellas. En la oscuridad también hay algo bello, el ritmo natural de la tierra que nos invita a estar en calma y descansar. Es hora de que el día se vaya y entre el gran silencio.

LECTURAS
Salmo 23
Salmo 91
Salmo 134

Aquí vamos.

DÍA 2

Me reuní con Jenny y Christi para almorzar en el *Fire Bowl Café*. Luego de conversar relajadamente, tomé discretamente la Biblia de mi bolso. La mesa se quedó en silencio.

JENNY: ¿Nos vas a regañar?

CHRISTI: ¿Vamos a tener un devocional?

JENNY: ¿Es una intervención?

CHRISTI: ¿Estoy en problemas?

JENNY: ¿Estás a punto de admitir algo malo?

CHRISTI: ¿Es un simulacro?

Les recordé acerca de la hora de la iluminación (Christi: ¡Santo Dios! ¿Sigues con eso de *Simple y Libre*?), les leí fragmentos de *Las siete pausas sagradas* y abrí el salmo 24. Dejamos que esas hermosas palabras potenciaran nuestro mediodía mientras nos pasábamos al pequeño bebé de Christi. Las chicas estaban muy contentas de que estuviésemos orando juntas, espontáneamente, sin realizar una intervención pastoral.

¡Hurra por mí! Tengo amigas con las que puedo hacer esto. He orado y estudiado tantas veces con ellas dos. Sé todo sobre su vida espiritual y ellas conocen todos los detalles explícitos de la mía. Hemos luchado contra todas las cuestiones que te puedas imaginar y hemos orado en nuestros mejores y peores momentos. Christi estaba tan encantada que dos horas después sonó mi teléfono con una llamada de nuestra amiga Laura:

"Christi me habló acerca de las pausas. Cuéntame todo. Tengo un bebé, un niño pequeño y un preescolar. Mi aguda mente se ha volcado a la harina de maíz y creo que he desarrollado un trastorno de ansiedad. Mi cabello está sucio.

He olvidado cómo escribir. No he ido sola al baño en cuatro años. Necesito a Dios cuarenta y nueve veces al día, pero me las arreglaré con siete. Suéltalo".

Así continúa la canibalización de mis amigas con *Simple y Libre*

DÍA 6

Le envié un mensaje de emergencia al Consejo admitiendo que tengo problemas para cumplir todas las siete pausas de cada día, en particular la guardia nocturna, que es muy significativa, pero a la medianoche.

Jenny al rescate: "Haré la guardia nocturna por ti esta noche. Ve a dormir y yo me encargo". Ella me envió este mensaje al día siguiente:

Leí todos los salmos para hoy: el 42, el 65 y el 119. Todos eran asombrosos. Me sentí muy feliz por esto después de leerlos. Esta vez no se trata de mí, sino de interceder por los olvidados:

> Salmos 42:9-10
> *Y le digo a Dios, a mi Roca:*
> (Oye su clamor, dulce Jesús)
> *"¿Por qué me has olvidado?*
> (¿Por qué has abandonado a los huérfanos, a los oprimidos,
> a los pobres y a los que están solos?)
> *¿Por qué debo andar de luto*
> (¿Por qué tienen que estar de luto?)
> *y oprimido por el enemigo?"*
> *Mortal agonía me penetra hasta los huesos*
> *ante la burla de mis adversarios,*
> *mientras me echan en cara a todas horas:*

(Señor, protégelos de los tormentos del enemigo)

"¿Dónde está tu Dios?"

(Dios, esta pregunta me hace sentir tan desesperada por estas personas y tan triste de que se pregunten esto).

Salmos 42:11

En Dios pondré mi esperanza,

y todavía lo alabaré.

¡Él es mi Salvador y mi Dios!

(¡Gracias por ser esperanza! Dios, yo también quiero serlo. Oro para que los olvidados, los que están solos y los abandonados no pierdan la esperanza).

Esta noche oro por:

Las mujeres y los niños golpeados por sus esposos, novios o padres.

Las mujeres y los niños violados.

La gente que piensa en acabar con su vida por la falta de esperanza.

Los niños que acaban de perder a su único padre con vida.

Los niños que mueren por falta de alimentos, agua o medicamentos y aquellos que aún viven con dolor de estómago porque no nos ocupamos lo suficiente.

Los veintisiete millones de esclavos y los que alimentan esa demanda de personas en esclavitud.

Los adolescentes y adultos adictos a las drogas y al alcohol.

Los padres que se han quedado solos porque han perdido un hijo o están sentados junto a un hijo sabiendo que va a morir.

Los niños abandonados que están solos y asustados.

Los viudos o viudas que acaban de perder a su mejor amigo.

Los indigentes que se sienten olvidados y que nadie los quiere.

Los 147 millones de huérfanos.

Los que se sienten tristes y desesperados.

Los niños que son secuestrados o capturados.

Los presos.

Los enfermos.

Estas palabras mías *no son* para tu libro, ¡tontita! Pero me encantaron estos versículos y quería compartirlos de todos modos. Además, quería que supieras que me tomaba en serio lo hacer tu guardia nocturna.

¡Qué valioso! Jenny hizo vigilia por millones de personas que sufren una noche oscura del alma. Ella se sentó con Jesús, los recordó, intercedió, mencionó su sufrimiento y rogó por justicia. Su intervención es íntegra porque está aprendiendo a comprar mercadería libre de trabajo esclavo, participa activamente en el sistema de hogares de acogida, financia a huérfanos, ayuda a viudas, y ama a los adolescentes descarriados que son amigos de sus hijos.

Tú participas sinceramente en la guardia nocturna cuando durante el día te involucras de la misma manera. Como dijo Santiago: "Supongamos que un hermano o una hermana no tiene con qué vestirse y carece del alimento diario, y uno de ustedes le dice: 'Que le vaya bien; abríguese y coma hasta saciarse', pero no le da lo necesario para el cuerpo. ¿De qué servirá eso? Así también la fe por sí sola, si no tiene obras, está muerta. Sin embargo, alguien dirá: 'Tú tienes fe, y yo tengo obras'. Pues bien, muéstrame tu fe sin las obras, y yo te mostraré la fe por mis obras" (Santiago 2:15-18).

Nota para futuros amigos: si te pido que participes en un experimento social, me envías material y dices: "Esto no es para el libro", lo ignoraré, lo copiaré y pegaré exactamente como está, sin preocuparme por tus sentimientos.

DÍA 7

Todavía no observé todas las siete pausas en un día. ¡Por Dios! Hacer una pausa en medio de la corriente es mucho más difícil de lo que parece. No es que no quiera hacerlo, pero lo olvido. Pensarás que puedo hacerlo, ya que este concepto no solo es un ejercicio espiritual sino material para un libro, pero te equivocas. Pestañeo y es hora de almorzar. Pestañeo otra vez y estoy lavando la vajilla de la cena. Las siete pausas me están dando una paliza.

Además, uf, me está haciendo sentir muy culpable. Al final de cada día, cuento cuántas me perdí y me regaño por mis oraciones frustradas. No soy el tacón más alto del armario, pero creo que no estoy entendiendo la enseñanza. Si la oración y el descanso igualan a la culpa y la frustración, algo estoy haciendo mal. Prácticamente puedo ver a Dios masajeándose la sien.

Hoy recordé algo de *Las siete pausas sagradas*: "Una de las cosas que he aprendido es la importancia de la campana. La campana nos llama a la liturgia de las horas. La campana es molesta, pero es buena... Cuando la oigo, oro por la gracia de hacer a un lado lo que me tiene ocupada. Al escuchar la campana, en realidad estoy escuchando una invitación a unirme con el Amado. Al responder a ese sonido, estoy proclamando con mis acciones que hay un amor aún más grande que el acto de amor que estoy realizando".[7]

¡Necesito la campana! (Léase: la alarma del iPhone). Listo. Alarmas puestas.

Ya que hablamos de fracasos, nuestro primer Shabat fue un completo desastre. Comenzó con un vuelo a casa a las 8:30 p.m. de un sábado. Los niños estaban yendo a la cama. La cena había terminado, es decir, las papas fritas que comieron mis hijos mientras Brandon estaba recluido arriba para terminar su libro para el lunes. Aunque habíamos intentado comenzar el Shabat en la mesa de la cena, no pudimos, ya que vendimos la mesa en la venta de garaje de ABBA. Solo tenía capacidad para cinco y somos casi el doble, así que tenemos una alfombra con una lámpara sobre ella.

El domingo por la mañana, Brandon salió apresurado más temprano y más alocado de lo normal, ya que la calefacción de la iglesia se había roto y el termostato marcaba 57° F (13° C). Los niños y yo llegamos cuatro horas más tarde para el segundo servicio. Después, fuimos volando a casa de mi mamá para almorzar. Cuando terminamos nuestro último bocado, salimos rápido para el doble juego de fútbol infantil, que abandoné para dar una capacitación en la iglesia, donde estoy liderando una iniciativa nueva en la que no tengo idea de lo que estoy haciendo. Llegué a casa a las 7:30 p.m., y los niños me preguntaron: "¿Qué hay de cenar? Estamos muriendo de hambre. Nadie nos alimenta". Así que vertí sopa congelada en una cacerola, la serví a todos en la alfombra y mandé a los niños a dormir.

Fracaso de Shabat.

Entre el viaje, el fútbol, el plazo de entrega del libro y la capacitación, este día fue insalvable. Nuestra redención fue que era mi último evento del año, la final de Gavin y que afortunadamente mañana el internet se llevaría el libro de casa; de este modo, el potencial del Shabat aumentaría un 100% durante el resto del mes.

Querido lector, sacudiré el polvo de mis pies de esta primera semana de malfuncionamiento y lo intentaré otra vez, comenzando mañana.

Tengo programadas siete alarmas diarias.

Tengo un calendario semanal en blanco.

De todos modos, tres o cinco pausas al día eran mejor que ninguna y algunas eran muy muy dulces. (Deshazte de la culpa, Jen. Tú abandonaste esa respuesta con sus cómplices: los evangelistas viajeros del avivamiento y los intentos incómodos de aplaudir en la iglesia). Las pausas no son un yugo de esclavitud, sino un aliento de alivio para el alma. Recuerda el propósito. No te pierdas el bosque por los árboles, aun si los árboles vienen uno tras otro todo el día, haciendo imposible seguirles el ritmo; luego ellos conspiran contra ti en el Shabat como un bosque encantado.

DÍA 8

Al igual que Zack, Kelly, Screech y Slater, ¡fui salvada por la campana! Programé siete alarmas repetidas en mi teléfono con textos recordatorios en la etiqueta y logramos seis de siete (perdón, guardia nocturna, pero es muy tarde). Los monjes tenían resuelto este tema de la campana, debí haberlos oído.

Cuatro de las siete oraciones ocurren mientras los niños están en casa. Ayer, durante la hora de la sabiduría —justo después de la escuela—, Sydney oró para perdonar a una compañera que había sido *mala como el diablo* con ella. No sé por qué no oré yo primero, con mi don de discernimiento. Antes pensé (1) susurrarle a esta niña que le voy a enviar hadas psicópatas a su cuarto por la noche para que se coman sus piernas, o (2) simplemente golpearla con el coche, no para provocarle una herida grave sino lo suficiente como para enviarle un mensaje (¿heridas leves? Puede ser).

Evidentemente la oración era una mejor opción.

Hoy Sydney llegó a casa y dijo: "¡Mamá! ¡No vas a creer esto! De la nada, Jill dijo: 'Lo siento mucho, he sido muy mala contigo. Ni siquiera sé por qué actué de ese modo. Quiero ser tu amiga si me perdonas'". Al otro día de que Sydney la liberara de su deuda en oración, ella se arrepintió por voluntad propia.

¿Qué sucede en el terreno espiritual cuando oramos? Es todo un misterio. ¿Qué palabras hacen que el Espíritu se mueva? ¿Qué bondades unimos a Él cuando oramos por paz? ¿Qué tan poderosas son nuestras palabras de oración? Son catalizadores de milagros, el ímpetu de la sanidad. ¿Dios espera que oremos en su voluntad, preparados para movernos por justicia? ¿Cuántas relaciones está esperando enmendar? ¿Cuánta confusión está dispuesto a aliviar? ¿Cuánta paz está dispuesto a dar? ¿Estamos callando las palabras necesarias que provocan la intervención de Dios?

Tal vez, es por esto que Él nos incita a perdonar, a soltar, a rendir, a dejar ir, a confiar, a dar, a entregar y a obedecer; estas son las llaves que abren los candados que nos atan. Como prometió Jesús:

> Te daré las llaves del reino de los cielos; todo lo que ates en la tierra quedará atado en el cielo, y todo lo que desates en la tierra quedará desatado en el cielo (Mateo 16:19).

Quizá, luego de que decimos: "Voy a perdonar", Él inspira el arrepentimiento en el ofensor. Tal vez, cuando decimos: "Finalmente confío en ti", Él nos da lo que pedimos. A lo mejor está esperando oír: "Lo haré" para liberar el camino. Si podemos atar y desatar cosas en el terreno espiritual, ¿por qué estamos malgastando oraciones en victorias deportivas o lujos pasajeros? ¡Qué desperdicio! Podríamos estar amarrando a la maldad, la injusticia y el odio, mientras desatamos la libertad, la recuperación y la sanidad, podemos ser socios de misericordia, no solo consumidores de ella.

Dios me está invitando a esta influencia espiritual siete veces al día, siete veces más poder, siete veces más influencia, siete veces más efectivas. Me frustra haber arruinado la primera semana con legalismo, perdiendo la oportunidad hermosa de unirme a Dios en la obra de la redención. Sabía que Dios estaba ofreciendo algo maravilloso, pero mi inclinación hacia la entropía legalista es fuerte, gente.

Y, ¡buenas noticias! Ahora no me acusarán por daños y perjuicios contra una menor.

[Querido lector, acabo de terminar mi quinto y último camino por la primaria con mis hijos y las personas que dicen "vas a extrañar esto" son unos condenados mentirosos. *No, no lo extrañaré*. En la última vuelta dije: "No vamos a superar esto. Aquí es donde termina para nosotros". Dios bendiga y guarde a los niños de primaria y a sus mentecillas pobres y confundidas, y Jesús cuide a sus maestras. Por favor, acéptalos a todos directamente en el cielo, Señor, porque ellos merecen la eternidad en gloria].

DÍA 13

Dulce, dulce Shabat. Gente, por favor, disfruten esta práctica sagrada con su pequeña familia. Hay algo tan bello en él, es algo espiritual. Es diferente de cualquier otra cena en casa. Hay algo sobrenatural en esta forma de adoración.

Cerca de las 5:00 p.m. del sábado, Brandon y yo unimos fuerzas en la cocina, preparamos la masa y los condimentos para la pizza junto con una ensalada de higo y queso de cabra con almendras tostadas y vinagre de higo mezclado con lechuga *de nuestra propia huerta*. Sería descuidada si no mencionara que es la mejor lechuga que hemos probado en la vida. La lechuga más deliciosa que ha crecido. ¿Puedo presumir también de nuestras zanahorias, guisantes, espinacas y papas? Por favor, sorpréndete con nuestro primer invernadero, porque somos inexpertos y aun así nos las arreglamos para cultivar gran parte de nuestros propios alimentos.

Todos nos reunimos para condimentar las pizzas, poniendo capas de manjares sobre una salsa casera brillante que incluí aquí para tu placer alimenticio:

Saltear tres dientes de ajo y una cucharadita de hojuelas de pimienta rojo en ¼ de taza de aceite de oliva por tres o cuatro minutos. Agregar 1.28 onzas de tomates orgánicos triturados marca Muir Glen (créeme, la marca es importante y deben ser "triturados" o te arrepentirás por el resto de tu vida). Agregar dos cucharadas de azúcar y batir hasta que todo esté integrado. Cocinar a fuego lento durante el tiempo que desees, agregar sal, pimienta y un poco de albahaca fresca picada, colocar sobre la pizza y morir de felicidad. Separar un sobrante de salsa para que todos mojen allí el borde de la pizza o el pan. Ahora eres un héroe. Todos te aman.

Las pizzas inundaron la casa de olor a cielo. Pusimos la vajilla "linda", servimos vino y jugo de uva, acomodamos las velas, dejamos las lecturas del Shabat en el lugar de cada uno, colocamos el pan jalá en el medio y la familia se reunió alrededor de esta nueva mesa encantadora, que ahora tiene lugar para ocho. O, sí, pronto tendremos dos caritas nuevas en esta reunión.

El Shabat va acompañado de un estado de ánimo. Es festivo y afectuoso, expectante y alegre. Mis pequeños tenían caras felices, Sydney pidió que lo hiciéramos todas las semanas, para siempre. Un sentimiento de alivio envuelve la noche; la comida es especial, el ambiente está relajado y las próximas veinticuatro horas están libres de las garras del estrés y el frenesí.

Brandon nos dirigió en las lecturas mientras que yo encendí dos velas para representar el *recordatorio* (de la creación y la salvación) y la *contemplación* (del descanso y el Shabat). Bebimos nuestro vino y nuestro jugo, y comimos el pan. La comunión puede tener lugar tanto en la casa como en la iglesia. Oramos. Cerramos diciendo: "¡Shabat Shalom! ¡Shabat Shalom!". Paz en el Shabat.

Luego comenzó la noche de película con las palomitas de maíz y el chocolate caliente. El descanso en el Shabat incluye nuestra amada iglesia, almuerzo con amigos y luego regresar a casa para una siesta. Brillante. Cerramos el Shabat en la casa de mis padres con una cena de domingo, dándonos un banquete de pollo frito y puré de papas casero por el cumpleaños de mi cuñado.

Comida deliciosa, familia, iglesia, amigos, descanso, adoración... gracias, Dios. Eres muy listo.

DÍA 14

Durante la primera semana de octubre sufrí una tristeza inexplicable por nuestros niños en Etiopía, aunque eran desconocidos para nosotros. No podía parar de llorar. No podía dejar de preocuparme. Me sentía pesada y oscura sin saber por qué. Mis lágrimas se encendían con la más mínima provocación y decidí arrojar mis emociones en Facebook para obtener apoyo. Un hilo común surgió de algunos amigos que habían adoptado:

"Dios te está motivando a que ores por ellos por alguna razón. Aún no los conoces, pero Él sí. Intercede por ellos esta semana; luego anota estas fechas. Una vez que recibas tu referencia, fíjate en tu papeleo y podrías descubrir una sincronización divina". Publicaron un montón de experiencias similares.

Entonces, Brandon y yo oramos desesperadamente por ellos. ¿Estaban perdiendo a sus padres? ¿Estaban sufriendo? ¿Estaban frágiles y solitarios? ¿Estaban sin esperanza? No conocíamos sus necesidades, pero el dolor era agudo. Así que lloré las lágrimas que de alguna manera sabía que ellos estaban derramando, y le supliqué a Jesús que estuviera muy cerca, que fuera muy bueno con sus jóvenes vidas mientras esperaban.

Sensible a su fragilidad, me pasé toda la semana revisando —obsesivamente— la lista de niños en espera de una familia en el sitio web de nuestra agencia de adopción. Había estado atraída por estos niños desde el comienzo de nuestro camino en la adopción. Estos niños no habían sido elegidos o emparejados, no eran queridos siquiera dentro de la comunidad de adopciones. Sus crímenes: (1) ser muy grandes, es decir, mayores de cinco años; (2) estar muy enfermos, con VIH, tuberculosis, defectos de nacimiento, etc.; o (3) ser demasiados, tener hermanos.

Esta misma semana una nueva carita apareció en la lista, un niño de siete años encantador, alegre y lleno de luz. Me enamoró su personalidad al instante. Se parecía a Gavin en versión africana. Parecía malhumorado, lo que me atrajo aún más. Así que lo veía todos los días. Todos los días. Todos los días. Le envié el enlace a la familia. Le envié el enlace a nuestros amigos. Volvía a revisar la lista. Miraba cómo otros niños pasaban de estar "disponible" a "archivo en revisión" mientras que la sonrisa del niño de siete años permanecía "disponible". Un miércoles, le envié esto a nuestra coordinadora de familia:

¡Hola, Caitlin!
Beniam es un niño dulce, adorable y sano que está en la lista de espera de adopción. Él está, sin duda, dentro

de nuestro rango aceptado, y, como aún aparece allí, supongo que no hay otra solicitud para un niño de siete años. La American World Adoption Agency (AWAA) [Agencia de Adopción Mundial de los Estados Unidos], ¿sería posible que consideraran ubicarlo con una niña más pequeña con quien no tenga parentesco y nos permitirían adoptarlos a ambos?

Nos haría muy felices postularnos para niños sin parentesco, si existe la posibilidad.

¿Qué opinas?

Jen Hatmaker

Durante una semana nos enviamos correos acerca de niños sin parentesco entre sí (dulce y preciosa Caitlin, se merece una joya extra en su corona por contestar a mis constantes correos). No puedo explicar lo mucho que nos sentíamos atraídos hacia él. Cada vez que lo mirábamos, se volvía más hermoso, más precioso, más querido. Nuestra trabajadora social necesitaba aprobarnos para una ubicación sin parentesco, ya que estábamos aprobados para hermanos. Eso, amigos, *sonaba* como una formalidad, así que pusimos nuestros patitos en fila para acelerar el proceso.

Exactamente una semana después de ese correo, al siguiente miércoles, sonó mi teléfono con ese nombre que me quitó el aire y me detuvo el corazón: "AWAA—Caitlin". Los padres adoptivos con expedientes esperamos con tanta ansiedad y emoción esas llamadas que si en ese momento estuviéramos en una conferencia con el presidente de los Estados Unidos le gritamos: "¡TENGO QUE IRME!" y le cortamos la comunicación. Los padres llaman a las agencias diez mil millones de veces; ellas no nos llaman nunca, pero cuando lo hacen, esto es lo que dicen:

"¿Jen? Soy Caitlin. Toma asiento... esta es tu llamada de derivación".

El mundo dejó de girar.

El tiempo se detuvo.

No existía nada más.

"¡No te creo!" es lo que respondí, como una niña madura y que controla sus emociones. Nuestro expediente se había presentado hacía cuarenta y ocho días; así que la derivación fue rápida. No podía ni pensar. Durante la llamada de derivación te tienes que sentar en tu computadora mientras que tu coordinadora de familia te envía el tan esperado archivo por correo electrónico que incluye fotos.

Descubrimos que nos derivaron a una hermosa e increíblemente perfecta niña de cinco años. Era bella en todas las formas posibles. Con sus pequeños dientecitos y su tímida sonrisa, parecía que finalmente tendríamos una "niña dulce" que necesitaba ser adoptada, ya que nuestra reserva genética había acabado con esa característica.

Pero, además de la "adopción" y de "Etiopía", el otro detalle claro era "dos niños". Allá por diciembre, cuando adoptar un niño de Etiopía era algo inminente, Brandon constantemente hablaba de *dos niños*. Yo, que normalmente soy la humanitaria, estaba reacia a pensar en dos —también pude estar desafiante, obstinada y aterrada por esto—, sabiendo que ya éramos un circo y dudando de mi capacidad de criar a cinco niños. Pero él no cambiaba de opinión; así que pasamos una semana orando y ayunando para saber si debían ser uno o dos.

En el último día de ayuno, del que no sabía nadie más excepto nosotros, me llamó una de mis amigas más queridas: "¿Jen? He estado orando por tu adopción. Si esto es irrelevante, olvídalo y ya; pero cada vez que oro, tengo la sensación de que tú y Brandon están considerando adoptar hermanos...".

Jen deja de respirar

"...No sé por qué siempre me llega ese mensaje. Pero si es así, hemos orado por eso y queremos pagar el incremento. Sea cual sea el costo por adoptar dos en lugar de uno, nosotros cubriremos el monto total".

Jen llora desconsoladamente

Sin duda sabíamos que Dios tenía dos hijos en mente, así que esta referencia por uno solo era muy confusa. Necesitábamos claridad, mirándonos entre nosotros como si alguno tuviera una explicación, una llave para liberar este final desconcertante. Nuestro plan de acción ha sido: "Regresa a lo que sabes con certeza. ¿Qué fue lo último que oíste?". Así que regreso tres semanas a aquellos días oscuros llenos de oración y tristeza. Confirmé las fechas, luego busqué el archivo de esta hermosa niña:

Esa fue la semana en que la llevaron al orfanato.

La llevaron doce horas al norte lejos de su pueblo, de su gente, de todo lo que conocía hacia un orfanato repleto de niños y trabajadores que hablaban otro idioma, debe haber sido devastador. Debe haberse sentido muy sola. Con tan solo cinco años. Pero Jesús nunca deja a sus pequeños que son los más vulnerables. Él estaba allí. Y se aseguró de que nosotros estuviésemos allí en espíritu también.

Era la "niña más pequeña sin parentesco". Todo encajó en su lugar. A horas de esa llamada, pedimos adoptar también a Beniam. Durante cuatro días agonizantes luchamos para que nos derivaran a este niño alegre y brillante que había visto ir y venir a cientos de bebés y niños pequeños mientras él esperaba. Durante cuatro días defendimos nuestro caso con firme resistencia. Durante cuatro días nos inundaron oraciones, correos electrónicos y llamadas de nuestra comunidad cristiana que se levantó por este niño.

Entramos al gran silencio, a la oración de finalización. Todos los domingos por la noche, a las 9:00 p.m., los padres que adoptan mediante nuestra agencia se reúnen en oración en todo el mundo. Oramos por nuestros hijos, sus familias, las niñeras, el papeleo, las derivaciones, las audiencias en la corte, los que viajan, las aprobaciones y pedimos gracia. A nuestra comunidad de adopción les pedí: "Por favor, oren para que amplíen nuestra derivación".

De casi todos los estados y varios otros países, oramos a las nueve de la noche. Intercedemos unos por otros y le rogamos a Dios que se mueva. Expresamos nuestras circunstancias imposibles y confiamos en que Él obra en los milagros de cada día que rodean a la adopción. Oramos para finalizar. Titubeante y tímidamente dije: "Confío en ti, Dios". A las 9:27 p.m., nuestra trabajadora social nos envió esto:

"Voy a aprobar la derivación".

No hay palabras para describir nuestra alegría.

Hemos sido invitados a una hermosa historia. Dios cautivó a una comunidad entera con amor por dos niños cuyos nombres estaban en nuestros labios. Así como los planes egoístas se frustran a diario y los sueños avaros se consumen cuando Dios quita su mano de los esfuerzos que intentamos respaldar usando su nombre, Jesús colocó poco a poco a dos niños en el centro de una comunidad de fe con el más tierno de los cuidados.

Quiero que tú sepas sus nombres.

Nuestro Beniam tiene siete y lo llamaremos Ben, el hijo por el que luchamos. El nombre de nuestra hija es Matawi, que significa "recuerdo" [*remembrance*, en inglés]. La llamaremos Remy, porque nunca fue olvidada, ni por su Creador, ni por su Salvador, ni por nosotros. Dios caminó con nuestros hijos; sus vidas siempre estuvieron frente a Él. Dios nunca olvida, nunca duerme, nunca deja de trabajar.

Él los recordó siempre.

Porque el Señor consuela a su pueblo
y tiene compasión de sus pobres.
Pero Sion dijo: "El Señor me ha abandonado;
el Señor se ha olvidado de mí".
¿Puede una madre olvidar a su niño de pecho,
y dejar de amar al hijo que ha dado a luz?
Aun cuando ella lo olvidara,
¡yo no te olvidaré!
Grabada te llevo en las palmas de mis manos;
tus muros siempre los tengo presentes...

Hacia las naciones alzaré mi mano,
hacia los pueblos levantaré mi estandarte.
Ellos traerán a tus hijos en sus brazos,
y cargarán a tus hijas en sus hombros.
Los reyes te adoptarán como hijo,
y sus reinas serán tus nodrizas.
Se postrarán ante ti rostro en tierra,
y lamerán el polvo que tú pises.
Sabrás entonces que yo soy el Señor,
y que no quedarán avergonzados
los que en mí confían.
¿Se le puede quitar el botín a los guerreros?
¿Puede el cautivo ser rescatado del tirano?
Pero así dice el Señor:
"Sí, al guerrero se le arrebatará el cautivo,
y del tirano se rescatará el botín;
contenderé con los que contiendan contigo,
y yo mismo salvaré a tus hijos".
(Isaías 49:13-16, 22-25)

[Esto me hace llorar. Por más de una razón. Es difícil hasta recordar esta versión de mí, la que solo conocía a los niños por papel. Es devastador recordar esa época para ellos. Ahora los conocemos y los amamos tanto. Ben y Remy son todo para esta familia. Son unos niños tan encantadores y buenos hermanos. Casi no puedo traer a la mente algún recuerdo anterior a ellos.

Y, por supuesto, ahora conozco a sus padres vivos. Hemos regresado muchas veces; llevamos a Ben a ver a su madre y Remy pronto verá a su padre. *También los amamos a ellos.* Todo es más complejo de lo que yo entendía. Sus primeras familias tenían muy pocas opciones. Su pérdida fue nuestra ganancia y eso es injusto. Desmond Tutu dijo una vez: "Llega un punto en el que necesitamos dejar de sacar a la gente del río. Necesitamos ir río arriba y descubrir por qué están cayendo". Nuestro trabajo con Legacy Collective es ir río arriba. La adopción es una respuesta a una tragedia que ya ha sucedido, pero ¿qué sucedería si los niños ya no cayesen al río, porque alguien alentó a sus padres a prosperar? El desarrollo económico previene la orfandad y vemos esto como la obra de nuestra vida].

DÍA 16

Publicación asquerosa por delante

Has sido advertido.

¿Sabes lo que es patético? Los celos en una mujer adulta. Trabajo en una especie extraña de híbrido entre una industria y un ministerio. El objetivo es Dios, pero hay contratos, presupuestos de publicidad, diseños de portada, directores de relaciones públicas, publicistas y algo de promoción de por medio. Llevar un libro a tus manos requiere de muchas pequeñas cosas. Al igual que yo, muchos escritores son obsesivos y paranoicos con todo esto, sin dudas, todos los demás tienen un mejor contrato, un mejor todo. Probablemente tengan cenas secretas sin mí. De por sí soy muy cohibida con mi trabajo, así que agrégale el éxito de otros escritores y los desprecios que percibo, y verás un personaje melodramático del canal CW. (Yo también estoy asqueada de mí misma. No eres solo tú).

Cerca de las once de la mañana me enteré del acuerdo tremendamente maravilloso para el libro de una amiga. Este incluía un equipo de expertos comprometidos y muchos ceros. Se usó la palabra "sinergia" y a mí me dieron ganas de vomitar. Me enfurecí de inmediato con todos los que alguna vez habían formado parte de mis contratos. Editoriales, editores, directores de relaciones públicas, mi representante... todos estaban en mi lista. Sabía con total certeza que habían tenido cenas secretas para conspirar en mi contra. No solo no creen en mí, sino que ahora sé que me desprecian. En realidad, me desean el mal ya que ninguno de mis contratos coincidió con esa sinergia.

Puede que hayan aumentado mis reseñas en Amazon, lo que confirmó la caída libre.

Guácala. ¡Oh, ego, lastre ridículamente frágil! Pensé que para este entonces te habría desterrado. Odio cuando apareces, inseguro, intentando llevarte el crédito y ser el centro de atención. Tú lo arruinas todo. Te robas el honor y el gozo que corresponden legítimamente a los demás. Conviertes tareas hermosas en basura y luchas por la gloria de Jesús. Te odio. En serio, te odio de verdad. Desearía que estés muerto, pero eres muy difícil de matar.

Y al mediodía sonó la alarma: la hora de la iluminación. Oh-Oh. Escrito por Jen Hatmaker hace veintidós días:

> Durante la hora de la iluminación le pedimos a Jesús que ilumine nuestro corazón con tanta intensidad que se abra de par en par, para tomar las decisiones que nos lleven a la

paz, de la muerte a la vida, de la decepción a la verdad, de la desesperación a la esperanza, del odio al amor. Aquí examinamos nuestro corazón en busca de la violencia que elegimos hacia nosotros mismos, nuestro cónyuge, familiares, compañeros, nuestra comunidad, hacia aquellos que son diferentes o hacia cualquier elemento de la creación. Le pedimos a Dios su amor para iluminar las áreas de nuestra alma oscurecida con amargura, ira, falta de perdón o apatía.

Salí con nuestra perra, Lady Bird, y puse mi rostro al sol, asombrada por la horrible guerra en mi interior y la paciencia infinita de Dios con todo esto. Pensé en Jesús, quien nunca buscaba llevarse el crédito. De hecho, Él tenía este hábito tan desconcertante de decirle a la gente que no hablara de su grandeza, de cómo sanaba y salvaba. Jesús siempre dejaba la gloria para después, redirigía a las personas entre sí y hacia el Padre y el Espíritu, que estaba por venir. Jesús nunca se quejó de que los otros rabbonis tuvieron más tiempo en el templo o una mejor sinergia.

A mí me dieron la misión de ser luz, pero no puedo iluminar este mundo mientras compito con la luz de los demás. Es decir, ¿de veras? No hay peor manera de perder el propósito. Juntos somos como una ciudad sobre una colina. Cuando uno de nosotros brilla, es una victoria comunitaria. Si todos vivimos radiantes, simplemente ya no podemos escondernos más. Esto no se trata de la energía individual; nuestro poder es comunitario, de lo contrario, es insignificante: "¡Cuán bueno y cuán agradable es que los hermanos convivan en armonía!" (Salmos 133:1).

Dios, esta es la historia que me has dado para que viva. Escríbela con belleza y luz. Disipa con la verdad los focos oscuros del egoísmo y la envidia. Perdóname por elegir los celos cuando debería haberme emocionado porque tu nombre se vuelva aún más famoso. Dios mío, soy un desastre. Enséñame a tener paz en un mundo violento, plagado de competencia y codicia. Dame un corazón de carne, no uno de piedra, que compita por tu gloria contra todos, en todo lugar. Reina en mí hasta que seas solo tú.

Estoy muy agradecida por esta pausa de hoy, porque sin ella hubiese continuado en ese círculo vicioso ininterrumpidamente. Estoy segura de eso. Estaba a cuatro segundos de buscarme en Google, pero esta oración simple detuvo la hemorragia antes de que perdiera todo el día —la semana o el mes— alimentando mi envidia como si fuera una mascota. Tal vez, esa es una razón por la que Pablo nos dice "oren sin cesar" (1 Tesalonicenses 5:17). La oración constante interrumpe nuestro ego y bloquea nuestros caminos tóxicos. Dice: "Basta, mujer, detente allí. ¿De veras? ¿Vas a seguir alimentando a esta bestia? Contemos hasta diez y repensémoslo. Ya sabes, Jesús siempre dijo...".

¿Quién puede discutir contra eso? Es como en séptimo grado, cuando mamá le permitió a mi hermana perforarse las orejas dos años antes que a mí y retrasó su hora de dormir *esa misma semana*, y cuando yo simplemente le estaba mostrando el error en su maternidad gritándole en la cara por la injusticia con la que vivía y el favoritismo que claramente demostraba con Lindsay porque, obviamente, yo era la hija menos amada, pero con más logros de la casa y, tal vez, debería irme a vivir con la ab... ¡Bofetada! Directo en la cara. Nos quedamos pasmadas y en silencio hasta que ambas rompimos en llanto.

La hora de la iluminación de hoy fue así. Una buena bofetada en la cara para hacerme reaccionar de la rabieta. Buena medicina. Piensa en todo el daño que me ahorraría si orara en medio de todos mis episodios. Quizá, deje estas alarmas al terminar el mes. Y, tal vez, elimine el borrador de ese polémico correo que estaba escribiendo a mi representante sobre un contrato pendiente. Perdón. El diablo me obligó a hacerlo.

DÍA 18

Me sorprende la compañía que mantengo. Mis amigas se sentirían intimidadas si no fuesen tan divertidas y, a veces, traviesas. Mis compañeras están adoptando, sirviendo, recaudando dinero, generando conciencia, sacrificándose, defendiendo, dando, compartiendo, acogiendo, financiando, luchando y soñando. Este planeta es más brillante gracias a su presencia. Son buenas personas. (No creas en lo que has oído de ellas. A menos que hayas visto evidencia fotográfica, que no niego ni afirmo que exista).

Tengo amigas —entre ellas Trina, una integrante del Consejo— que están involucradas en la difícil situación de los refugiados en Austin. Los refugiados se vieron forzados a salir de sus países por guerras, conflictos civiles, luchas políticas y/o abusos graves contra los derechos humanos. Estos sobrevivientes fueron perseguidos, muchas veces torturados y brutalizados, sus familias fueron asesinadas y, básicamente, desterrados por su raza, religión, nacionalidad, tribu o grupo social, y no pueden regresar a casa. Aproximadamente catorce millones de refugiados han buscado asilo en otros países y casi tres mil se instalan en Austin cada año.

Si bien ellos han escapado de la violencia y la inestabilidad de su tierra natal, enfrentan grandes obstáculos en los Estados Unidos. Los refugiados reciben un pequeño salario durante cuatro meses, menor al de un desempleado. Durante ese tiempo, con ingresos por debajo de los niveles de pobreza, se espera que se vuelvan autosuficientes. Eso es claramente imposible y las probabilidades están en su contra. Con un inglés a medias y sin contexto de la cultura estadounidense (habilidades informáticas, operaciones bancarias, matriculación de un niño en la escuela, empleos, separar el correo basura del correo real, compras, recorridos de autobuses, trabajo en casa... esta lista podría continuar por siempre), los refugiados quedan atrapados en trabajos con el salario mínimo sin herramientas para escapar, y de este modo el ciclo de pobreza continua.

Ten presente que son personas muy inteligentes y capaces que han superado males inmensos y viven para contarlo. Su situación no tiene nada que ver con la ética laboral o las habilidades, sino con las barreras del idioma y el desplazamiento cultural. Ellos simplemente necesitan defensores que los guíen hacia un lugar estable en la economía estadounidense.

Lo que nos lleva de regreso a mis amigas que idearon un proyecto social llamado Open Arms Studio [Estudio Brazos Abiertos], una empresa con fines de lucro para emplear mujeres refugiadas en Austin por un salario digno; es una compañía con conciencia. Open Arms utiliza camisetas donadas para convertirlas en hermosos pañuelos, almohadones, carteras, bolsos, tapetes y más (como una metáfora de las mujeres que los elaboran). Además, allí mismo brindan seminarios (computación, idioma, operaciones bancarias, organización de presupuestos, etc.), hay guardería y atención temprana para sus hijos pequeños, para romper otro eslabón en la cadena de pobreza.

Su debut es este fin de semana en el distinguido Christmas Affair, un mercado gigantesco de cuatro días organizado por la ONG Junior League, con más de doscientos vendedores y una asistencia que supera las treinta mil personas. A Open Arms le ofrecieron un puesto codiciado —necesita quinientos artículos para vender y todas están trabajando a cuatro manos para fabricarlos. Mi amiga Leslie, el motor detrás de Open Arms, no le permitiría *al equipo* tomar ni un pañuelo por adelantado para comenzar a usarlo, *aunque paguen por él*. Ella hace el recuento todos los días. Esa chica lidera con mano dura.

Jenny, Shonna, nuestra amiga Larkin y yo fuimos voluntarias durante todas las mañanas, los tres días previos al evento. Recibimos nuestra tarea: tomar los retazos de los retazos de las camisetas —¡*nada* se desperdicia!—, cortarlos en tiras de 11 por 0,25 pulgadas (27 x 0,6 cm), atarlos a través de cada etiqueta de Open Arms y colocar las etiquetas en todos los artículos listos para la venta. Mientras que las mujeres internacionales tarareaban en sus máquinas de coser realizando el trabajo especializado, nosotras charlábamos, nos reíamos y demostrábamos con esas etiquetas el amor de la empresa.

A las diez de la mañana en punto, sonó mi confiable alarma recordándome hacer una pausa para la hora de la bendición que hoy incluyó pedidos maravillosos para nuestra mañana en Open Arms; invité al Espíritu, reconociendo su presencia y encomendando nuevamente el día para su gloria, y también hice una simple oración para bendecir el trabajo de nuestras manos, de todas nuestras manos.

Con el corazón en la boca, todas hicimos una pausa y oramos para que el Espíritu de Dios se muestre en cada pañuelo y en cada bolso, para que Él se vuelva famoso por su obra redentora en la vida de estas mujeres. Le pedí a Dios que bendijera el trabajo de las manos que estaban allí: sudanesas, birmanas, congolesas, ugandesas y estadounidenses. Le pedí a Dios que recordara a estas mujeres que habían visto tanta violencia y aun así trabajaban alegres y humildes. Hice una petición por el futuro trabajo de sus manos, criando niños, creando belleza y abrazando la sanidad. Oré con palabras de bendición sobre esta hermosa empresa que recupera, reinventa y les da un nuevo propósito tanto a las camisetas como a las vidas. Agradecí al Espíritu por sembrar este sueño en el corazón de Leslie y avivar la llama en las demás personas comprometidas con vivir su misión. (¿Lágrimas? Tal vez algunas).

Luego, regresamos al trabajo, ya que nuestra amiga Leslie nos había arrojado el guante con su voz tan dulce: "Esperábamos que tal vez todo pudiese estar etiquetado y en cajas para las 11:30...". Eso sonaba como un gran desafío envuelto en dulzura y mordimos el anzuelo. ¿11:30? "¡Oh, a las 11:30 y subiremos las cajas a los autos, cariño!".

Ahora, lector, visita www.theopenarmsstudio.org y compra algo, o no te hablaré nunca más por el resto de mi vida.

DÍA 20

Déjales a los Hatmaker la tarea de simplificar algo tan sagrado como la cena del Shabat. Gente, solo juego la mano que me repartieron, ¿de acuerdo? Brandon estaba fuera de la ciudad hasta medianoche, así que solamente estábamos los cuatro, y el domingo por la mañana saldríamos para tomarnos ocho gloriosos días de descanso.

Querida lectora, si no eres madre, aquí está la traducción:

Cuando transportas a tu familia lejos de tus aposentos por más de un período solar, te involucras en una maratón de preparativos que te hacen cuestionar por el resto de tu vida la decisión de ir a cualquier lugar. La lista es muy extensa y no descubrirás un solo humano en todo el planeta que se sienta útil. Todo depende de ti, mamá. Tú responderás por cada olvido y no obtendrás ningún halago por realizar las tareas de una mula de carga para tu tripulación. Sucede algo así:

"Baja tu maleta. Estamos empacando para ocho días, chicos. Recuerden, las mañanas son frías y las tardes calurosas. ¿Bajaron sus maletas? Todos vengan a tomar su ropa limpia y ordénenla. Vamos a regresar a una casa limpia, ¿me oyen? ¿Dónde están tus botas? ¿Dónde está tu cepillo de dientes? ¿A qué te refieres con que no lo encuentras "desde hace un tiempo"? ¿Con qué te estuviste lavando los dientes? No me respondas. ¿Por qué estás jugando con la Xbox ahora? ¡Empaca tus calcetines! ¡Mete tu ropa interior! ¿Por qué tu maleta no está aquí? Traigan libros para leer. Sí, van a leer. Porque los voy a obligar. ¿Dónde está la correa de Lady? ¿Por qué está atada a sus bicicletas? ¿Qué es "resortera en reverso"? ¡Elijan películas para llevar! No, no vamos a llevar *Como perros y gatos 2: La venganza de Kitty Galore*. Porque hace que mi cerebro se encoja. Así que ayúdenme, *¿todavía estás en la Xbox*? ¿A qué te refieres con que terminaste de empacar? Veo un vaqueros y un arma de juguete aquí. Voy a subir en cinco minutos y voy a donar todo lo que esté en el piso de sus habitaciones. Oh, Dios mío, *¿todavía no bajaste tu maleta?*".

Esta obra satírico-dramática continúa hasta el segundo en que sales por la puerta. Le tomará diez millas a tu esposo volver a hablarle a quien sea y tú declaras un plazo en el que no se puede hablar ni hacer cualquier sonido hasta que tú lo indiques, tú eres la que cuida los detalles y la que empaca las cosas. Aproximadamente una hora después, tu mandíbula se relaja. Al tercer día de vacaciones, decides que posiblemente, tal vez, quizá, vuelvas a viajar con tu familia, pero aún no estás segura. Es muy temprano para asegurarlo.

Así que empacar interrumpió mi preparación de la comida para el Shabat; sin embargo, aún queríamos inaugurar nuestro día (semana) de descanso y el lanzamiento de nuestros días sabáticos.

Aún teníamos velas.

Aún teníamos las lecturas; Gavin leyó las partes del "hombre".

Aún utilizamos la vajilla más linda.

Teníamos fajitas de pollo y macarrones con queso.

Compartimos la Comunión con el último trozo de pan de canela rebanado.

Y agua, ya que nos habíamos bebido todo el jugo antes de salir de la ciudad.

Pero pusimos el agua en copas sofisticadas.

Estábamos súper contentos por todo esto y yo tomé una fotografía para conmemorar lo que los niños apodaron "el Shabat de Mamá". Asombrosamente, esto me sacó de mi modo sargento y volvió a traer las risas a la casa. Le agradecimos a Dios por el regalo del tiempo libre, por el rancho de la familia, por los miles de días buenos que habíamos pasado y por los mejores días que estaban por delante.

¡Shabat Shalom!

DÍA 23

En el último día de clases de séptimo grado, quince de mis amigas y yo nos reunimos en Shoney's para desayunar, tomamos dominio del restaurante mientras nuestras mamás fingían no conocernos. Por favor, intenta recordar séptimo grado, especialmente si eres una chica. Recuerda esa incomodidad cruel; la certeza de que estabas inclinando la balanza con solo 102 libras (46 kilos); el miedo de que cualquier chico hablara de tu permanente casera y tu falta de *bubis*; y el sentimiento de que estabas destinada a ser una gran torpe. Habitantes del mundo: solo tú. ¿Recuerdas que todas tus amigas vestían vaqueros de Esprit o Guess y tu mamá decía que prefería comprarse un pasaje solo de ida a la Rusia comunista antes que gastar cincuenta dólares en un vaquero? (Yo era una chica trágica de doce años atorada en la clase media baja durante la Guerra Fría).

Esa hermosa mañana en Shoney's, mis amigas y yo estábamos presumiendo y siendo un gran fastidio para todo el local, cuando de pronto *sucedió un milagro*. Ron Coyle, el estudiante de secundaria más lindo en la historia del mundo, el hijo mayor de los mejores amigos de mis padres, se paró detrás de mí, me envolvió con sus brazos y me besó frente a todas. Luego me soltó y se fue.

Podrías haber oído el ruido de un alfiler al caer. Los tenedores se detuvieron en el aire. Las chicas se congelaron. Un chico hermoso de secundaria acababa de besar a una integrante del clan preadolescente en sus narices. Traté de actuar relajada, pero en realidad no tenía esa habilidad. Todas me miraron boquiabiertas, sin creer en mi buena suerte y al mismo tiempo deseándome la muerte.

Ese fue casi el mejor día de mi vida.

A veces, las estrellas se alinean para cerrar una etapa a la perfección; no lo planeaste, pero el universo te tira un hueso y todo encaja en perfecta armonía. Tiene un lazo bellamente atado y el círculo de la vida está completo. Te gustaría imaginar que eres responsable de algo, pero la realidad es que es pura suerte y coincidencia, y te toca pararte en el círculo de los ganadores.

La última semana de *Simple y Libre* comienza de forma similar.

En el rancho de mis padres.

Ocho días.

Durante Acción de Gracias.

Unos días sabáticos, literalmente, que abarcaban los primeros dos domingos libres desde que comenzamos la ANC, en 2008.

Una persona organizada hubiese diseñado este final a propósito, para terminar un mes de descanso y oración con la familia, recluidos en unos hermosos 350 acres (1,5 km^2), planificando una gran comida para el jueves, cuando partamos el pan en total agradecimiento por este mes, este año y esta vida bendecida. Pero, en realidad, esto sucedió casi sin planearlo.

Sea como sea, estoy escribiendo feliz en el pórtico del granero mientras sopla la brisa, observando a Sydney y Lady brincando sobre las pacas de heno y oyendo a mis chicos montando en cuatriciclo en el prado delantero. Mis padres están leyendo libros en la tarde soleada y los niños están poniendo objetivos de corta y larga distancia para la competencia de tiro de los Hatmaker. No tenemos cobertura en los teléfonos. Ni internet. Tampoco hay cable, pero sí tenemos un televisor con rayas y un reproductor de VHS donde vemos películas viejas todas las noches amontonados en los sofás como cachorritos. Alimentaremos a las vacas esta semana y moveremos las pacas de heno. Los hombres irán de caza e intentarán llenar nuestros congeladores para el invierno. (Anoche ya perdió la vida un armadillo, gracias a la puntería de Caleb. Esto es Texas, gente).

Usaremos la misma ropa una y otra vez, y dentro de cuatro días preguntaré si alguien se ha dado un baño. La respuesta será que no. Yo ni siquiera traje maquillaje. Al menos una vez iremos "a la ciudad" a comer en el Rockin' J's en Comanche, una gasolinera remodelada donde el 95% de los clientes visten ropa camuflada. Ordenaremos panecillos con salsa de carne porque no somos tontos. Hemos estado aquí menos de veinticuatro horas y ya he leído un libro y medio. Los niños trajeron huesos y otros tesoros de sus expediciones. Para las 8:30 a.m., ya había lavado una carga de ropa sucia luego de que Caleb y Lady decidieran "caminar por el arroyo en lugar de dar toooooooooda la vuelta" —cincuenta yardas más (45 m). Disfrutaremos del café por la mañana, del té dulce por la tarde y de una copa de *Cabernet Sauvignon* en el pórtico por la noche, mientras el sol se pone sobre los campos costeros.

Esta semana será el marco perfecto para *Simple y Libre*. Nos ofrece el mejor espacio para reflexionar, desacelerar y expresar gratitud. Estoy rodeada por mis personas favoritas en mi lugar favorito durante mi semana favorita en el mundo. Es el conocido beso en público, el mejor final posible para este increíble año de experiencias. Con mucha gratitud, haré las oraciones del día sentada en el pasto, sobre el cuatriciclo y en el granero; mientras cocino el desayuno para los cazadores y la cena para los exploradores; con mis hijos, mi esposo y mis padres; a primera hora de la mañana en el pórtico y mientras apagamos las luces luego de ver una película.

"Estimado artista del universo, amado escultor, cantante y autor de mi vida, nacida a tu imagen, he hecho un hogar en los campos abiertos de tu corazón. El suave tirón magnético de tu invitación a crecer me está transformando lentamente en un regalo para el mundo. Acompáñame en el proceso de adoptar formas saludables de vivir. Ayúdame a que recuerde hacer una pausa".[8]

DÍA 26

El ritmo de la hacienda es sanador para el paso frenético de la vida normal. También es un tutor que me enseña el tempo increíble del buen vivir. En la hacienda no existe la prisa.

No hay que ir corriendo de una cosa a la otra, excepto cuando intentas dejar atrás a Lady Bird en el cuatriciclo. Gracias a su geografía estratégica, no nos distraemos con internet, la televisión o los teléfonos (si te paras sobre una silla en la esquina sudoeste del granero sosteniendo el teléfono hacia el cielo obtienes una sola barra).

Amigo, puede que te estés imaginando una hacienda lujosa, moderna y rústica con muebles tapizados en cuero y lámparas de techo fabricadas con cuernos. Por favor, permíteme aclarar las cosas. Esta es una finca ganadera de trabajo, no una mansión; solo una casa vieja que alberga una oficina/sala/cocina/baño de 400 ft^2 (3,70 km^2). El fregadero industrial, la nevera, la lavadora y secadora están afuera en el granero, por lo que durante el invierno peleamos por quién tiene que enfrentarse al granero helado para ir a buscar la mermelada de la nevera o, el horror, lavar la vajilla a mano envuelto como un esquimal.

Por la noche, los dos sofás se abren y se hacen camas. *Voilá*, una habitación. Estas camas son un poco más incómodas que dormir sobre el catre. A eso súmale un niño durmiendo arriba tuyo, prácticamente oramos para que cada noche termine. "¿Por qué las líneas forman un garabato en la parte superior de la pantalla?", preguntan los consentidos niños modernos al ver el televisor antiguo. No saben nada de rastreo, una cruz que tuvimos que soportar los niños de los ochenta. Las tuberías se congelan a la primera señal de aire frío, así que guardamos bidones con agua en el baño para llenar el tanque y tirar la cadena. Todo muy glamoroso.

Así que, créeme, la vida en el rancho es simple, libre de todas las extravagancias a las que somos adictos.

Y, aun así.

Ninguno de nosotros podía esperar para venir aquí. Hemos hablado de esta semana durante dos meses. Amamos mucho el rancho y cada detalle rústico. Nos morimos por el aire libre y las botas de granja sucias. Los niños ya estaban en el cuatriciclo antes de que detuviésemos el auto. Exploraron durante horas. No tendríamos idea de dónde están si no fuese por los divertidos comunicados por *walkie-talkie* que escuchamos a escondidas.

Los niños sienten pura felicidad en sus intentos de caza y, ¿por qué no? Tenemos doce escondites para cazar ciervos, todos con nombres irónicos: Bob Esponja, Obispo, Nido de Cuervos, Puesto de Alaska, Arroyo del Norte, Penthouse, Bosquecillo, y, por supuesto, Bellagio, que se llama así por su opulencia con sus ventanas retráctiles, los pisos alfombrados y la calefacción. (Caleb siempre se queda dormido en este escondite).

Cuando se pone el sol y los cazadores regresan, comienzo a preparar la cena y entro en la hora del crepúsculo, la agradecida transición entre la actividad del día y la relajación de la noche. Me encanta reunir a mis pollitos al final de días como el de hoy, donde los músculos y la imaginación se extendieron hasta sus límites, y los "mejillas coloradas" entran por la puerta agitados, compitiendo para contar primero sus historias. Nos quitamos los sombreros, nos soltamos el cabello y dejamos las botas de campo amontonadas junto a la puerta. La familia se reúne con recuerdos frescos y nuevos, ansiosos de antemano por el día siguiente.

Leí el Salmo 145 y repetí una hermosa oración de *Las siete pausas sagradas*:

> Tú, Señor, cuyo rostro es un millar de colores, míranos en esta hora del crepúsculo y colorea nuestras caras con el resplandor de tu amor. A medida que la luz del sol se desvanece, enciende las lámparas de nuestro corazón para que podamos vernos mutuamente con más claridad. Deja

que el incienso de nuestra gratitud aumente a medida que nuestro corazón se llena de música y cantos. Que todo el trabajo que traemos con nosotros a esta hora se aleje de nuestra mente al entrar en la gracia mística de la hora de la tarde. Amén.[9]

[Oh, corazón. Me encanta leer estas anotaciones. Mi padre y su hermano compraron el rancho en 2006 y justo ahora, mientras hablamos, está en la última etapa de su venta. Es el tiempo. Mantener una finca ganadera de trabajo es una tarea monumental para dos hermanos de más de setenta años. Pero es el lugar de los recuerdos de mis hijos y para mí siempre será muy preciada. Lady Bird apenas tenía dos años cuando escribí esto, y corría durante ocho horas seguidas en el rancho por ese entonces. Ahora es una chica adulta, de pelaje canoso, que está recostada sobre mis pies en este preciso segundo, la mejor perra que haya existido jamás. Este año celebramos nuestro último día de Acción de Gracias en el rancho, con la casa repleta de todas las personas que amamos. Estoy muy agradecida por los momentos que pude vivir allí. Qué afortunados somos].

DÍA 30

¡Qué gran final para el séptimo mes! Acción de Gracias fue genial: comimos nuestro propio peso en jamón con miel, pavo frito, salsa de arándanos con jalapeños y las zanahorias de mi abuela, que son legendarias y pasarán a la historia de la familia King. Cocinamos, nos reímos, tomamos una siesta y comimos otra vez. Mi madre hizo pastel de queso y calabaza, y crema batida casera. Claramente nada puede superar eso, así que terminaré este párrafo de comida con ese broche de oro.

Estoy agradecida por los contemplativos que me han incentivado: Henri Nouwen, el Hermano Lorenzo, Macrina Wiederkehr, la Madre Teresa, Richard Rohr, David, Isaías y Jesús. Su compromiso noble de oración y quietud me ha inspirado a tener una comunión más profunda con Dios. Esta conciencia plena se extendió dramáticamente.

He descubierto que puedo ayunar de ropa, de desperdicios y de gastos más fácilmente de lo que puedo ayunar de las ocupaciones. ¿Vestir el mismo atuendo seis días seguidos? Claro. ¿Cultivar y reciclar? No hay problema. ¿Hacer siete pausas al día en medio de mi rutina? Bueeeeno, eso sí que es pedir demasiado. Este mes me resultó un gran desafío, pero igualmente hermoso. Evidentemente, no respondo bien a las interrupciones, sean guiadas por Espíritu o por otras cosas.

Pero estas pausas, junto con el Shabat y el descanso me enseñaron algo: mi corazón anhela una vida más lenta. Quiero que la gente deje de iniciar sus llamadas telefónicas diciendo: "Sé que estás muy ocupada, pero si me puedes dar un segundo...". Quiero descubrir qué significa esto para nuestra familia. No podemos vivir en el granero para siempre, ni podemos retirarnos del trabajo, el ministerio, la escuela, la comunidad, la misión, la familia y todas las actividades que los acompañan. Pero ¿qué podemos hacer para cultivar un corazón que sea como una hacienda tranquila en un mundo urbano y ruidoso?

Sé que seguiremos guardando el Shabat. No me aplaudas, ya que se nos ha enseñado a hacerlo desde Éxodo hasta Hebreos. Dios explicó esto en la inauguración del Shabat:

> Acuérdate del sábado, para consagrarlo. Trabaja seis días, y haz en ellos todo lo que tengas que hacer, pero el día séptimo será un día de reposo para honrar al Señor tu Dios.

No hagas en ese día ningún trabajo, ni tampoco tu hijo, ni tu hija, ni tu esclavo, ni tu esclava, ni tus animales, ni tampoco los extranjeros que vivan en tus ciudades. Acuérdate de que en seis días hizo el Señor los cielos y la tierra, el mar y todo lo que hay en ellos, y que descansó el séptimo día. Por eso el Señor bendijo y consagró el día de reposo (Éxodo 20:8-11)

¿Es casualidad que Dios haya nombrado a todas las personas incluidas en el descanso? Hijos e hijas, esclavos y animales, invitados y visitantes; todos lo necesitamos. Si descuido el Shabat no solo me afecta a mí, sino a toda mi casa, a mi extensa comunidad. El paso al que caminamos ha puesto en peligro nuestra salud y felicidad, nuestra adoración y nuestro ritmo de vida. Pertenecemos a una cultura que no puede tomarse un respiro; más bien, nos negamos a hacerlo.

Dios no tira ningún puñetazo aquí: el Shabat es santo. No es holgazán, ni egoísta, ni poco productivo, ni provechoso, ni opcional, ni solo una buena idea. *Es santo.* Así como lo demuestra Dios en Éxodo 16, Él proveerá para las necesidades diarias, pero en el sexto día hará llover una doble porción para almacenar para el Shabat, supliendo así nuestras necesidades mientras descansamos. El único día en el que una colecta doble no se arruinaba con la luz del amanecer era en el Shabat; Dios creó una manera de lograrlo.

Aún lo hace. Originalmente, el Shabat tenía que ser planificado y había que reunir la comida con un día de anticipación. No fue entregado a los hebreos en bandeja de plata. Este principio sigue vigente. Hoy en día tengo que hacer planes para el Shabat, atar los cabos sueltos y reunir lo que necesitaremos. Todavía debo preparar a la familia para el descanso, reforzar los límites saludables y proteger nuestro calendario. Aún debo hacer a un lado el trabajo y confiar en la sabiduría del diseño de Dios. "Tienen que entender que el día de descanso es un regalo del Señor para ustedes" (Éxodo 16:29, NTV).

Mi corazón se siente renovado al completar este mes. Tal vez, el mayor regalo que recibí es la claridad. Mi misión está enfocada: esto es importante, esto no; esto suma, esto no. En realidad, no es tan complicado. La Biblia es verdadera, sin importar qué tan contraria a la realidad parezca. He descubierto que, si presionas bien fuerte la Palabra, esta permanecerá.

Sí es sanador perdonar.

Sí ganas la vida perdiéndola.

El amor *sí* vence el mal.

Una vida sencilla *sí* es liberadora.

Para cerrar el séptimo mes, citaré una plegaria escrita por Henri Nouwen, que resuena en lo más profundo de mí, como si se hubiese robado mis pensamientos:

> Querido Señor: me has enviado a este mundo a predicar tu Palabra. Muchas veces los problemas del mundo parecen tan complejos y difíciles que tu Palabra me resulta vergonzosamente sencilla. Muchas veces siento mi lengua atada cuando estoy en compañía de gente que está lidiando con los problemas sociales y económicos del mundo.
>
> Pero tú, oh, Señor, dijiste: "Sean astutos como serpientes y sencillos como palomas". Permíteme conservar la inocencia y la sencillez en medio de este mundo complejo. Entiendo que tengo que estar informado, que debo estudiar los muchos aspectos de los problemas que enfrenta el mundo y que debo tratar de entender las dinámicas de nuestra sociedad contemporánea tan bien como pueda. Pero lo que realmente importa es que toda esta información, conocimiento y entendimiento me permiten hablar

con mayor claridad y con menos ambigüedad acerca de la verdad de tu Palabra. No permitas que los poderes del mal me seduzcan con las complejidades de los problemas del mundo, más bien dame la fortaleza para pensar con claridad, hablar con libertad y actuar con valentía a tu servicio. Dame el valor para mostrar la paloma en un mundo tan lleno de serpientes.[10]

CONCLUSIÓN

¿Cómo resumo *Simple y Libre*, un experimento que ha cambiado nuestra vida para siempre? Mis aprendizajes son inmensos, no puedo mantener una idea el tiempo suficiente como para escribir acerca de ella. Los nuevos pensamientos han usurpado por completo a los viejos, ya no puedo ni recordar lo que solía pensar. Luego están estas ideas con las que soñamos: el desarrollo de la comunidad, viviendas de interés social, las tres "R" (reubicación, reconciliación y redistribución) y recorte de gastos. Por supuesto, está la ironía poética de nuestra inminente adopción, que agrandó nuestra familia a *siete* miembros. Ya me estoy arrepintiendo de las omisiones del manuscrito: la erradicación de mi colección de libros, la media maratón que corrí para adoptar, Santiago 5, la cumbre de Global Voices. Simplemente hay mucho para contar.

En mi mente también está nadando la enorme lista de reformas con hábitos y costumbres nuevas. Sin mencionar el curso intensivo que recibí sobre economía, capitalismo, combustibles alternativos, tendencias de consumo y liturgias antiguas. He leído analogías de precisión de economistas internacionales y oraciones en poesías rítmicas de monjas monásticas. Devoré artículos de agricultores, miembros de grupos de presión sobre temas de alimentos, activistas sociales, misioneros, asesores financieros, analistas de mercado, pastores, insurgentes, doctores, ecologistas, gestores de residuos, sacerdotes, activistas, líderes de organizaciones sin fines de lucro, autores de documentales, políticos, revolucionarios, buscapleitos y soñadores. He ingerido información a través de una manguera de incendios y me he encontrado susurrando y jadeando. Sin embargo, después de dominar mis deseos durante tanto tiempo, he descubierto que mis deseos han cambiado.

Entiendo que algunos están esperando un final romántico aquí, algo con sensatez, un material jugoso para Twitter (@jenhatmaker salió de los suburbios a vivir en una camioneta junto al río con sus cinco hijos. Asombroso #SimpleyLibre #Léelo). Estás esperando una especie de final radical que he estado guardando para sorprender a mis lectores, como que nos convertimos en misioneros, en agricultores o el peculiar comienzo de un nuevo segmento de "Vida simple" en el programa *Today* ("¡Bienvenidos de nuevo, Hatmakers!", "¡Gracias, Matt! ¡Es bueno estar aquí otra vez!", "¡Guao! ¡Lindo vestido, Jen!", "Gracias. Lo confeccioné con bolsas de plástico recuperadas del fondo de lagos contaminados", "Eres realmente asombrosa", "Todo es para Jesús, Matt").

Pero allí no es donde estamos. Para ser honesta, no sabemos bien cuál será el próximo paso de los Hatmaker. Sabemos que viene algo nuevo y reconocemos los vientos de cambio que parecen soplar en nuestra pequeña vida con regularidad. *Simple y Libre* nos permitió romper lentamente con algunas de nuestras ideas y lujos. Fue una especie de despedida larga. No eres tú, somos nosotros. Bueno, *sí eres* tú.

Este fue el comienzo de un proceso, no una historia completa en sí. No es que completamos *Simple y Libre* y cruzamos la recta final. Esta aventura fue algo así como ser obesos mórbidos y no poder concertar una cirugía para salvar la vida hasta no bajar de peso primero. Debíamos dejar, sacrificar y eliminar cosas antes de que Dios pudiera comenzar a lidiar con los problemas serios. Estos fueron asuntos prequirúrgicos, el ayuno necesario antes de la verdadera intervención.

Sin embargo, aun si hubiese tenido una dirección clara, dudaría de compartirla aquí. Lo que sea que Dios haya hecho o esté haciendo en nuestra familia, definitivamente no es un patrón aplicable a cualquiera y tampoco pretendo que lo sea. Vivimos en una ciudad en particular con una tarea en particular, tenemos dones específicos y somos muy deficientes en otras cosas. Nuestra vida se ve así porque somos los Hatmaker y Dios está tratando con nosotros de la forma en que Él eligió hacerlo con nosotros. Tenemos una historia, pecados, circunstancias y una geografía que Dios toma en cuenta para darnos nuestro lugar en su Reino.

Tú tienes un conjunto de factores completamente diferente. No tengo idea de cómo se podría ver esto en tu vida y tampoco quiero ese trabajo. Escribir tu historia es tarea de Dios, no mía. Algunos de nosotros viviremos en los suburbios, otros en el centro. Yo voy a cultivar en mi huerta, tú vas a tomar el metro. Nosotros adoptamos, tú estás redistribuyendo tus ingresos, ellos están reduciendo sus gastos. Yo utilizo palabras, tú un martillo. No hay una lista aquí. No hay una plantilla que todos podamos aplicar a nuestra vida al unísono. Este es nuestro punto de referencia como una comunidad de fe:

Ama a Dios sobre todo. Ama a tu prójimo como a ti mismo. Esto es todo.

Si decimos que amamos a Dios, entonces nos preocuparemos por los pobres.

Esta tierra y todo lo que hay en ella le pertenece a Dios. Deberíamos vivir creyendo esto.

Lo que atesoramos demuestra lo que amamos.

El dinero y las cosas materiales tienen el poder de arruinarnos.

Actúa con justicia, ama la misericordia, camina humildemente con Dios. Esto es lo necesario.

Qué interesante, mientras escribo esto a unas pocas semanas de terminar *Simple y Libre*, he descubierto algo sorprendente. Me sumé a un ayuno con mi comunidad de adopción la semana pasada y *no me resultó para nada difícil*. No podía creerlo. Creía que iba a sentirme desesperada, pero en lugar de eso el ayuno fue sencillo y hermoso, me enfoqué en la oración más que en la mecánica. Las voces que gritaban en mi cabeza ya no estaban; la ansiedad latente, tampoco. Fue como ponerse una camiseta conocida. Luego de casi un año de decirle "no" a cosas que quería, supongo que adquirí un poco de control sobre mis emociones e impulsos. Dios utilizó el ayuno como una herramienta para dominar mis deseos y regular mis reacciones. Fue una comprensión clara: ¡Algo en mí había cambiado por completo!

Tal vez, por esto es que las Escrituras nos llaman a poner en práctica el ayuno (de comida, de avaricia, de egoísmo o de lujos). No es solo por la experiencia, es por la disciplina. Nos cambia. El ayuno nos ayuda a desarrollar control sobre las voces que compiten en nuestra cabeza, que nos conducen hacia más, hacia la indulgencia, hacia la inestabilidad emocional. Así como la disciplina consistente con el tiempo moldea el comportamiento de nuestros hijos, lo mismo sucede con nosotros. Lo creas o no, Dios todavía puede cambiarnos. No solo puede cambiar nuestros hábitos, sino también nuestro corazón. Di "no" durante un año y lo verás por ti mismo.

Steven, nuestro compañero en KP, esta mañana, mientras cosechaba zanahorias, papas (!) y lechuga, me preguntó: "¿Quién es tu lector?" y eso me dejó pensando en ti. Voy a suponer que tú eres probablemente de clase media a media-alta, eres padre o madre —pero también amo a mis seguidores sin descendencia— y, principalmente, tu vida es muy bendecida. Tu mundo está bastante controlado: los niños están en una buena escuela, el vecindario es seguro, el trabajo también es algo bastante asegurado y el guardarropa es más que suficiente. Estas ventajas te generan un poco de tensión, pero no sabes bien por qué o qué hacer con ella.

Probablemente eres creyente, pero no estoy segura si lo fuiste toda la vida o eres un devoto reciente. Muchos de ustedes están tambaleándose al borde de la fe, Jesús los atrae, pero sus seguidores los ahuyentan. En cuanto a la Iglesia, es probable que vayas a una, pero unos cuantos de ustedes no; el elitismo, el desperdicio y la burocracia se volvieron demasiado para ti y dejaste de ir, o quieres hacerlo. Algunos de ustedes son fieles asistentes, pero, a veces, tienen ganas de salir corriendo; valoran la comunidad de fe, pero les preocupa que los suyos estén perdiendo el enfoque. Unos pocos de ustedes han encontrado la congregación de sus sueños. La mitad leyó *Radical, Loco amor* o *La revolución irresistible* y, como estás leyendo esto, debes haber leído *Interrupted*. Lo amaste y lo odiaste a la vez.

Supongo que has llorado por los huérfanos, los refugiados, el hambre o la prostitución infantil, con el corazón destrozado por la depravación de este mundo. No te parece bien que tus niños vayan a la escuela y a fiestas de cumpleaños mientras que a los niños del Tercer Mundo los abandonan y los trafican, pero no sabes cómo remediarlo. Te preguntas si tu estilo de vida está relacionado con estas discrepancias y tienes un presentimiento inquietante de que menos es más, pero es un concepto difuso. Todos tienen ideas. Es confuso y abrumador. Esto genera una especie de guerra interna y te deja expuesto. A veces, eres un completo desastre por eso.

Oye esto: no creo que Dios quiera que estés en guerra contigo mismo.

Él ya envió al Príncipe de Paz para apaciguar las aguas tumultuosas. Menospreciarse es una respuesta cruel a Jesús, que murió y nos hizo justos. El método que utiliza Jesús no es la culpa. Él está batallando por la redención global en este momento; su objetivo difícilmente sea acurrucarse en un rincón con nosotros, discutiendo nuevamente nuestras desgracias. Él terminó esa conversación en la cruz. Además, no hay tiempo para eso.

Estamos tan acostumbrados a ser el problema que hemos olvidado que en realidad somos la solución. Dios no está enojado contigo; ¿cómo podría estarlo? Tú eres su hija, su hijo; eres parte de su equipo. No imagines que nos está sentando a todos para sermonearnos. Más bien, está organizando una concentración, reuniendo a las tropas. La Iglesia en este momento se está levantando como el ave fénix, recobrando velocidad, fortaleza y poder.

> Luego, vi el cielo abierto, y apareció un caballo blanco. Su jinete se llama Fiel y Verdadero. Con justicia dicta sentencia y hace la guerra. Sus ojos resplandecen como llamas de fuego, y muchas diademas ciñen su cabeza. Lleva escrito un nombre que nadie conoce sino solo él. Está vestido de

un manto teñido en sangre, y su nombre es "el Verbo de Dios" (Apocalipsis 19:11-13).

Algo maravilloso y poderoso está sucediendo en la Iglesia. La Novia está despertando y el Espíritu se está apresurando. Está en todos lados. Este movimiento no se contiene dentro de una denominación o sector demográfico, no se limita a una región o a un país. Está arrasando con madres, pastores, adolescentes y congregaciones enteras. Un pequeño arroyo se volvió un río y va camino a convertirse en una violenta inundación. A diario reúne conspiradores y desertores del sueño americano. Está creciendo con el idioma del Evangelio: los débiles se vuelven fuertes, los pobres se vuelven ricos, los orgullosos se vuelven humildes.

El cuerpo de Cristo se está movilizando en cantidades sin precedentes. Jesús está preparando un movimiento masivo para vendar el corazón de los quebrantados y proclamar libertad para los cautivos. La trompeta está sonando. Estamos en la cúspide, estamos del lado del Héroe. Entonces mientras equivocadamente estamos en guerra con nosotros mismos, Jesús está luchando contra la injusticia y llamándonos a unirnos a Él.

Esto es mucho más divertido que condenarse a uno mismo, ¿verdad?

Así que, imagíname uniendo los brazos contigo, dándote un afectuoso apretón tejano. La culpa puede ser el primer capítulo, pero nos lleva a una historia fantástica. Jesús nos dio mucho mejor material para trabajar. Si tus cosas, tus gastos, tus desperdicios y tu estrés te están generando ansiedad como a mí, simplemente da el próximo paso correcto. Formula nuevas preguntas; compañeros para conversar hay en todos lados (su nombre es Legión, porque son muchos). Da un pequeño pasito. Mañana puedes dar otro. Ten contigo la misma gracia que Jesús te ha dado. Él no puede utilizarnos si nos quedamos paralizados.

Para la mayoría de los cristianos estadounidenses todo esto comenzará con destrucción, pero la verdadera emoción está en la reconstrucción. No quiero asentar mi vida sobre aquello de lo que estoy en contra. Qué aburrido. Eso no es inspirador ni motivador. Imagino que cuanto antes nos desatemos de la trampa de querer "más", todo se volverá más claro. Ahora estamos construyendo los andamios; la verdadera construcción viene después.

Los valoro infinitamente, son mis hermanos y hermanas en esta aventura. Me maravillo con sus dones; son indispensables para esta conversación. Me sorprenden las bondades colectivas de la Novia. Cuando escucho historias de intervención, reducción y valentía, aplaudo a Jesús por seleccionarte a ti para tu tarea. Servimos a un Salvador rebelde en un camino salvaje y peligroso; me alegra que lo estemos transitando juntos. Prioricemos la unidad por sobre nuestras luchas internas, la valentía por sobre la comodidad, el *nosotros* por sobre el *yo*, las personas por sobre los principios y la gloria de Dios por sobre la nuestra. Juntos, convirtámonos en reparadores de muros rotos y restauradores de calles con viviendas.

> El Señor te bendiga
> y te guarde;
> el Señor te mire con agrado
> y te extienda su amor;
> el Señor te muestre su favor
> y te conceda la paz.
> (Números 6:24-26)

Conclusión... diez años después

Estaba en lo correcto, pero también estaba equivocada.

Tenía razón acerca de la preparación, pero no tenía ni la menor idea de cómo iba a ser la próxima década cuando escribí *Simple y Libre*. Sabía que tendríamos más niños. Sabía que había una presión en mi vida para liderar de una forma más grande y visible, pero no tenía idea de lo que eso significaba. Sabía que lanzaríamos a los niños fuera de esta casa rápidamente y que para eso era necesaria la memoria muscular que aprendí durante *Simple y Libre*: soltar, abrir los brazos y dejar ir. No tenía idea de que *Simple y Libre* me enseñaría a tomar mi carrera con libertad, que fue lo que hice. Y fue algo bueno, porque puse toda la empresa en el altar de la convicción seis años después al apoyar sin dudas a la comunidad LGBTQ. Iba a perder muchísimo —incluso este mismo libro que tienes en tus manos— ya que la editorial original lo retiró de todas las librerías y lo dejó de imprimir.

La ironía no pasa desapercibida en mí, y tampoco lo hace la redención espiritual. Perdí toda la representación; la historia de *Simple y Libre* se eliminó de la mirada pública. Se redujo mi ministerio, se silenció mi voz y se me quitó la pertenencia. Menos, menos, menos. ¿Podría hacerlo? ¿Podría manejar las pérdidas? ¿Podría dejar todo lo que había construido y confiar en que Dios me estaba guiando bien? ¿Estaría conforme con lo poco que me quedara y lo administraría bien? ¿Podría ser fiel?

Sí. *Simple y Libre* me enseñó cómo hacerlo.

También estaba equivocada. En los escritos originales, aún estaba en el centro de la subcultura evangélica estadounidense. Tenía un sentido de optimismo que solo le pertenece a los privilegiados y a los ingenuos. Cuando estás en medio de la manada, ni siquiera puedes ver quién está fuera del rebaño. Si miraba a mi derecha y a mi izquierda, el grupo con el que colaboraba —¡sorpresa!— se parecía mucho a mí. Aún no me había puesto bajo el liderazgo de personas de color, líderes *queer* o académicas feministas. Mis doctrinas no se habían visto desafiadas por la teología de la liberación. Todavía tenía que presenciar la división del 81% contra el 19% en las elecciones de 2016. Estaba insertada dentro de un pequeño sector del cristianismo occidental y creía que eso era todo el mundo.

Supuse que *Simple y Libre* principalmente fortalecería mi defensa por los pobres, pero, en realidad, me preparó para declararle la guerra a la injusticia. Aprendí a descubrir las discrepancias, la doble moral, la hipocresía y la ambición. Desarrollé ojos para ver los malos frutos, las diferencias de poder, la deshumanización, el señuelo y la mentira de la prosperidad. Necesitaba cada lección que me había enseñado *Simple y Libre*. Reactivar la postura de estudiante me serviría de mucho; si creía que había aprendido bastante durante este proyecto, pronto me sentiría absolutamente atropellada por los nuevos aportes, los nuevos conocimientos y las nuevas ideas. Siento que todo lo que he hecho desde entonces es escuchar y aprender, escuchar y aprender. Durante la siguiente década necesitaría humildad y valentía, y *Simple y Libre* había construido los andamios que necesitaba.

Este experimento de rebelión contra los excesos me mostró que Dios y la gente son lo importante. Eso es básicamente todo. Todo lo demás se desintegra cuando te aferras demasiado. Tenemos cerca de un minuto en este planeta antes de que se termine nuestro tiempo y esta es nuestra única oportunidad de construir un mundo más equitativo. Es nuestra responsabilidad desafiar las estructuras y los sistemas que mantienen a la gente alejada o reprimida, encerrada en el sufrimiento mientras que los mismos pocos de siempre son los que prosperan. Ese es nuestro deber. Con Jesús podemos hacerlo. Su Reino vendrá. Su voluntad se hará. En la tierra como en el cielo.

RECONOCIMIENTOS

Nadie perdió su comida en este paseo más que mi familia, que se vieron embarcados en otra de "mis pequeñas ideas", como dice mi esposo. Dios los bendiga. No hay otras cuatro personas con las que prefiera comer ochenta libras de aguacates y aprender sobre compostaje más que con la tribu Hatmaker. Sí, ¡lo sé! Si agregamos dos niños más seremos un circo completo. Los amo, familia.

El segundo grupo de personas que apostó a *Simple y Libre* es el Consejo. Por razones que aún no son claras, se unieron a la lucha y no soltaron el volante. Comieron siete comidas, vistieron siete prendas, donaron todas sus cosas y cerraron Facebook... *y ni siquiera recibieron un pago por eso.* Su sabiduría y entusiasmo fueron mi combustible. Becky, Molly, Jenny, Shonna, Susana y Trina: las amo, mujeres locas, salvajes, divertidas, incorrectas y leales. ¡Sean mis amigas por siempre!

Nuestra pequeña familia de Austin New Church ha cambiado mi vida de formas tan intensas que ya no puedo concebirla sin ustedes. Están adoptando, sacrificándose, combatiendo la trata de personas, soñando, siendo hogares de acogida, construyendo pozos de agua, orfanatos y, principalmente, construyendo el Reino. En el contexto de ANC, *Simple y Libre* encaja perfectamente. Cuando estoy junto a ustedes no soy una chica rara, y eso ya es decir mucho. Los amo profundamente.

Quiero agradecer a los defensores, visionarios, soñadores y pensadores que me guiaron por el laberinto de *Simple y Libre*. No entendía la economía de la demanda, pero ahora sí. No sabía cómo crecían los guisantes dulces, pero ahora sí. He tenido muchos maestros. Gracias por sus libros, sus artículos y sus vidas divergentes y valientes. Sigan diciendo lo que están diciendo. Es importante.

NOTAS[1]

SIMPLE Y LIBRE: DIEZ AÑOS DESPUÉS

1. Goodreads, https://www.goodreads.com/quotes/7-it-is-not-the-critic-who-counts-not-the-man.

INTRODUCCIÓN

2. Véase el obituario de Cru para Bill Bright, http://www.billbright.com/howtofast.

PRIMER MES: COMIDA

1. Fui a www.nutritiondata.com, pero por como internet cambia, seguramente sea preferible otro sitio dependiendo del momento en que leas esto.
2. Véase «Caffeine Withdrawal Headache Explained» [Explicación de la jaqueca por la abstinencia de café], *Science Daily*, 4 de mayo de 2009, http://www.sciencedaily.com/releases/2009/05/090501162805.htm

[1] Los links de las notas marcadas con asterisco están rotos o ya no están disponibles.

3. Véase http://www.ngonewsafrica.org/2010/01/ethiopia-rejec ts -warning-of-hunger.html*

4. Véase el sitio web del Programa Mundial de Alimentos de las Naciones Unidas, Etiopía, http://www.wfp.org/countries/ ethiopia

5. Véase W. Travis McMaken, «Types of Theology» [Tipos de teología], *DET,* 27 de octubre de 2008, http://derevth.blogspot. com/2008/10/types-of-theology.html

6. Véase Hillary Mayell, «As Consumerism Spreads, Earth Suffers, Study Says» [Un estudio señala que a medida que se extiende el consumismo, la Tierra sufre], NationalGeographic. com, 12 de enero de 2004, http://news.nationalgeographic. com/news/2004/01/0111_040112_consumerism.html

7. Michael Polland, *El detective en el supermercado: Come bien sin dejarte engañar por la ciencia y la publicidad* (Ediciones de hoy, 2009).

8. Ibid.

9. Ibid.

10. Véase Boston Children's Hospital, «Explosion of Child Obesity Predicted to Shorten US Life Expectancy» [La explosión de la obesidad infantil pronostica que se acortaría la expectativa de vida en los Estados Unidos], *EurekAlert,* 16 de marzo de 2005, http://www.eurekalert.org/pub_releases/2005-03/ chb-eoc031605.php

11. Barbara Kingsolver, *Animal, vegetal, milagro: Un año de comida natural* (Editorial Ariel, 2008).

12. Abigail Abrams, «How Eating Less Meat Could Help Protect the Planet from Climate Change» [Cómo comer menos carne puede ayudar a proteger el planeta del cambio climático], *Time,* 8 de agosto de 2019, https://time.com/5648082/un-climate-report-less-meat/

13. Ibid.

14. Robert Goodland y Jeff Anhang, «Livestock and Climate Change» [Ganadería y cambio climático], *World Watch*, noviembre/diciembre de 2009, https://awellfedworld.org/wp-content/uploads/Livestock-Climate-Change-Anhang-Goodland.pdf

15 Alex Preston, reseña de Jonathan Safran Foer, *We Are the Weather* [Somos el clima], *The Guardian*, 6 de octubre de 2019, https://www.theguardian.com/books/2019/oct/06/jonathan-safran-foer-we-are-the-weather-saving-planet-begins-breakfast-review

16 Tara Stiles, «High Fructose Corn Syrup: A Sweet Surprise for America?» [Jarabe de maíz con alto contenido en fructosa: ¿Una dulce sorpresa para los Estados Unidos?], 7 de abril de 2009, https://www.huffpost.com/entry/high-fructose-corn-syrup_b_172545

17. Pollan, *El detective en el supermercado.*

18. Richard Rohr, *Simplicity* [Sencillez] (New York: Crossroad Publishing, 2003), pp. 99–100.

SEGUNDO MES: ROPA

1. Susan Scafadi, *Who Owns Culture?: Appropriation and Authenticity in American Law* [¿De quién es la cultura?: La apropiación y la autenticidad en la ley estadounidense] (New Brunswick, NJ: Rutgers University Press, 2005).

2. Gretchen Brown, «Is It Cultural Appropriation?: Why Language Matters» [¿Es apropiación cultural?: Por qué el idioma es importante], 22 de noviembre de 2019, https://www.rewire.org/our-future/cultural-appropriation/

3. Benjamin R. Barber, *Consumed: How Markets Corrupt Children, Infantilize Adults, and Swallow Citizens Whole* [Consumido: cómo los mercados corrompen niños, infantilizan adultos y se tragan ciudadanos enteros] (New York: W. W. Norton, 2007), p. 9.

4. Ibid., 9-11.

TERCER MES: POSESIONES

1. Shane Claiborne, *La revolución irresistible* (Editorial Vida, 2011).
2. Véase http://https://www.safeaustin.org/
3. Barber, *Consumed*, p. 281.
4. Rohr, *Simplicity*, pp. 59–60.

CUARTO MES: PANTALLAS

1. Véase Matt Richtel, «Attached to Technology and Paying a Price» [Pegados a la tecnología y pagando un precio], *New York Times*, 6 de junio de 2010, http://www.nytimes.com/2010/06/07/technology/07brain.html?_r=1ypagewanted=all
2. Ibid.
3. Chelsea Greenwood, «9 Subtle Ways Technology Is Making Humanity Worse» [Nueve formas sutiles en que la tecnología está empeorando a la humanidad], *Business Insider*, 23 de Agosto de 2019, https://www.businessinsider.com/technology-negative-bad-effects-society-2019-8#instant-access-to-information-makes-us-less-self-sufficient-9
4. Sean Illing, «Technology Isn't Just Changing Society—It's Changing What It Means to Be Human» [La tecnología no solo está cambiando la sociedad, está cambiando lo que significa ser humano], *Vox*, 23 de febrero de 2018, https://www.vox.com/technology/2018/2/23/16992816/facebook-twitter-tech-artificial-intelligence-crispr

QUINTO MES: DESPERDICIOS

1. Wendell Berry, *¿Para qué sirve la gente?* Editorial Nuevo Inicio, 2018, p. 98.
2. Nota final de TK.
3. Véase http://www.sustainabletable.org/issues/eatlocal*
4. Véase http://content.time.com/time/business/article/0,8599, 1903632,00.html
5. Véase http://sustainableconnections.org/thinklocal/why*
6. Dr. Craig Freudenrich, «How Landfills Work» [Cómo funcionan los basureros], HowStuffWorks, https://science.howstuffworks.com/environmental/green-science/landfill.htm
7. Véase https://www.freepurity.com/blogs/resources/what-could -you-do-with-the-saved-money
8. Véase «Reduce, Reuse, Recycle» [Reducir, reutilizar, reciclar], EPA.gov, https://www.epa.gov/recycle
9. Tracey Bianchi, *Green Mama* [Mamá verde]. Grand Rapids, MI: Zondervan, 2010, pp. 18–19.
10. Véase «Alternative Fuels» [Combustibles alternativos], FuelEconomy.gov, http://www.fueleconomy.gov/feg/current. shtml
11. Véase «Hybrids, Diesels, and Alternative Fuel Cars» [Vehículos híbridos, diésel y de combustibles alternativos], FuelEconomy.gov, http://www.fueleconomy.gov/feg/byfueltype.htm
12. Véase Planet E85, http://e85vehicles.com/e85/index.php?topic=467.0.
13. Steven Bouma-Prediger, *For the Beauty for the Earth: A Christian Vision for Creation Care* [Por la belleza para la Tierra: una visión cristiana para el cuidado de la creación] (Grand Rapids, MI: Baker Academic, 2010), p. 20.
14. Ibid., 182.
15. Matt McGrath, «Final Call to Save the World from "Climate Catastrophe"» [El último llamado a salvar el mundo de la

"catásfrofe climática"], *BBC News,* 8 de octubre de 2018, https://www.bbc.com/news/science-environment-45775309

SEXTO MES: GASTOS

1. Véase Diccionario de la Real Academia Española, https://dle.rae.es/consumismo?m=form
2. Véase «Organic Market Overview» [Resumen del mercado orgánico], *Organic Trade Association,* http://www.ota.com/organic/mt/business.html
3. «El estado del desarrollo humano», Informe sobre desarrollo humano 1998, *Naciones Unidas,* capítulo 1, p. 37.
4. Resumen del Informe sobre desarrollo humano 1998, Programa de las Naciones Unidas para el Desarrollo (PNUD).
5. J. Matthew Sleeth, *Serve God Save the Planet: A Christian Call to Action* [Sirve a Dios, salva el planeta: un llamado cristiano a la acción] (Grand Rapids: Zondervan, 2007), p. 83.
6. Barber, *Consumed:* p. 292.
7. Ibid., pp. 293–94.
8. Véase http://www.christiancadre.org/member_contrib/cp_charity.html*
9. *Dieciséis cartas del emperador Juliano,* p. 94.
10. Véase ScienceBlogs, http://scienceblogs.com/casaubonsbook/2010/04/why_im_not_an_organic_purist.php*

SÉPTIMO MES: ESTRÉS

1. Macrina Wiederkehr, *Las siete pausas sagradas.* Narcea Ediciones, 2020.
2. Ibid.
3. Ibid.
4. Ibid.
5. Ibid.

6. Ibid.
7. Ibid.
8. Ibid.
9. Ibid.
10. Henri Nouwen, *Semillas de esperanza*, Lumen Humanitas, 2013.

ACERCA DE LA AUTORA

JEN HATMAKER es la autora de los éxitos de ventas del New York Times: *Por el amor de...*, *Fierce, Free and Full of Fire* [Feroz, libre y llena de fuego] e *Interrupted* [Interrumpida]. Es la presentadora del podcast For the Love [Por el amor de...] —ganador de varios premios—, es la encantadora curadora del Club de Lectura Jen Hatmaker y lidera una comunidad en línea muy unida, en la que llega a millones de personas cada semana. Hatmaker también es la cofundadora de Legacy Collective, una comunidad benéfica que ofrenda millones de dólares alrededor del mundo. Es mamá de cinco niños y vive felizmente en las afueras de Austin, en una estancia de 1908 con dudosa plomería.